49823

Glossary of Library Terms in Japanese-Chinese-English

日・中・英 対訳
図書館用語辞典

日・汉・英 对译的图书馆工作词汇

吉村善太郎 編

compiled by
Zentaro Yoshimura

雄松堂出版

1997

Glossary of Library Terms in Japanese-Chinese-English
日·汉·英 对译的图书馆工作词汇
© Zentaro Yoshimura, 1997
Published by Yushodo Press Co., Ltd.
3–42–3 Ohtsuka, Bunkyo-Ku, Tokyo 112
ISBN4–8419–0232–5

はじめに

　十数年前、『中国図書の歴史』の翻訳の仕事を始めたとき、中日図書用語辞典がなく、どのように訳したらいいのか分からないことがあった。日本国内に図書・図書館に関する日中辞典のようなものが刊行されていなかったので、既刊の8ヶ国語対訳『古書籍商辞典』に中国語の項目を作ってはどうかと、雄松堂書店社長新田満夫氏に申し入れたところ、時期尚早という回答であった。しかし、いつかは刊行されるであろうと、その時から日中図書館用語のカード作りを始めていた。

　既に、中国では、英中、中日の図書館関係の辞典が刊行されているが、本邦では未だ刊行されていないと思われる。

　このたび、新田氏から雄松堂書店の創業65周年記念とIFLAの北京大会開催を機に、簡単な日中英対訳図書・図書館用語辞典を作ってはどうかという話が出た。

　そこで、IFLA開催時期を刊行予定として、図書・図書館用語の基礎的な用語のみ1,000語ぐらい取上げてカードを作り始めたが、原稿が完成するとやや少ない感じがしたので、約800語程度追加して完成させた。どこまでの用語が基礎になるか、それぞれの使用側の意向で異なると思われる。本書の増補版として8,000語から10,000語ぐらい収録されているものを、引き続き刊行したいと思っている。

　本書は、「日中英」「中日英」と「英日中」の三編から編成されている。日本語はヘボン式ローマ字を表記して、アルファベット順になっている。中国語は拼音を表記し、そのアルファベット順にして配列してある。特に、「中日英」の中国語のみ最初の漢字の画順編を追加した。「日中英」を基本として対訳をしてあるが、残念ながら対訳の用語が紙面の都合でそれぞれの見出しとして全部出せなかった。なお、本書作成に当たって、『英漢情報図書館工作詞彙』（科学技術文献出版社）1982年刊、『日漢図書館情報学常用詞彙』（書目文献出版社）1990年刊、『中国大百科全書：図書館巻』（中国大百科全書出版社）1990年刊、『図書館学・書誌学辞典』（有隣堂）1967年刊、『図書館用語辞典』（角川書店）1982年刊、『情報図書館学用語辞典』（雄松堂）1984年刊、『書物語辞典』（丸善）1976年刊、『ALA図書館情報学辞典』（丸善）1988年刊、『古書籍商辞典』（雄松堂）1962年刊などを参照した。

　この編集にあたって、中国語の部分で、上海外国語大学図書館副館長呉春生先生、

上海外国語大学日本語学部教授周平先生、中国新疆教育国際交流協会接待部長靳智慧先生、北京第二外国語学院日本語学科教員任健先生の協力を頂いた。刊行にあたっては雄松堂出版の仲光男部長はじめ、編集部の皆さんに大変お世話になり、感謝の意を表する次第である。

　4,000余年の歴史を有する大国－中国、経済発展も凄じい。教育交流も年々盛んになり、図書館間の交流も必要になってくる。同じ漢字圏でありながら、漢字で書けば分かるとよく言われるが、全部の用語の漢字が同じとは限らない。特に、外来語の訳は、日本語の場合は、カタカナで表記するが、中国語の場合は、昔から漢字を当てたりし、固定したものがないものもある。しかしながら、日本及び中国の図書館に勤務する館員が、図書館の中で日常使用している簡単な用語だけでも知っているに事欠かないであろう。昨年実施されたIFLAの北京大会を機に、日中の図書館の交流は、益々深まっていくであろう。

　本書が、日本で中国語を担当する館員、中国で日本語を担当する館員に少しでも役立てれば幸甚に思う。校正や画順編の追加などがあり、北京大会の機に刊行できなかったのが残念に思える。

1997年6月　　編　者

前　言

　　十几年前，当我开始翻译《中国图书的历史》时，还没有中日图书用语辞典，不知道如何翻译才好。日本国内也没有图书和图书馆方面的日中辞典，所以我向雄松堂书店社长新田满夫先生建议，是否在已出版的八国语对译的《古书籍商辞典》中增加中文的条目。当时得到的回答是为时尚早。不过，我认为总有一天会出版的。于是我个人就开始着手编写日中图书馆用语的卡片。

　　中国已经出版了有关图书馆方面的英中辞典和中日辞典，但是日本至今大概也尚未出版。最近新田社长向我提议说，借雄松堂书店创立65周年纪念和国际图书馆协会联合会北京大会召开之机，编一本简易的图书和图书馆用语的日中英对译辞典，词条数为1,000左右。我从图书和图书馆用语中挑选了最基本的用语作了卡片编制和整理之后，感到词条数略显不足，于是增加了约800个词汇，才完成了此项工作。至于哪些用语属于基本用语，我想使用者的意见会因人而异。今后我打算以本书为基础，出版一册词条达到8,000至10,000左右的增补本。

　　本书没有索引，由「日中英」，「中日英」和「英日中」三个部分组成。日语的标记采用黑本式罗马字拼音法，按罗马字母顺序排列。中文的标记采用拼音，按汉语拼音字母顺序排列。特别是，在「中日英」部分，又对中文中的汉字进行了笔画排列。本书以「日中英」为基础作了对译，但遗憾的是，由于篇幅有限，对译部分未能作为词条全部排列出来。

　　本书的编写参考了下列资料：《英汉情报图书馆工作词汇》（科学技术文献出版社）1982，《日汉图书馆情报学常用词汇》（书目文献出版社）1990，《中国大百科全书・图书馆卷》（中国大百科全书出版社）1990，《图书馆学・图书学辞典》（有邻堂）1967，《图书馆用语辞典》（角川书店）1982，《情报图书馆学用语辞典》（雄松堂）1984，《图书用语辞典》（丸善）1976，《ＡＬＡ图书馆情报学辞典》（丸善）1988，《古书籍商辞典》（雄松堂）1962。

　　本书汉语部分的编写承蒙上海外国语大学附属图书馆副馆长吴春生先生，上海外国语大学日语教授周平先生，中国新疆教育国际交流协会接待部长靳智慧先生，北京第二外国语学院日语系讲师任健女士给予协助，校阅时受到雄松堂出版社部长仲光男先生，雄松堂编辑部各位的悉心关照，在此谨致谢忱。

中国是一个具有四千余年历史的大国，其经济也在不断蓬勃发展。随着教育交流的日益频繁，图书馆之间的交往也将成为必要。虽然常有人说，同属于汉字使用地区的人，只要用汉字一写，互相就能明白意思了。但实际上所有用语的汉字未必都相同，尤其是外来语的翻译，日语大多用片假名作标记，但中文是用汉字来标记发音的，有些尚无固定的用法。所以，本书将有助于日中两国的图书馆工作人员了解图书馆中日常使用的简易用语。我相信以国际图书馆协会联合会北京大会的召开为契机，日中两国图书馆的交流必将不断加深。

本书如对在日本从事中文图书工作的图书馆馆员和在中国从事日文图书工作的图书馆馆员有所帮助的话，我将感到不胜荣幸。

由于校对和排列汉字笔画等工作，本书未能在国际图书馆协会联合会北京大会召开之际如期发行，对此，我甚感遗憾。

1997年6月　　　编　者

Preface

Several years ago when I was doing a translation of the "History of the Chinese Book," there was no Chinese-Japanese dictionary of terms for librarians and I really didn't know how I should do the translation. Also when I suggested to Mr. Mitsuo Nitta, President of Yushodo Co., that a Chinese list of terms be added to the already published "Dictionary for Antiquarian Booktrade" (done in eight languages), he replied that perhaps it was too soon to do this. I said that perhaps this would be done in the near future because there was no dictionary of Chinese terms in Japan or in Japanese libraries. Even though I had no idea when this would be published, I started to compile a card catalog of Japanese and Chinese library terms.

In China, an English-Chinese and Chinese-Japanese glossary of library terms had been published but it had not yet been done in Japan. Then last year at the Beijing IFLA convention, Mr. Nitta suggested that I do a straightforward translation of library terms into Japanese, Chinese and English for the occasion of Yushodo's 65th anniversary in 1997. From then on I started to compile a fundamental list of a 1,000 terms on books and library terms. However upon finishing my first draft, I felt that the list was far from complete and added an additional 800 terms. However I should say that it is difficult to judge what is or what is not a fundamental list since it would differ according to the user. So therefore I would like to do an enlarged edition of 8,000 to 10,000 terms in the future.

The dictionary is formatted into Japanese-Chinese-English, Chinese-Japanese-English and English-Japanese-Chinese. The Japanese follows the Hepburn system and is arranged in alphabetical order. The Chinese follows the pinyin system and is arranged in alphabetical order but for the Chinese only, I have added the kanji order according to the number of strokes and stroke order. While there is translation for the fundamental Japanese, Chinese and English, due to lack of space on the page, unfortunately some words of translation of each term could not be fitted in.

For their editorial cooperation and assistance, I would like to thank the following: Professor Wu Chunsheng, Vice Director of Shanghai International Studies University Library, Professor Zhou Ping of the Japanese faculty of Shanghai International Studies University, Professor Jin Zhihui of The Xinjiang Education Association for International Exchange and Professor Ren Jian of the Japanese faculty of Beijing Second Foreign Languages Institute. I also would like to express my appreciation to Mr. Mitsuo Naka and the editorial division of Yushodo Press Co. for their untiring assistance in the realization of this work.

With a history of over 4000 years, China has experienced tremendous economic growth and a flourishing educational system and it is for these reasons that I believe an interchange between libraries is necessary. For those who understand and write kanji, it is only natural that they will understand the usage of the terms, however it can also be said that not all of the terms are homogeneous. For the translation of loan words, katakana has been used for the Japanese and on the other hand for the Chinese, kanji has been used but its particular form is not always fixed. Whether it be in Japan or in China, I believe that this fundamental Glossary of Library Terms will be of great benefit to those librarians in the carrying out of their daily duties and will continue to promote exchanges between our two counties much in the same manner as Beijing IFLA convention of last year.

Finally while it is a little unfortunate that the proof was not completed in time for the Beijing convention, ultimately I would be quite pleased if the Glossary should prove to be both beneficial and useful to those who use it for reference for those respective terms either in Japanese or in Chinese.

June 1997
Zentaro Yoshimura

凡　例

1　構成

　　本書は「日・中・英」、「中・日・英」、「英・日・中」の三編から成り、日・中・英それぞれの見出し語で引くことができる。中国語については、巻末に「部首別画引」を付して利用の便を図った。

2　見出し語の配列

　　英語はアルファベット順配列、日本語はヘボン式ローマ字で読み表記し、アルファベット順配列とした。中国語は漢字拼音方案に基づいて、「拼音」を表記し、アルファベット順配列とした。

3　略語

　　英語編の [　] 内のフルネームの頭字と略語が必ずしも一致しない場合があるが、慣用となっている略語（用語）を採った。

4　部首別画引（検字表）

　　部首別画引は中国語の各用語の最初の漢字を「部首別」に分けて、その画数順に配列し、本文（中国語編）の用語検索を可能にした。

　　　例　　〔三画〕　　　　　　　〔四画〕

　　　　　増刊　190　　　　　时装式样图　161
　　　　　zēngkān　　　　　　shízhuāngshìyàngtú

　　　　　打字机　116　　　　时装杂志　161
　　　　　dǎzìjī　　　　　　　shízhuāngzázhì

　　　　　打字员　116　　　　易读的　184
　　　　　dǎzìyuán　　　　　　yìdúde

　　　　　抄录室　110　　　　星标　179
　　　　　chāolùshì　　　　　xīngbiāo

参　考　文　献

『古書籍商辞典』（雄松堂　1962 年）

『図書館学・書誌学辞典』（有隣堂　1967 年）

『書物語辞典』（丸善　1976 年）

『中日大辞典』（中日大辞典刊行会　1980 年）

『英漢情報図書館工作詞彙』（科学技術文献出版社　1982 年）

『図書館用語辞典』（角川書店　1982 年）

『日本書誌学用語辞典』（雄松堂　1982 年）

『情報図書館学用語辞典』（雄松堂　1984 年）

『印刷事典』（印刷局朝陽会　1987 年）

『ALA 図書館情報学辞典』（丸善　1988 年）

『日漢図書館情報学常用詞彙』（書目文献出版社　1990 年）

『中国大百科全書：図書館巻』（中国大百科全書出版社　1990 年）

日・中・英 対訳 図書館用語辞典

日本語 編

A

油染み abura shimi	油渍的 yóuzìde	grease-spotted
アドレス adoresu	地址 dìzhǐ	address
アドレス・エラー adoresu era	地址错误 dìzhǐcuòwù	address error
アドレス・インフォメーション adoresu infomeshon	地址信息 dìzhǐxìnxī	address information
アドレス・コード adoresu kodo	地址代码 dìzhǐdàimǎ	address code
亜鉛網版 aen amiban	照相锌版 zhàoxiàngxīnbǎn	zinc halftone
亜鉛版 aenban	锌版 xīnbǎn	zincograph
亜鉛平版 aen heihan	锌平版 xīnpíngbǎn	zincograph
亜鉛凸版印刷術 aen toppan insatsujutsu	锌版印刷术 xīnbǎnyìnshuāshù	zincography
アフター・サービス afuta sabisu	售后服务 shòuhòufúwù	after service
アイボリー紙　書籍用表紙材 aiborishi	厚光纸 hòuguāngzhǐ	ivory sides ivory board
愛読者 aidokusha	出版社的读者 chūbǎnshèdedúzhě	publisher's reader
間紙　図版等の前に入れる保護紙 aigami	衬纸 chènzhǐ	guard-sheet guard slip
愛称 aisho	爱称 àichēng	nickname
愛書家 aishoka	书籍爱好者　爱书家 shūjí'àihàozhě àishūjiā	bibliophile
アイテム aitemu	条　　项目 tiáo xiàngmù	item
アイテム・ファイル aitemu fairu	备用存贮档 bèiyòngcúnzhùdàng	item file

アイテム・カウンター aitemu kaunta	计算项目计算器 jìsuànxiàngmùjìsuànqì	item counter
アカデミー akademi	学会 xuéhuì	academy
赤色印刷　古版本の赤文字印刷 akairo insatsu	红色印刷　红字 hóngsèyìnshuā　hóngzì	rubric rubricated
赤文字 akamoji	红字 hóngzì	rubric
アクァチント akuachinto	凹版腐蚀制版法 āobǎnfǔshízhìbǎnfǎ	aquatint
アクセス akusesu	查索　存取 chásuǒ　cúnqǔ	access
アクセス・モード akusesu modo	存取方式 cúnqǔfāngshì	access mode
アクセス・ポイント akusesu pointo	服务点 fúwùdiǎn	access point
アクセス制御 akusesu seigyo	存取控制 cúnqǔkòngzhì	access control
アクセス・スピード akusesu supido	存取速度 cúnqǔsùdù	access speed
アクセス・タイム akusesu taimu	查索时间 chásuǒshíjiān	access time
網版 amihan	照相铜版 zhàoxiàngtóngbǎn	halftone
網目版 amimeban	网目版 wǎngmùbǎn	halftone
網目スクリーン amime sukurin	屏幕 píngmù	screen
アナログ anarogu	模拟 mónǐ	analog
アナログ・データ anarogu deta	模拟资料 mónǐzīliào	analog data
アナログ・インフォメーション anarogu infomeshon	模拟信息 mónǐxìnxī	analog information
アナログ・メモリ anarogu memori	模拟存储器 mónǐcúnchǔqì	analog memory
アナログ・ネットワーク anarogu nettowaku	模拟网络 mónǐwǎngluò	analog network

アナログ・パターン anarogu patan	模拟图像 mónǐtúxiàng	analog pattern
アニメーション animeshon	动画片 dònghuàpiàn	animation
アンカット ankatto	未切齐的 wèiqiēqíde	uncut
アンカット本 ankattobon	毛边书刊　未裁本 máobiānshūkān wèicáiběn	uncut edition unopened uncut
アンカットの小口 ankatto no koguchi	毛边　未切书边 máobiān wèiqiēshūbiān	uncut edges untrimmed edges
アンケート anketo	征询意见 zhēngxúnyìjiàn	enquête
案内書 annaisho	手册　便览 shǒucè biànlǎn	manual handbook
アンシャル体 ansharutai	行体字 xíngtǐzì	uncial
暗室 anshitsu	暗室 ànshì	dark-room
安全フィルム 難燃性のフィルム anzen firumu	安全软片 ānquánruǎnpiàn	safety film
安全開架式 anzen kaikashiki	防盗开架式 fángdàokāijiàshì	safe guarded open access system
アパーチャー・カード マイクロカード apacha kado	开窗卡片 kāichuāngkǎpiàn	aperture card
アプリケーション・プログラム apurikeshon puroguramu	应用程序 yìngyòngchéngxù	application program
アプローチ apurochi	途径　方法 tújìng fāngfǎ	approach
アラビア式図案 arabiashiki zuan	阿拉伯式图案 Ālābóshìtúàn	arabesque
アラビア数字 arabia suji	阿拉伯数字 Ālābóshùzì	Arabic figures
アラビア体 arabia tai	阿拉伯字体 Ālābózìtǐ	Arabic types
アルファベティカル arufabetikaru	字母的 zìmǔde	alphabetical
アルファベティカル・シソーラス arufabetikaru shisorasu	字顺叙词表 zìshùnxùcíbiǎo	alphabetical thesaurus

アルファベット	字母表	alphabet
arufabetto	zìmǔbiǎo	
アルファベット・データ・コード	字母数据码	alphabetic data code
arufabetto deta kodo	zìmǔshùjùmǎ	
アルファベット・コーディング	字母编码	alphabetic coding
arufabetto kodingu	zìmǔbiānmǎ	
アルファベット・コード	字母码	alphabetic code
arufabetto kodo	zìmǔmǎ	
アルファベット順	罗马字母顺序	alphabetic
arufabettojun	luómǎzìmǔshùnxù	
アルファベット順分類目録	字顺分类目录	alphabetically classed catalog
arufabettojun bunrui mokuroku	zìshùnfēnlèimùlù	
アルファベット順分類索引	字顺分类索引	alphabetically classed index
arufabettojun bunrui sakuin	zìshùnfēnlèisuǒyǐn	
アルファベット順地名索引	字顺地名索引	alphabetical index of places
arufabettojun chimei sakuin	zìshùndìmíngsuǒyǐn	
アルファベット順著者配列	字顺著者排列	alphabetic author arrangement
arufabettojun chosha hairetsu	zìshùnzhùzhěpáiliè	
アルファベット順著者記号表	字顺著者号码表	alphabetical author table
arufabettojun chosha kigohyo	zìshùnzhùzhěhàomǎbiǎo	
アルファベット順配列	字顺排列	alphabetic arrangement
arufabettojun hairetsu	zìshùnpáiliè	alphabetical location
アルファベット順件名目録	字顺主题目录	alphabetical subject catalog
arufabettojun kemmei mokuroku	zìshùnzhǔtímùlù	
アルファベット順件名索引	字顺主题索引	alphabetical subject index
arufabettojun kemmei sakuin	zìshùnzhǔtísuǒyǐn	
アルファベット順リスト	字顺目录	alphabetical list
arufabettojun risuto	zìshùnmùlù	
アルファベット順索引	字顺索引	alphabetical index
arufabettojun sakuin	zìshùnsuǒyǐn	
アルゴリズム	算法　算术	algorithm
arugorizumu	suànfǎ　suànshù	
アルゴリズム言語	算法语言	algorithmic language
arugorizumu gengo	suànfǎyǔyán	
アルコープ式排架	凹室式阅览室	alcove system
arukopushiki haika	āoshìshìyuèlǎnshì	
アルミ版	铝版　铝印版	print from an aluminium plate
arumiban	lǚbǎn　lǚyìnbǎn	

遊び紙 asobigami	衬页 chènyè	fly-leaf
アート・プリント ato purinto	美术印刷品 měishùyìnshuāpǐn	art print
アート・ライブラリー ato raiburari	美术图书馆 měishùtúshūguǎn	art library
あとがき atogaki	后记 hòujì	epilogue afterword
アート紙 atoshi	铜版纸 tóngbǎnzhǐ	art paper
アウトプット・データ autoputto deta	输出数据 shūchūshùjù	output data
アウトプット・エリア autoputto eria	输出范围 shūchūfànwéi	output area
アウトプット・ファイル autoputto fairu	输出文件 shūchūwénjiàn	output file
アウトプット・フォーマット autoputto fomatto	输出格式 shūchūgéshì	output format
アウトプット・インフォメーション autoputto infomeshon	输出信息 shūchūxìnxī	output information
アウトプット・プリンター autoputto purinta	输出打印机 shūchūdǎyìnjī	output printer
アウトプット・ユニット autoputto yunitto	输出机 shūchūjī	output unit
アウトライン autorain	概要 gàiyào	outline

B

バー・コード ba kodo	条形码 tiáoxíngmǎ	bar code
バックラム 製本用の上質クロス bakkuramu	装订用厚麻布 zhuāngdìngyònghòumábù	buckram
バックスキン bakkusukin	装订用羊皮 zhuāngdìngyòngyángpí	buckskin

番号付き本 限定番号入本 bangotsukibon	加号码本 jiāhàomǎběn	numbered copy
バッチ処理 batchi shori	成批处理 chéngpīchǔlǐ	batch processing
跋 batsu	跋 bá	afterword postscript
跋文 batsubun	跋文 báwén	epilogue afterword
米国大学研究図書館協会 beikoku daigaku kenkyu toshokan kyokai	美国大学和学术研究图书馆协会 Měiguódàxuéhéxuéshùyánjiū túshūguǎnxiéhuì	ACRL[Association of College and Research Libraries]
米国大学出版社協会 beikoku daigaku shuppansha kyokai	美国大学出版社协会 Měiguódàxuéchūbǎnshèxiéhuì	AAUP[Asssociation of American University Presses]
米国ドキュメンテーション協会 beikoku dokyumenteshon kyokai	美国文献学会 Měiguówénxiànxuéhuì	ADI[American Documentation Institute]
米国学校図書館員協会 beikoku gakko toshokan'in kyokai	美国学校图书馆协会 Měiguóxuéxiàotúshūguǎnxiéhuì	AASL[American Association of School Librarians]
米国議会図書館 beikoku gikai toshokan	美国国会图书馆 Měiguóguóhuìtúshūguǎn	LC[Library of Congress]
米国議会図書館印刷カード beikoku gikai toshokan insatsu kado	美国国会图书馆印刷卡片 Měiguóguóhuìtúshūguǎnyìnshuākǎpiàn	Library of Congress card
米国議会図書館マーク beikoku gikai toshokan maku	美国国会图书馆机读目录 Měiguóguóhuìtúshūguǎnjīdúmùlù	LC MARC[Library of Congress, Machine Readable Catalog]
米国議会図書館整理業務機械化ファイル beikoku gikai toshokan seiri gyomu kikaika fairu	美国国家图书馆自动处理资料档 Měiguóguójiātúshūguǎnzìdòng chǔlǐzīliàodàng	APIF[automated processing information file]
米国情報学協会 beikoku johogaku kyokai	美国情报科学学会 Měiguóqíngbàokēxuéxuéhuì	ASIS[American Society for Information Science]
米国情報交換用標準コード beikoku joho kokan'yo hyojun kodo	美国信息交换标准代码 Měiguóxìnxījiāohuànbiāozhǔn dàimǎ	ASCII[American Standard Code for Information Interchange]
米国基準学会 beikoku kijun gakkai	美国标准学会 Měiguóbiāozhǔnxuéhuì	ANSI[American National Standards Institute]
米国基準協会 beikoku kijun kyokai	美国标准协会 Měiguóbiāozhǔnxiéhuì	ASA[American Standards Association]
米国公共図書館機械化ネットワーク beikoku kokyo toshokan kikaika nettowaku	美国公共图书馆自动化网络 Měiguógōnggòngtúshūguǎnzìdòng huàwǎngluò	PLAN[Public Library Automation Network]

米国古書籍商協会 beikoku koshosekisho kyokai	美国古旧书商协会 Měiguógǔjiùshūshāngxiéhuì	ABAA[Antiquarian Booksellers Association of America]
米国連邦図書館情報ネットワーク beikoku renpo toshokan joho nettowaku	美国联邦图书馆和情报网络 Měiguóliánbāngtúshūguǎnhéqíngbào wǎngluò	FEDLINK[Federal Library and Information Network]
米国書籍商協会 beikoku shosekisho kyokai	美国书商协会 Měiguóshūshāngxiéhuì	ABA[American Booksellers Association]
米国出版物総目録 beikoku shuppambutsu somokuroku	美国在版图书目录 Měiguózàibǎntúshūmùlù	BIP[books in print]
米国出版者協会 beikoku shuppansha kyokai	美国出版商协会 Měiguóchūbǎnshāngxiéhuì	AAP[Association of American Publishers]
米国図書館学校協会 beikoku toshokan gakko kyokai	美国图书馆学院协会 Měiguótúshūguǎnxuéyuànxiéhuì	AALS[Association of American Library School]
米国図書館協会 beikoku toshokan kyokai	美国图书馆协会 Měiguótúshūguǎnxiéhuì	ALA[American Library Association]
ベラム beramu	精制犊皮纸 jīngzhìdúpízhǐ	vellum
ベラム・ペーパー beramu pepa	薄小牛皮纸 báoxiǎoniúpízhǐ	vellum paper
別冊挿絵入り本 bessatsu sashie iri bon	别附插图本 biéfùchātúběn	extra illustrated edition
ベスト・セラー besuto sera	畅销书 chàngxiāoshū	best seller
別建てページ付け betsudate pejizuke	别编页码 biébiānyèmǎ	separate pagination
別名 betsumei	别名 biémíng	pseudonym
ビデオ bideo	电视录象 diànshìlùxiàng	video
ビデオ・デスク bideo desuku	录象盘 lùxiàngpán	video disc
ビデオ・カセット bideo kasetto	录象磁带盘 lùxiàngcídàipán	video cassetto
ビデオ・システム bideo shisutemu	录象系统 lùxiàngxìtǒng	video system
ビデオ・テープ bideo tepu	录象磁带 lùxiàngcídài	video tape

ビデオコーダー bideokoda	录象机 lùxiàngjī	videotape recorder
眉標 bihyo	眉题 méití	catchword
美術 bijutsu	美术 měishù	fine arts
備考 biko	备录 bèilù	remark
便覧 binran	便览 biànlǎn	handbook guide
微細画 bisaiga	超缩微品 chāosuōwēipǐn	miniature
傍注 bochu	旁注 pángzhù	runner margin note side-note
棒組み校正刷り bogumi koseizuri	长条校样 chángtiáojiàoyàng	slip-proof proof in slips
没収 bosshu	没收 mòshōu	confiscation
ブック bukku	书 shū	book
ブック・バインダー bukku bainda	图书装订厂 túshūzhuāngdìngchǎng	book binder
ブック・デザイン bukku dezain	图书设计 túshūshèjì	book design
ブック・デザイナー bukku dezaina	图书设计者 túshūshèjìzhě	book designer
ブック・エンド bukku endo	夹书板 jiāshūbǎn	book end wooden board
ブック・フェアー bukku fea	图书博览会 túshūbólǎnhuì	book fair
ブック・ガイド bukku gaido	图书简介 túshūjiǎnjiè	book guide
ブック・ハンター bukku hanta	猎书者 lièshūzhě	book-hunter
ブック・イン・プリント bukku in purinto	在版图书 zàibǎntúshū	book in print
ブック・インデックス bukku indekkusu	图书索引 túshūsuǒyǐn	book index

ブック・ジャケット bukku jaketto	护封 hùfēng	book jacket
ブック・カード bukku kado	书卡 shūkǎ	book card
ブック・カタログ bukku katarogu	图书目录 túshūmùlù	book catalog
ブック・ケース bukku kesu	书柜　书箱 shūguì　shūxiāng	book case
ブック・クラブ bukku kurabu	图书俱乐部 túshūjùlèbù	book club
ブック・ニュース bukku nyusu	新书信息 xīnshūxìnxī	book news
ブック・オートモービル bukku otomobiru	汽车图书馆 qìchētúshūguǎn	book automobile
ブック・ポケット bukku poketto	书卡袋 shūkǎdài	book pocket
ブック・リフト bukku rifuto	图书升降机 túshūshēngjiàngjī	book lift book elevator
ブック・サポート bukku sapoto	挡书板 dǎngshūbǎn	book support
ブック・センター bukku senta	图书中心 túshūzhōngxīn	book center
ブック・ストア bukku stoa	书店 shūdiàn	book store
ブック・トラック bukku torakku	运书车 yùnshūchē	book truck
部門 bumon	部门 bùmén	division
分館 bunkan	分馆 fēnguǎn	branch library
文献 bunken	文献　文献编辑 wénxiàn　wénxiànbiānjí	document documentation
文献センター bunken senta	文献中心 wénxiànzhōngxīn	document center
文献収集 bunken shushu	文献收集 wénxiànshōují	acquisition work
分類 bunrui	分类 fēnlèi	classification

分類帳 bunruicho	分类帐 fēnlèizhàng	ledger
分類配架 bunrui haika	分类排架 fēnlèipáijià	classified arrangement
分類表 bunrui hyo	分类表 fēnlèibiǎo	classification table table of classification
分類標題 bunrui hyodai	分类标题 fēnlèibiāotí	class heading
分類標記 bunrui hyoki	分类标记 fēnlèibiāojì	notation of class
分類カード bunrui kado	分类卡 fēnlèikǎ	classification card
分類規則 bunrui kisoku	分类规则 fēnlèiguīzé	classification code
分類コード bunrui kodo	分类符号 fēnlèifúhào	class code
分類目録 bunrui mokuroku	分类目录 fēnlèimùlù	class list classed catalog
分冊 bunsatsu	分册 fēncè	part　in parts
分析索引 bunseki sakuin	分析索引 fēnxīsuǒyǐn	analytical index
文節 bunsetsu	章节 zhāngjié	paragraph
文集 bunshu	文集 wénjí	anthology
分担収集 buntan shushu	馆际协调采购 guǎnjìxiétiáocǎigòu	cooperative acquisition
ブラウン方式 buraun hoshiki	布朗方式 Bùlǎngfāngshì	Brown charging system
ブラウン氏件名分類法 buraunshi kemmei bunruiho	布朗氏主题分类法 Bùlǎngshìzhǔtífēnlèifǎ	Brown's subject classification

C

着色活版 chakushoku kappan	彩色平版术 cǎisèpíngbǎnshù	chromolithography
着色鉛印刷術 chakushoku namari insatsujutsu	彩色铅印刷 cǎisèqiānyìnshuā	chromotypography
チェック・デジット chekku dejitto	校验位 jiàoyànwèi	check digit
チェック・ポイント chekku pointo	检查点 jiǎnchádiǎn	check point
チェック・リスト chekku risuto	校对清单 jiàoduìqīngdān	check list
地域区分 chiiki kubun	地域区分 dìyùqūfēn	place division
逐次刊行物 chikuji kankobutsu	连续出版物 liánxùchūbǎnwù	periodical serial
地名 chimei	地名 dìmíng	place name
地名辞典 chimei jiten	地名词典 dìmíngcídiǎn	geographical dictionary
地名目録 chimei mokuroku	地名目录 dìmíngmùlù	geographical catalog
地名索引 chimei sakuin	地名索引 dìmíngsuǒyǐn	place name index
珍本 chimpon	珍本 zhēnběn	rare book scarce book
陳列 chinretsu	展览 陈列 zhǎnlǎn chénliè	display
地図 chizu	地图 dìtú	map
地図帳 chizucho	地图集 dìtújí	atlas
長期貸出 choki kashidashi	长期借阅 chángqījièyuè	deposit permanent loan
彫刻 chokoku	雕刻 diāokè	engraving

彫刻師　chokokushi	雕刻师　diāokèshī	engraver
チョーク画　chokuga	粉笔画　fěnbǐhuà	chalk drawing
直訳　chokuyaku	直译　zhíyì	literal translation
町立図書館　choritsu toshokan	区立图书馆　qūlìtúshūguǎn	township library
著作権　chosakuken	版权　bǎnquán	copyright author's rights
著作権法　chosakukenho	版权法　bǎnquánfǎ	law of copyright
著作権使用料　chosakukenshiyoryo	版税　bǎnshuì	royalty
著作集　chosakushu	著书集子　zhùshūjízi	collected works
調整　chosei	调整　tiáozhěng	justification
著者　chosha	著者　zhùzhě	author
著者への献本　chosha eno kempon	著者赠本　zhùzhězèngběn	author's copy (given free of charge to the author)
著者標目　chosha hyomoku	著者标目　zhùzhěbiāomù	author heading
著者記号　chosha kigo	著者号码　zhùzhěhàomǎ	author mark
著者校正　chosha kosei	著者校正　zhùzhějiàozhèng	author's correction
著者目録　chosha mokuroku	著者目录　zhùzhěmùlù	name catalog author catalog
著者索引　chosha sakuin	著者索引　zhùzhěsuǒyǐn	author index
丁付け　chozuke	标页数的　biāoyèshùde	foliated
注　chu	附注　fùzhù	explanatory note notes
中国科学院図書分類法　chugoku kagakuin tosho bunruiho	中国科学院图书分类法　Zhōngguókēxuéyuàntúshūfēnlèifǎ	classification for library of the Chinese Academy of Science

中国古籍善本目録 chugoku koseki zempon mokuroku	中国古籍善本书目 Zhōngguógǔjíshànběnshūmù	bibliography of Chinese Ancient Rare Books
中国図書館協会 chugoku toshokan kyokai	中国图书馆协会 Zhōngguótúshūguǎnxiéhuì	LAC[Library Association of China]
中国図書館図書分類法 chugoku toshokan tosho bunruiho	中国图书馆图书分类法 Zhōngguótúshūguǎntúshūfēnlèifǎ	classification for Chinese Libraries
注文 chumon	订单 dìngdān	order
中央処理装置 chuo shori sochi	中央处理机 zhōngyāngchǔlǐjī	CPU[Central Processing Unit]
中央図書館 chuo toshokan	中心图书馆 zhōngxīntúshūguǎn	central library
注釈 chushaku	注释　注解 zhùshì　zhùjiě	annotation　commentary note(-s)
注釈辞典 chushaku jiten	注解字典 zhùjiězìdiǎn	explanatory dictionary
注釈者 chushakusha	注释者 zhùshìzhě	commentator annotator
注釈書 chushakusho	注释书 zhùshìshū	commentary

D

ダビング dabingu	翻印 fānyìn	dubbing
台帳式目録 daichoshiki mokuroku	书本式目录 shūběnshìmùlù	ledger catalog
大英博物館図書館 daiei hakubutsukan toshokan	不列颠博物馆图书馆 Búlièdiānbówùguǎntúshūguǎn	BML[British Museum Library]
大英百科辞典 daiei hyakkajiten	大英百科全书 dàyīngbǎikēquánshū	EB[Encyclopedia Britannica]
大学書店 daigaku shoten	大学书店 dàxuéshūdiàn	college bookshop
大学出版物 daigaku shuppambutsu	大学出版物 dàxuéchūbǎnwù	college publication

大学図書館	大学图书馆	college library
daigaku toshokan	dàxuétúshūguǎn	university library
代本板	代书板	thickness copy
daihonban	dàishūbǎn	dummy
ダイジェスト	文摘	digest
daijesuto	wénzhāi	
題辞	题辞	inscription epigraph
daiji	tící	
代理人	代理人	agent
dairinin	dàilǐrén	
段落	段落	paragraph
danraku	duànluò	
団体	团体	organization
dantai	tuántǐ	
ダッシュ	破折号	dash
dasshu	pòzhéhào	
脱文	漏句 文章中的漏句	lacuna
datsubun	lòujù wénzhāngzhōngdelòujù	
出口	出口	exit
deguchi	chūkǒu	
電報	电报	cable
dempo	diànbào	telegraph
伝記	传记	biography
denki	zhuànjì	
伝説	传说	legend
densetsu	chuánshuō	
電子データ処理	电子情报处理装置	EDPS[electronic data processing system]
denshi deta shori	diànzǐqíngbàochǔlǐzhuāngzhì	
電子編集システム	电子编辑机系统	electronic publishing system
denshi henshu sisutemu	diànzǐbiānjíjīxìtǒng	
電子メール	电子邮政	electronic mail
denshi meru	diànzǐyóuzhèng	
電子メール・ネットワーク	电子邮政网络	electronic mail network
denshi meru nettowaku	diànzǐyóuzhèngwǎngluò	
電子図書館	电子图书馆	electronic library
denshi toshokan	diànzǐtúshūguǎn	
電信暗号	密电码	code
denshin ango	mìdiànmǎ	telegram

伝承 denshō	故事 gùshi	tradition
データ・アクセス・システム deta akusesu shisutemu	数据存取系统 shùjùcúnqǔxìtǒng	data access system
データ・バンク deta banku	数据库 shùjùkù	data bank
データ・ブック deta bukku	数据手册 shùjùshǒucè	data book
データ・エレメント deta eremento	数据元 shùjùyuán	data element
データ・ファイル deta fairu	数据文档 shùjùwéndàng	data file
データ・フィールド deta firudo	数据区 shùjùqū	data field
データ・カード deta kado	数据资料卡 shùjùzīliàokǎ	data card
データ・コード deta kodo	数据代码 shùjùdàimǎ	data code
データ処理 deta shori	数据处理 shùjùchǔlǐ	data processing
データ通信システム deta tsushin shisutemu	数据通信系统 shùjùtōngxìnxìtǒng	data communication system
ディジタル dijitaru	数字(式)的 shùzìshìde	digital
ディジタル・コンピュータ dijitaru compyuta	数字计算机 shùzìjìsuànjī	digital computer
ディジタル・ネットワーク dijitaru nettowaku	数字(式)的网络 shùzìshìdewǎngluò	digital network
ディスク disuku	磁盘 cípán　唱片 chànpiàn	disk
銅版 doban	铜版 tóngbǎn	copper plate
銅版彫刻 doban chokoku	铜版雕刻 tóngbǎndiāokè	dry point
銅版技法 doban giho	制铜版术 zhìtóngbǎnshù	copper-engraving
銅版印刷 doban insatsu	铜版印刷 tóngbǎnyìnshuā	copper plate printing

銅版術 doban jutsu	铜版画 tóngbǎnhuà	chalcography
銅版刷り標題紙 dobanzuri hyodaishi	雕刻铜版书名页 diāokètóngbǎnshūmíngyè	engraved title
動物誌 dobutsushi	动物志 dòngwùzhì	fauna
同上 dojo	同上 tóngshàng	ditto
読本 dokuhon	读本 dúběn	reading book
独立書架 dokuritsu shoka	独立书架 dúlìshūjià	floor stack
読者 dokusha	读者 dúzhě	reader
読者教育 dokusha kyoiku	读者教育 dúzhějiàoyù	library user education library user training
ドキュメンテーション dokyumenteshon	文献工作 wénxiàngōngzuò	documentation
ドキュメンテーション調査 　研究国際情報システム(ユネスコ) dokyumenteshon chosa kenkyu 　kokusai joho shisutemu	国际标准工作研究情报系统 guójìbiāozhǔngōngzuòyánjiū 　qíngbàoxìtǒng	ISORID[International Information System on Research in Documentation Unesco]
ドキュメンテーション・センター dokyumenteshon senta	文献工作中心 wénxiàngōngzuòzhōngxīn	documentation center
同音異義語辞典 doon igigo jiten	同音词典 tóngyīncídiǎn	dictionary of homonyms
デューイ十進分類法 dui jusshin bunruiho	杜威十进分类法 Dùwēishíjìnfēnlèifǎ	DDC[Dewey Decimal Classification]

E

エアー・ブラシ ea burashi	气刷 qìshuā	air brush
エアー・シューター ea shuta	气体输送管 qìtǐshūsòngguǎn	air shooter

絵表紙 ebyoshi	绘图封面 huìtúfēngmiàn	illustrated cover pictorial cover
英米目録規則 eibei mokuroku kisoku	英美目录条例 Yīngměimùlùtiáolì	AACR[Anglo-American Cataloging Rules]
映画 eiga	电影 diànyǐng	motion pictures movie
映画フィルム eiga firumu	电影胶卷 diànyǐngjiāojuǎn	film
映画フィルム目録 eiga firumu mokuroku	电影片目录 diànyǐngpiānmùlù	film catalog
英語版 eigoban	英文版 Yīngwénbǎn	English edition
影印本 eiinbon	影印版 yǐngyìnbǎn	facsimile edition facsimile reprint
英国著作権協議会 eikoku chosakuken kyogikai	英国版权委员会 Yīngguóbǎnquánwěiyuánhuì	BCC[British Copyright Council]
英国科学技術情報諮問委員会 eikoku kagaku gijutsu joho shimon iinkai	英国科学技术情报咨询委员会 Yīngguókēxuéjìshùqíngbào zīxúnwěiyuánhuì	ACSTI[Advisory Committee for Scientific and Technical Information]
英国書誌マーク eikoku shoshi maku	英国国家书目机读目录 Yīngguóguójiāshūmùjīdúmùlù	BNB MARC[British National Bibliography MARC]
英国出版物総目録 eikoku shuppambutsu somokuroku	英国在版书目 Yīngguózàibǎnshūmù	BBIP[British Books in Print]
英国図書館 eikoku toshokan	不列颠图书馆 Búlièdiàntúshūguǎn	BL[British Library]
英国図書館学術情報オンライン・システム eikoku toshokan gakujutsu joho onrain shisutemu	英国图书馆自动化情报服务系统 Yīngguótúshūguǎnzìdònghuàqíng bàofúwùxìtǒng	BLAISE[British Library Automated Information Service]
英国図書館情報学校協会 eikoku toshokan joho gakko kyokai	英国图书馆与情报学院协会 Yīngguótúshūguǎnyǔqíngbào xuéyuànxiéhuì	ABLISS[Association of British Library and Information Science Schools]
英国図書館書誌サービス部 eikoku toshokan shoshi sabisubu	不列颠图书馆书目服务部 Búlièdiàntúshūguǎnshūmùfúwùbù	BLBSD[British Library Bibliographic Service Division]
英訳本 eiyakubon	英译本 Yīngyìběn	English translation
映像データ処理 eizo deta shori	图形数据处理 túxíngshùjùchǔlǐ	film data processing

映像資料 eizo shiryo	视象资料 shìxiàngzīliào		visual material
絵飾り小口 ekazari koguchi	绘饰书口 huìshìshūkǒu	彩色书边 cángshūyìnjì	colored edges
エキス・リブリス ekisu riburisu	藏书印记 cángshūyìnjì	藏书票 cángshūpiào	ex-libris
エナメル紙 enamerushi	上光纸 shàngguāngzhǐ		enamel paper
エナメル装丁 enameru sotei	彩饰装帧 cǎishìzhuāngzhēng		enamel binding
延滞 entai	过期 guòqī		overdue
延滞常習者 entai joshusha	逾期不还者 yúqībùhuánzhě		person on the black-list defaulter
延滞図書 entai tosho	到期未还的书 dàoqīwèihuándeshū		overdue book
エレベーター erebeta	升降机 shēngjiàngjī		elevator
エッセイ essei	笔记 bǐjì		essay note
エスペラント語 esuperantogo	世界语 shìjièyǔ		Esperanto
エッチング 蝕刻銅版 etchingu	蚀刻 shíkè		etching
エッチング・グラウンド etchingu guraundo	蚀刻底版 shíkèdǐbǎn		etching ground
エッチング・ニードル etchingu nidoru	蚀刻针 shíkèzhēn		etching needle
閲覧 etsuran	阅览 yuèlǎn		reading
閲覧規則 etsuran kisoku	阅览规则 yuèlǎnguīzé		reading room regulation reading room rules
閲覧者 etsuransha	读者 dúzhě		user reader
閲覧者用目録 etsuranshayo mokuroku	读者目录 dúzhěmùlù		public catalog
閲覧室 etsuranshitsu	阅览室 yuèlǎnshì		reading room

F

閲覧証 etsuransho	阅览证 yuèlǎnzhèng	reader's card reader's ticket
閲覧予約図書 etsuran yoyaku tosho	预约阅览图书 yùyuēyuèlǎntúshū	to reserve a book reserved book

ファイリング・システム fairingu shisutemu	资料文件归档制度 zīliàowénjiànguīdàngzhìdù	filing system
ファイル fairu	档案　　文件 dàng'àn　wénjiàn	file
ファックス fakkusu	传真 chuánzhēn	fax
ファッション画集 fasshon gashu	时装式样图 shízhuāngshìyàngtú	fashion plate
フィルム firumu	胶卷 jiāojuǎn	film
フィルム・ライブラリー firumu raiburari	影片图书馆 yǐngpiàntúshūguǎn	film library
フォリオ　二ツ折判 forio	对开纸　　对开版 duìkāizhǐ　　duìkāibǎn	folio folio edition
フォトスタット　直接複写用カメラ fotosutatto	直接影印机 zhíjiēyǐngyìnjī	photostat
縁飾り fuchikazari	书籍边饰 shūjíbiānshì	border
封印 fuin	封印　　封蜡 fēngyìn　fēnglà	seal
復刻 fukkoku	复刻　　复刻本 fùkè　　fùkèběn	reproduction reprint　facsimile book
訃告 fukoku	讣告　　讣闻 fùgào　　fùwén	obituary
副本 fukuhon	重本　　复本 chóngběn　fùběn	extra copy　additional copy duplicate copy
副館長 fukukancho	副馆长 fùguǎnzhǎng	vice director

袋綴じ本 fukurotojibon	线装本 xiànzhuāngběn	double-leaved book
複製 fukusei	复制 fùzhì	facsimile reproduction reproduction
複製権 fukuseiken	复制权 fùzhìquán	right of reproduction
副書名 fukushomei	副书名 fùshūmíng	subtitle
普及版 fukyuban	普及版 pǔjíbǎn	popular edition
付録 furoku	补编 bǔbiān	supplement
フロッピー・ディスク furoppi disuku	软磁盘 ruǎncípán	floppy disk
古本 furuhon	古本 gǔběn	old book
フルタイトル furutaitoru	全书名 quánshūmíng	full title
風刺文 fushibun	讽刺 fěngcì	lampoon
風刺画 fushiga	讽刺画 fěngcìhuà	caricature
封筒 futo	信封 xìnfēng　封套 fēngtào	envelope

G

ガイド・ブック gaido bukku	入门书 rùménshū	guide book ABC book
外国文献 gaikoku bunken	外国文献 wàiguówénxiàn	foreign document
外来語 gairaigo	外来语 wàiláiyǔ	foreign adapted word alien word
概要 gaiyo	总结 zǒngjié	summary

学校図書館 gakko toshokan	学校图书馆 xuéxiàotúshūguǎn	school library
学級文庫 gakkyu bunko	年级图书馆 niánjítúshūguǎn	classroom library
楽譜 gakufu	乐谱 yuèpǔ	score
学位論文 gakui rombun	学位论文 xuéwèilùnwén	dissertation thesis
学術雑誌 gakujutsu zasshi	学术杂志 xuéshùzázhì	scientific journal technical journal
画仙紙 書画用の上質紙 gasenshi	宣纸 xuānzhǐ	China paper
画紙 gashi	绘图纸 huìtúzhǐ	drawing paper
画集 gashu	画帖 huàtiě	picture book
月刊 gekkan	月刊 yuèkān	monthly
原版 gemban	原版 yuánbǎn	original edition
原文 gembun	原文 yuánwén	text
現代の gendai no	现代的 xiàndàide	contemporary
言語 gengo	语言 yǔyán	language
言語学 gengogaku	语言学 yǔyánxué	linguistics
原価 genka	成本 chéngběn	cost
減価 genka	减价 jiǎnjià	discount
原型 genkei	模型 móxíng	pattern model
原形複写版 genkei fukushaban	仿真本 fǎngzhēnběn	diplomatic edition
原稿 genko	原稿 yuángǎo	original manuscript original paper

原書 gensho	原文本 yuánwénběn	original text original edition
減少した gensho shita	減少的 jiǎnshǎode	reduced
原書名 genshomei	原书名 yuánshūmíng	original title
原装 genso	原装 yuánzhuāng	original binding
原寸 gensun	原尺寸 yuánchǐcùn	original size
限定版 genteiban	限定版 xiàndìngbǎn	limited edition
ゲラ gera	校样 jiàoyàng	galley
議事録 gijiroku	会议录 huìyìlù	proceedings minutes
技術情報サービス gijutsu joho sabisu	技术情报系统 jìshùqíngbàoxìtǒng	TIS[technical information service]
議会報告書 gikai hokokusho	国会报告书 guóhuìbàogàoshū	Congress Report
議会図書館 gikai toshokan	议会图书馆 yìhuìtúshūguǎn	Parliamentary Library
戯曲 gikyoku	戏曲 xìqǔ	drama
擬帯 革装の背の隆起をレーズド・バンド風に gitai 装飾目的として隆起をつけたもの	假线条 jiǎxiàntiáo	false bands
議定書 giteisho	议定书 yìdìngshū	protocol
偽造 gizo	赝品 yànpǐn	forgery
偽造本 gizobon	伪造本 wěizàoběn	fake
偽造文 gizobun	伪造文件 wěizàowénjiàn	forgery
号外 gogai	号外 hàowài	extra edition
豪華版 gokaban	豪华版 háohuábǎn	edition de luxe

互換性 gokansei	互換性 hùhuànxìng	compatibility
ゴシック字体 goshikku jitai	黑体字　　粗体字的 hēitǐzì　　cūtǐzìde	Gothic type full face black letter
誤植 goshoku	印刷错误 yìnshuācuòwù	misprint
号数 gosu	期数 qīshù	number
群 gun	群 qún	group
グラビア印刷 gurabia insatsu	凹印　　照相凹印 āoyìn　　zhàoxiang'āoyìn	photogravure
グラフィック gurafikku	图样 túyàng	graphic
グラフィック・アート gurafikku ato	书画刻印艺术 shūhuàkèyìnyìshù	graphic art
グラフィック・デザイン gurafikku dezain	印刷美术图案 yìnshuāměishùtúàn	graphic design
寓話 guwa	寓言 yùyán	fable
寓話集 guwashu	寓言集 yùyánjí	book of fables fable
行 gyo	行 háng	line
牛皮 gyuhi	牛皮 niúpí	cowhide
牛皮紙 gyuhishi	小牛皮纸 xiǎoniúpízhǐ	vellum calf

H

ハード・カバー hado kaba	硬封面装订的 yìngfēngmiànzhuāngdìngde	hard cover
ハードウェア hadouea	硬件 yìngjiàn	hardware

ハーフ・モロッコ本 hafu morokkobon	半摩洛哥皮面装订本 bànmóluògēpímiànzhuāngdìngběn	half morocco binding
ハイフン haifun	连字符 liánzìfú	hyphen
廃稿 haiko	废稿 fèigǎo	dead copy
博士 hakase	博士 bóshì	doctor
発行 hakko	发行 fāxíng	publish
発行禁止 hakko kinshi	禁止发行 jìnzhǐfāxíng	suppressed
発行所装丁 hakkosho sotei	原装本 yuánzhuāngběn	publisher's binding
箱 hako	箱 xiāng	box case
博物学 hakubutsugaku	博物学 bówùxué	natural history
白紙 hakushi	白宣纸 báixuānzhǐ	blank
帛書　絹布に書かれた書物 hakusho	帛书 bóshū	inscription on silk fablic
版本 hampon	版本 bǎnběn	text edition
版本目録 hampon mokuroku	版本目录 bǎnběnmùlù	bibliography of book
版 han	版　版次 bǎn　bǎncì	edition
花模様 hana moyo	小花饰 xiǎohuāshì	floral ornament
販売目録 hanbai mokuroku	售书目录 shòushūmùlù	sale catalog
販売中 hanbaichu	上市 shàngshì	on sale
版画の試し刷り hanga no tameshizuri	雕版的初印稿 diāobǎndechūyìngǎo	artist's proof
反意語 han'igo	意义相反的 yìyìxiāngfǎnde	adverse antonym

反意語辞典 han'igo jiten	反义词词典 fǎnyìcícídiǎn	dictionary of antonyms
版次 hanji	版次 bǎncì	number of edition issue
判型 hankei	格式 géshì	format
版権 hanken	版权 bǎnquán	copyright author's rights
半年刊 hannenkan	半年刊 bànniánkān	semi-annual
版下 hanshita	刻木版的底稿 kèmùbǎndedǐgǎo	block copy
反対語 hantaigo	反义词 fǎnyìcí	adversative
針金綴じ hariganetoji	钢丝装订 gāngsīzhuāngdìng	wire stitching side stitching
梯子 hashigo	梯子 tīzi	ladder
柱 hashira	书眉 shūméi	running title
破損 hason	破损的 pòsǔnde	damaged
破損本 hasonbon	破损本 pòsǔnběn	worn binding broken back
平圧印刷機 heiatsu insatsuki	平压印刷机 píngyāyìnshuājī	platen press
平版印刷 heihan insatsu	平版印刷 píngbǎnyìnshuā	planographic printing
平版印刷術 heihan insatsujutsu	平版印刷术 píngbǎnyìnshuāshù	planography
閉架 heika	闭架 bìjià	not open to public closed shelves
閉館 heikan	闭馆 bìguǎn	closed period
閉館日 heikanbi	闭馆日 bìguǎnrì	closed period holiday
編者 henja	编者 biānzhě	compiler editor

henja   28

編者カード henja kado	编者卡 biānzhěkǎ	editor card
返却期日票 henkyaku kijitsuhyo	还书期限条 huánshūqīxiàntiáo	date label date slip
編纂 hensan	编纂 biānzuǎn	compilation
編集 henshu	编辑 biānjí	compilation edit
編集保存 henshu hozon	编档案 biāndàng'àn	preservation of archives
編集者 henshusha	编辑者 biānjízhě	editor compiler
返送権のない hensoken no nai	概不退换 gàibútuìhuàn	with all faults
非売品 hibaihin	非卖品 fēimàipǐn	not for sale
碑文 hibun	碑文 bēiwén	epigraph
左ページ 洋書の場合 hidari peji	书籍的左页 shūjídezuǒyè	verso
東アジア図書館会議 higashiajia toshokan kaigi	东亚图书馆会议 dōngyàtúshūguǎnhuìyì	CEAL[Council on East Asian Libraries] of AAS
比較図書館学 hikaku toshokangaku	比较图书馆学 bǐjiàotúshūguǎnxué	comparative library science
引き裂く hikisaku	磨损的 mósǔnde	tear
秘密出版物 himitsu shuppambutsu	秘密出版物 mìmìchūbǎnwù	clandestine literature
羊の皮 モロッコ皮代用の柔らかい製本用の羊皮 hitsuji no kawa	装订封面用的软羊皮 zhuāngdìngfēngmiànyòngderuǎnyángpí	sheepskin roan
筆名 hitsumei	笔名 bǐmíng	allonym pen-name pseudonym
日付 hizuke	日期 rìqī	date
反古紙 hogoshi	废纸 fèizhǐ	spoilage
補遺 hoi	补编 补充 bǔbiān bǔchōng	supplement

補充目録 hoju mokuroku	补充目录 bǔchōngmùlù	additional catalog
保管 hokan	保管 bǎoguǎn	preservation
報告 hokoku	报告 bàogào	report　bulletin
本 hon	书 shū	book
本の陳列 hon no chinretsu	图书展览 túshūzhǎnlǎn	book display
本の大きさ hon no okisa	开本大小 kāiběndàxiǎo	size of book
翻訳 hon'yaku	翻译 fānyì	translation
法律図書館 horitsu toshokan	法律图书馆 fǎlǜtúshūguǎn	law library
奉仕 hoshi	服务 fúwù	service
包装紙 hososhi	包装纸 bāozhuāngzhǐ	packing sheet　wrapping paper　packing paper
保存 hozon	保存 bǎocún	preservation
保存書庫 hozon shoko	保存书库 bǎocúnshūkù	deposit stack
保存図書 hozon tosho	保存图书 bǎocúntúshū	preservation of books
保存図書館 hozon toshokan	保存图书馆 bǎocúntúshūguǎn	deposit library
百科事典 hyakka jiten	百科词典 bǎikēcídiǎn	encyclopedia
標題 hyodai	题名为 tímíngwéi　题录 tílù	title entitled
標題法 hyodaiho	标题法 biāotífǎ	system of subject headings
標題紙 hyodaishi	标题页 biāotíyè　书名页 shūmíngyè	front-page title page
評価 hyoka	评价 píngjià	estimate appraisal

I

異文 ibun	异文 yìwén	variant
一次文献 ichiji bunken	一次文献 yícìwénxiàn	primary document
一次資料 ichiji shiryo	原始资料 yuánshǐzīliào	primary source
一枚刷り ichimaizuri	单面印刷品 dānmiànyìnshuāpǐn	broadsheet
一覧表 ichiranhyo	一览表 yìlǎnbiǎo	synoptic table schedule synopsis
移動書架 ido shoka	活动书架 huódòngshūjià	compact stack movable shelves
移動図書館 ido toshokan	流动图书馆 liúdòngtúshūguǎn	book mobile
医学文献分析検索システム igaku bunken bunseki kensaku shisutemu	联机医学文献分析和检索系统 liánjīyīxuéwénxiànfēnxīhéjiǎnsuǒ xìtǒng	MEDLINE[Medical Literature Analysis and Retrieval System on line]
医学図書館協会 igaku toshokan kyokai	医学图书馆协会 yīxuétúshūguǎnxiéhuì	MLA[Medical Library Association]
異版 ihan	异版 yìbǎn	different edition variant
異版本 ihanbon	异版本 yìbǎnběn 不同版本 bùtóngbǎnběn	alternative version different edition
一括処理 ikkatsu shori	批量处理 pīliàngchǔlǐ	batch processing
一括受入れ ikkatsu ukeire	整批入藏登记 zhěngpīrùcángdēngjì	block accession

(Preceding entries:)

評論 hyoron	评论 pínglùn	review critical review
表紙 hyoshi	封面 fēngmiàn	cover front cover

遺稿 iko	遺稿 yígǎo	posthumous work
遺稿版 ikoban	遺著版 yízhùbǎn	posthumous edition
イコン ikon	图像 túxiàng	icon
インプット imputto	输入 shūrù	input
インプット・アウトプット imputto autoputto	输入输出 shūrùshūchū	input output
インプット・データ imputto deta	输入数据 shūrùshùjù	input data
インプット・インフォメーション imputto infomeshon	输入情报 shūrùqíngbào	input information
インプット・ユニット imputto yunitto	输入装置 shūrùzhuāngzhì	input unit
印 in	印章 yìnzhāng	stamp
インバーテッド・ファイル 複数索引編成法 inbateddo fairu	逆排文档 nìpáiwéndàng	inverted file
インデックス・ファイル indekkusu fairu	索引文件 suǒyǐnwénjiàn	index file
インデックス・マーク indekkusu maku	索引标记 suǒyǐnbiāojì	index mark
インデックス・マニュアル indekkusu manyuaru	索引手册 suǒyǐnshǒucè	index manual
インデックス・ネーム indekkusu nemu	索引名 suǒyǐnmíng	index name
インディアン・ペーパー indian pepa	薄叶纸 báoyèzhǐ	Indian paper
インフォメーション infomeshon	情报 信息 qíngbào xìnxi	information
インフォメーション・ファイル infomeshon fairu	文档 资料盘 wéndàng zīliàopán	information file
インキ台 inkidai	印台 yìntái	ink pad
インキュナブラ inkyunabura	古版本 gǔbǎnběn	incunabula early printed books

印刷 insatsu	印刷 yìnshuā	print printing impression
印刷日 insatsubi	印刷日期 yìnshuārìqī	date of printing
印刷本 insatsubon	印刷本 yìnshuāběn	printed book
印刷部数 insatsu busu	印刷数 yìnshuāshù	number of imprint run
印刷物 insatsubutsu	印刷品 yìnshuāpǐn	printed matter printing material
印刷地 insatsuchi	印刷地 yìnshuādì	place of printing
印刷標題紙 insatsu hyodaishi	印本标题页 yìnběnbiāotíyè	printed title page
印刷インキ insatsu inki	印刷油墨 yìnshuāyóumò	printer's ink
印刷所 insatsujo	印刷所 yìnshuāsuǒ	printing house
印刷所商標 insatsujo shohyo	印刷厂商标 yìnshuāchǎngshāngbiāo	printer's device printer's mark
印刷術 insatsujutsu	印刷术 yìnshuāshù	typography art of printing
印刷カード insatsu kado	印刷卡片 yìnshuākǎpiàn	printed card
印刷活字 insatsu katsuji	活字 huózì	movable printing types
印刷機 insatsuki	印刷机 yìnshuājī	printing machine
印刷メディア insatsu media	印刷载体 yìnshuāzàitǐ	printing media
印刷年 insatsunen	印刷年 yìnshuānián	date of impression
印刷者 insatsusha	印刷者 yìnshuāzhě	printer
印刷者名 insatsushamei	印刷者名称 yìnshuāzhěmíngchēng	name of printer
印刷資料 insatsu shiryo	印刷资料 yìnshuāzīliào	printed material

印刷職人 insatsu shokunin	印刷工人 yìnshuāgōngrén	typographer
印刷用原稿 insatsuyo genko	印刷用原稿 yìnshuāyòngyuángǎo	printer's copy
印刷用紙 insatsu yoshi	印刷用纸 yìnshuāyòngzhǐ	printing paper
印章 insho	印章 yìnzhāng	seal
インターフェース intafesu 二つ以上の電算機器間の接続の役を果たすための共用部分	接口连接装置 jiēkǒuliánjiēzhuāngzhì	interface
インターフェース・メッセージ intafesu messeji	接口信息 jiēkǒuxìnxī	interface message
インターフェース・プログラム intafesu puroguramu	接口程序 jiēkǒuchéngxù	interface program
インターフェース・ソフトウェア intafesu sofutouea	接口软件 jiēkǒuruǎnjiàn	interface software
インテリジェント interijento	智能的 zhìnéngde	intelligent
引用 in'yo	引用 yǐnyòng	citation
引用文 in'yobun	引用文 yǐnyòngwén	quotation quoted passage
引用文献 in'yo bunken	引用文献 yǐnyòngwénxiàn	literature cited
引用索引 in'yo sakuin	引用索引 yǐnyòngsuǒyǐn	citation index
印税 inzei	版税 bǎnshuì	royalty
入口 iriguchi	入口 rùkǒu 进口 jìnkǒu	entrance
色紙 irogami	色纸 sèzhǐ	colored paper
色小口 irokoguchi	彩色书边 cǎisèshūbiān	colored edge
色刷印刷 irozuri insatsu	彩色套印 cǎisètàoyìn	color process
遺作 isaku	遗著 yízhù	posthumous work

遺失図書 ishitsutosho	丢失图书 diūshītúshū	lost books
逸書 散逸してしまった書物 issho	佚书 yìshū	lost book
板紙 itagami	马粪纸　　厚板纸 mǎfènzhǐ　hòubǎnzhǐ	hardboard　board
板紙製本 itagami seihon	厚纸装订 hòuzhǐzhuāngdìng	bound in boards
板目木版 itame mokuhan	木版 mùbǎn	xylograph
傷んだ itanda	陈旧　　破损 chénjiù　pòsǔn	worn
イタリック体 itarikkutai	针体字 zhēntǐzì	Italic type
糸綴じ itotoji	锁线　　线装 suǒxiàn　xiànzhuāng	sewing stitching

J

ジャケット jaketto	封面纸套　　书面包皮纸 fēngmiànzhǐtào　shūmiànbāopízhǐ	dust cover book jacket
弱視者用図書 jakushishayo tosho	弱视者用图书 ruòshìzhěyòngtúshū	large print book
ジャパン・マーク japan maku	日本国立国会图书馆机读目录 Rìběnguólìguóhuìtúshūguǎn jīdúmùlù	Japan MARC
時代 jidai	时代 shídài	age　era　time
時代区分 jidai kubun	时代区分 shídàiqūfēn	time division
自伝 jiden	自传 zìzhuàn	autobiography
自動データ処理 jido deta shori	自动数据处理 zìdòngshùjùchǔlǐ	ADP[automatic data processing]

児童図書館 jido toshokan	儿童图书馆 értóngtúshūguǎn	children's library
自費出版物 jihi shuppanbutsu	自费出版物 zìfèichūbǎnwù	privately printed published by the author
自筆 jihitsu	手稿 shǒugǎo	autograph
磁気テープ jiki tepu	磁带 cídài	tape
実験室 jikkenshitsu	实验室 shíyànshì	laboratory
ジクストオンライン情報検索サービス jikusuto onrain joho kensaku sabisu	日本科技情报中心联机情报检索服务 Rìběnkējìqíngbàozhōngxīnliánjīqíngbàojiǎnsuǒfúwù	JOIS[JICST On-line Information Retrieval Service]
人名辞典 jimmei jiten	人名词典 rénmíngcídiǎn	dictionary of biography
人名索引 jimmei sakuin	人名索引 rénmíngsuǒyǐn	name index
事務処理 jimu shori	事务处理 shìwùchǔlǐ	transaction
字謎　語句のつづり換え遊び jinazo	字母置换法 zìmǔzhìhuànfǎ	anagram
人造革 jinzogawa	人造革 rénzàogé	imitation leather
ジップ・コード jippu kodo	邮区代号 yóuqūdàihào	zip code
時差 jisa	时差 shíchā	time lag
辞書 jisho	辞典 cídiǎn	lexicon　dictionary
辞書編集 jisho henshu	词典编纂法 cídiǎnbiānzuǎnfǎ	lexicography
辞書式目録 jishoshiki mokuroku	词典式目录 cídiǎnshìmùlù	dictionary catalog
辞書式索引 jishoshiki sakuin	词典式索引 cídiǎnshìsuǒyǐn	dictionary index
自習室 jishushitsu	自习室 zìxíshì	study room

字体 jitai	字体 zìtǐ	kind of letter
辞典 jiten	词典 cídiǎn	dictionary
帖 jo	张　一帖 zhāng　yìtiě	quire sheet
序文 jobun	序文 xùwén	preface
情報 joho	情报　信息 qíngbào　xìnxi	information
情報貯蔵 joho chozo	存贮 cúnzhù	storage
情報科学 joho kagaku	情报科学 qíngbàokēxué	information science
情報管理 joho kanri	情报管理 qíngbàoguǎnlǐ	information management
情報検索 joho kensaku	情报检索　情报探求 qíngbàojiǎnsuǒ　qíngbàotànqiú	IR[information retrieval]
情報検索システム joho kensaku shisutemu	情报检索系统 qíngbàojiǎnsuǒxìtǒng	information retrieval system
情報機構 joho kiko	情报机构 qíngbàojīgòu	information organization
情報ネットワーク joho nettowaku	情报网络 qíngbàowǎngluò	information network
情報サービス joho sabisu	情报服务 qíngbàofúwù	information service
情報処理 joho shori	情报处理 qíngbàochǔlǐ	information processing
情報処理システム joho shori shisutemu	情报处理系统 qíngbàochǔlǐxìtǒng	information processing system
条件 joken	条件 tiáojiàn	condition
状況 jokyo	状况 zhuàngkuàng	condition
序論 joron	引言 yǐnyán	introduction
除籍 joseki	图书剔除 túshūtīchú	weeding

除籍図書 joseki tosho	撤消图书 chèxiāotúshū	withdrawal book
熟語辞典 jukugo jiten	成语词典 chéngyǔcídiǎn	dictionary of idioms
純文学 jumbungaku	纯文学 chúnwénxué	belles lettres
柔軟装丁　辞典、便覧に多い junan sotei	软脊装订 ruǎnjǐzhuāngdìng 软面装订 ruǎnmiànzhuāngdìng	flexible binding limp binding
住所 jusho	地址 dìzhǐ	address
十進図書分類法 jusshin tosho bunruiho	十进图书分类法 shíjìntúshūfēnlèifǎ	decimal classification
十進法の jusshinho no	十进制的 shíjìnzhìde	decimal

K

カーボン紙 kabonshi	复写纸 fùxiězhǐ	carbon paper
角　表紙のかど kado	书角 shūjiǎo	corner
カード kado	卡片 kǎpiàn	card
カード・ファイル kado fairu	卡片档 kǎpiàndàng	card file
カード・フォーマット kado fomatto	卡片格式 kǎpiàngéshì	card format
カード複写 kado fukusha	复制卡片 fùzhìkǎpiàn	duplication of catalog cards
カード複写機 kado fukushaki	卡片复制机 kǎpiànfùzhìjī	card printer
カード引出 kado hikidashi	卡片屉 kǎpiàntì	card case card drawer

kado 38

カード・インデックシング kado indekkushingu	卡片索引编排法 kǎpiànsuǒyǐnbiānpáifǎ	card indexing
カード目録 kado mokuroku	卡片目录 kǎpiànmùlù	card catalog
カード目録ケース kado mokuroku kesu	卡片目录柜 kǎpiànmùlùguì	card catalog case card cabinet
カード・ポケット kado poketto	卡片袋 kǎpiàndài	card pocket
カード・セレクター kado serekuta	选卡机 xuǎnkǎjī	card selector
可動式書棚 kadoshiki shodana	活动式书架 huódòngshìshūjià	adjustable shelves
カード・システム kado shisutemu	卡片系统 kǎpiànxìtǒng	card system
カード仕分器 kado shiwakeki	排卡器 páikǎqì	card sorter
カード読み取り装置 kado yomitori sochi	卡片阅读机 kǎpiànyuèdújī	card reader
科学 kagaku	科学 kēxué	science
かがり綴じ kagaritoji	线装 xiànzhuāng	sewing
歌劇 kageki	歌剧 gējù	lyric drama opera
歌劇台本 kageki daihon	歌剧脚本 gējùjiǎoběn	libretto
改題 kaidai	更改书名 gēnggǎishūmíng	changed title
解題 kaidai	解题 jiětí	annotation bibliographical note
解題目録 kaidai mokuroku	解题目录 解题书目 jiětímùlù jiětíshūmù	annotated catalog
海外版 kaigaiban	海外版 hǎiwàibǎn	overseas edition
会議 kaigi	会议 huìyì	conference convention congress
会報 kaiho	学会会报 xuéhuìhuìbào	proceedings

開架 kaika	开架 kāijià	free access / open access
開架式 kaikashiki	开架式 kāijiàshì	open shelf system
開架式閲覧室 kaikashiki etsuranshitsu	开架阅览室 kāijiàyuèlǎnshì	free access system
開架式図書 kaikashiki tosho	开架图书 kāijiàtúshū	open access collection / open shelves / open stacks
開架式図書館 kaikashiki toshokan	开架图书馆 kāijiàtúshūguǎn	free access library
会計 kaikei	会计 kuàijì / 会计学 kuàijìxué	accounting
改名 kaimei	改名 gǎimíng	changed title
買い主責任 kainushi sekinin	一经售出概不退换 yìjīngshòuchūgàibútuìhuàn	with all faults
改作 kaisaku	改编 gǎibiān	adaptation
解釈 kaishaku	解释 jiěshì	explanation
改訂版 kaiteiban	改订版 gǎidìngbǎn	revised edition
改訂増補版 kaitei zohoban	修订增补版 xiūdìngzēngbǔbǎn	revised and larged edition
海賊版 kaizokuban	非法翻印版 fēifǎfānyìnbǎn / 海盗版 hǎidàobǎn	pirated edition
海図 kaizu	海图 hǎitú	nautical map / nautical chart
価格 kakaku	价格 jiàgé / 定价 dìngjià	price
係員 kakariin	管理员 guǎnlǐyuán	staff
掛地図 kakechizu	张挂的地图 zhāngguàdedìtú	wall map
書き入れ kakiire	内插 nèichā	interpolation
書き換え kakikae	转置 zhuǎnzhì	transcription

括弧 kakko	大括弧 dàkuòhú	brace
拡大 kakudai	放大 fàngdà	enlarge
拡大鏡 kakudaikyo	放大镜 fàngdàjìng	reading glass
隔月刊 kakugekkan	隔月刊 géyuèkān　双月刊 shuāngyuèkān	bimonthly
格言 kakugen	格言 géyán	motto
隔週刊 kakushukan	双周刊 shuāngzhōukān	fortnightly　biweekly
角背 kakuze	方脊 fāngjǐ　角脊 jiǎojǐ	flat back
カメラ kamera	照相机 zhàoxiàngjī	camera
紙 kami	纸面 zhǐmiàn	paper
紙ばさみ kamibasami	纸夹 zhǐjiā	portfolio
紙のサイズ kami no saizu	开本大小 kāiběndàxiǎo	size of books
紙装丁 kami sotei	纸面装订 zhǐmiànzhuāngdìng	paper binding
紙装丁本 kami soteibon	纸面书 zhǐmiànshū	paper bound volume paper back
紙テープ kami tepu	纸带 zhǐdài	paper tape
館報 kampo	馆报 guǎnbào	library bulletin
官報 kampo	政府公报 zhèngfǔgōngbào	official gazette
巻 kan	卷 juàn	volume
館長 kancho	馆长 guǎnzhǎng	director chief librarian
館外貸出 kangai kashidashi	外借 wàijiè	circulation

簡易製本 kan'i seihon	简易装订 jiǎnyìzhuāngdìng	stitching sewing
簡易表紙 kan'ihyoshi	素封面 sùfēngmiàn	plain cover
漢字 kanji	汉字 hànzì	Chinese ideograph
漢字情報検索 kanji joho kensaku	汉字情报检索 hànzìqíngbàojiǎnsuǒ	Chinese characters information retrieval
刊行 kanko	刊行 kānxíng	publish
刊行分全部 既刊分全部 kankobun zembu	全套出版 quántàochūbǎn	all published
刊年不詳 kannen fusho	无日期 wúrìqī	no date
簡略標題 kanryaku hyodai	简略书名 jiǎnlüèshūmíng	short title
簡略表題紙 kanryaku hyodaishi	简略书名页 jiǎnlüèshūmíngyè	half title page
乾式平板 kanshiki heiban	干式平板 gānshìpíngbǎn	dry lithography
巻子本 kansubon	卷轴 纸卷 juànzhóu zhǐjuǎn	scroll roll
鑑定 kantei	鉴定 jiàndìng	estimation
簡牘文献 kantoku bunken	简牍文献 jiǎndúwénxiàn	bamboo and wooden slips document
完全目録 簡略目録に対する kanzen mokuroku	书目总记录 shūmùzǒngjìlù	FBR[full bibliographic record]
完全揃い kanzenzoroi	全套 全组 quántào quánzǔ	complete set
活版印刷 kappan insatsu	活版印刷 huóbǎnyìnshuā	letterpress typographical printing
カラー・フィルム kara firumu	彩色软片 cǎisèruǎnpiān	color film
カラー・プリント kara purinto	彩色图片 cǎisètúpiān	color print
唐草模様の飾り karakusa moyo no kazari	章头小花饰 zhāngtóuxiǎohuāshì	vignette

カレンダー karenda	日历 rìlì	calendar
カレント・アウェアネス karento aueanesu	定题情报提供 dìngtíqíngbàotígōng	current awareness
カレント・アウェアネス・サービス karento aueanesu sabisu	最新资料报导 zuìxīnzīliàobàodǎo	current awareness service
仮カード karikado	临时卡片 línshíkǎpiàn	temporary card removal slip
仮製本 kariseihon	临时装订 línshízhuāngdìng	interim binding
仮装丁 karisotei	临时性装订 línshíxìngzhuāngdìng	temporary binding
仮とじ karitoji	粗订　线装 cūdìng　xiànzhuāng	stitching sewed sewing
カセット・テープ kasetto tepu	盒式磁带 héshìcídài	cassette tape
カセット・テープ・レコーダー kasetto tepu rekoda	盒式磁带录音机 héshìcídàilùyīnjī	cassette tape recorder
貸出 kashidashi	外借 wàijiè	circulation
貸出文庫 kashidashi bunko	出借图书馆 chūjiètúshūguǎn	lending library
貸出台 kashidashi dai	借书处 jièshūchù	circulation desk
貸出業務 kashidashi gyomu	出纳业务 chūnayèwù	circulation work
貸出カード・ケース kashidashi kado kesu	借书卡片箱 jièshūkǎpiànxiāng	borrower's card case
貸出券 kashidashi ken	借书证 jièshūzhèng	borrower's card
貸出期間 kashidashi kikan	借阅期限 jièyuèqīxiàn	loan period
貸出期間更新 kashidashi kikan koshin	续借 xùjiè	to renew a loan to extend a loan
貸出記録 kashidashi kiroku	外借记录 wàijièjìlù	loan register loan record
貸出規則 kashidashi kisoku	外借规则 wàijièguīzé	loan library rules rules for borrowers

貸出サービス kashidashi sabisu	外借服务 wàijièfúwù	charging service
貸出冊数 kashidashi sassu	外借册数 wàijiècèshù	circulation
貸出者カード kashidashisha kado	借书卡 jièshūkǎ	borrower's card
貸出手続 kashidashi tetsuzuki	外借手续 wàijièshǒuxù	charging system
貸出統計 kashidashi tokei	外借统计　借书统计 wàijiètǒngjì　jièshūtǒngjì	loan statistics circulation statistics
貸出登録 kashidashi toroku	外借登记 wàijièdēngjì	registration
頭文字 イニシャル kashira moji	首字母 shǒuzìmǔ	initial　initial letter
カーソル kasoru	光标 guāngbiāo	cursor
型 kata	样式 yàngshì	format
片面書架 katamen shoka	单面书架 dānmiànshūjià	single-faced book stack
片面刷り katamenzuri	单面印刷 dānmiànyìnshuā	broadside
型押しルーレット 装丁用 kataoshiruretto	划线轮 huàxiànlún	roll-stamp
カタログ katarogu	目录 mùlù	catalog
硬背 kataze	硬脊 yìngjǐ	tight back hardback
家庭用計算機 kateiyo keisanki	家用计算器 jiāyòngjìsuànqì	home computer
活字 katsuji	铅字　活字 qiānzì　huózì	printer's types　type movable printing types
活字母型 katsuji bokei	印刷体字母 yìnshuātǐzìmǔ	matrix
活字見本帳 katsuji mihoncho	字体样本 zìtǐyàngběn	type specimen
活字製造所 katsuji seizosho	铸字厂 zhùzìchǎng	type foundry

カッター展開分類表 katta tenkai bunruihyo	展开式图书分类法 zhǎnkāishìtúshūfēnlèifǎ	EC[Expansive Classification]
皮のしぼ kawa no shibo	皮革粗糙面 pígécūcāomiàn	grain of leather
革背 kawase	皮脊 píjǐ	leather back
革装丁 kawa sotei	全革装 quángézhuāng	leather binding
歌謡集 kayoshu	歌谣集 gēyáojí	song book
飾り頭文字 kazari kashiramoji	饰花字头 shìhuāzìtóu	ornamental initial
飾り罫線 kazari keisen	饰线　　装饰带 shìxiàn　　zhuāngshìdài	fillet ornamental band
飾り文字 kazari moji	装饰首字母 zhuāngshìshǒuzìmǔ	initial decorated with figures
飾り枠 kazari waku	花边　　装饰镶边 huābiān　　zhuāngshìxiāngbiān	border ornamental border
掲示 keiji	挂图 guàtú	placard
軽量紙 keiryoshi	轻磅纸 qīngbàngzhǐ	feather-weight paper
計算 keisan	计算 jìsuàn	account
計算機 keisanki	计算机 jìsuànjī	calculator computer
罫紙 keishi	座标纸 zuòbiāozhǐ	ruled paper
形式 keishiki	形式 xíngshì	form
形式分類 keishiki bunrui	形式分类 xíngshìfēnlèi	form classification
形式区分 keishiki kubun	形式区分 xíngshìqūfēn	common subdivision form division
形式細目 keishiki saimoku	形式细目 xíngshìxìmù	common subdivision
継続 keizoku	续刊 xùkān	continuation

継続出版物 keizoku shuppambutsu	连续的 liánxùde	continuations
件名 kemmei	主题 zhǔtí	main heading
件名分類目録 kemmei bunrui mokuroku	主题分类目录 zhǔtífēnlèimùlù	classed subject catalog
件名カード kemmei kado	主题卡片 zhǔtíkǎpiàn	subject card
件名カード配列 kemmei kado hairetsu	主题卡片排列 zhǔtíkǎpiànpáiliè	filing of cards by subject
件名目録 kemmei mokuroku	主题目录 zhǔtímùlù	subject catalog
件名索引 kemmei sakuin	主题索引 zhǔtísuǒyǐn	subject index
縑帛文献 kempaku bunken	缣帛文献 jiānbówénxiàn	silken document
検閲 ken'etsu	审查 shěnchá	censorship
検閲出版物 ken'etsu shuppambutsu	检查过的出版物 jiǎncháguòdechūbǎnwù	censored
研究閲覧室 kenkyu etsuranshitsu	研究阅览室 yánjiūyuèlǎnshì	carrel
検索 kensaku	检索 jiǎnsuǒ	search
検索ファイル kensaku fairu	检索档 jiǎnsuǒdàng	search file
検索オペレーション kensaku opereshon	检索操作 jiǎnsuǒcāozuò	search operation
検索サービス kensaku sabisu	检索服务 jiǎnsuǒfúwù	search service
検索タイム kensaku taimu	检索时间 jiǎnsuǒshíjiān	search time
検定 kentei	检定　检测 jiǎndìng　jiǎncè	detection
献呈 kentei	献词 xiàncí	dedication
献呈本 kenteibon	赠书样本 zèngshūyàngběn	presentation copy

欠本カード keppon kado	缺本卡片 quēběnkǎpiàn	gap card
化粧裁ち keshodachi	两面光边 liǎngmiànguāngbiān	trimmed edges cut edge
化粧裁ち小口 keshodachi koguchi	平整的切口 píngzhěngdeqiēkǒu	smoothed edge trimmed edges
欠号 ketsugo	期刊缺号 qīkānquēhào	lacking lacking number
結論 ketsuron	结论 jiélùn	epilogue
決定版 ketteiban	选定版 xuǎndìngbǎn	definitive edition
希望図書 kibo tosho	征书单 zhēngshūdān	desideratum
貴重図書 kicho tosho	珍贵图书 zhēnguìtúshū	rare book
貴重図書室 kichotoshoshitsu	珍本图书室 zhēnběntúshūshì	rare book room
期限 kigen	期限 qīxiàn	expiry time limit
企業図書館 kigyo toshokan	商业图书馆 shāngyètúshūguǎn	corporation library
基本カード kihon kado	基本卡 jīběnkǎ	main card unit card
基本カード目録 kihon kado mokuroku	基本卡片目录 jīběnkǎpiànmùlù	main card catalog
基本目録 kihon mokuroku	基本目录 jīběnmùlù	main catalog
基本図書目録 kihon tosho mokuroku	基本图书目录 jīběntúshūmùlù	standard book catalog
黄色の染み kiiro no shimi	变色 biànsè	foxing
黄色の薄紙 kiiro no usugami	彩色纸 cǎisèzhǐ	tinted paper
機械言語 kikai gengo	机器语言 jīqìyǔyán	machine language
機械翻訳 kikai hon'yaku	翻译机 fānyìjī	machine translation

機械可読 kikai kadoku	机读的 jīdúde	machine readable
機械可読データ kikai kadoku deta	机读数据 jīdúshùjù	machine readable data
機械可読目録 kikai kadoku mokuroku	自动化及机助编制索引 zìdònghuàjíjīzhùbiānzhìsuǒyǐn 机读目录 jīdúmùlù	MARC[machine-readable catalog]
機械化目録システム kikaika mokuroku shisutemu	计算机设备和软件系统自动目录 jìsuànjīshèbèihéruǎnjiàn xìtǒngzìdòngmùlù	ACCESS[Automated Catalog of Computer Equipment and Software Systems]
機械検索 kikai kensaku	机器检索 jīqìjiǎnsuǒ	machine searching
機械校正 kikai kosei	机器校样 jīqìjiàoyàng	machine proof
機械植字 kikai shokuji	机器排版 jīqìpáibǎn	machine composition
機械綴じ kikai toji	机器锁线 jīqìsuǒxiàn	machine sewing
機械漉き紙 kikaizukigami	机制纸 jīzhìzhǐ	machine paper machine-made paper
季刊 kikan	季刊 jìkān	quarterly　quarterly issue
稀覯書 kikosho	稀有本 xīyǒuběn	rare book　rare issue
稀覯書店 kikoshoten	稀有图书商 xīyǒutúshūshāng	rare book dealer
稀覯図書 kikotosho	稀有图书 xīyǒutúshū	scarce　rare book curiosa
金縁　小口金 kimbuchi	金边 jīnbiān	gilt edge
金粉　製本用 kimpun	金粉 jīnfěn	bronze powder
金石文献 kinseki bunken	金石文献 jīnshíwénxiàn	inscription on bronze
禁書 kinsho	禁书 jìnshū	reading ban prohibition
禁書目録 kinsho mokuroku	禁书目录 jìnshūmùlù	bibliography of forbidden books

禁帯出図書 kintaishutsu tosho	禁止带出的图书 jìnzhǐdàichūdetúshū	restricted book
記憶 kioku	存贮 cúnzhù	storage
記憶媒体 kioku baitai	存贮媒体 cúnzhùméitǐ	storage medium
記憶装置 kioku sochi	随机存取存贮器 suíjīcúnqǔcúnzhùqì	RAM[random access memory]
記憶容量 kioku yoryo	存储容量 cúnchǔróngliàng	storage capacity
切抜き kirinuki	剪报 jiǎnbào	cutting
切抜き帳 kirinukicho	剪贴簿 jiǎntiēbù	scrapbook
切抜き資料 kirinuki shiryo	剪辑资料 jiǎnjízīliào	clipping file cutting file
霧染小口 kirizome koguchi	喷色花边 pēnsèhuābiān	stippled edges stained edges
記録 kiroku	记录 jìlù	record
記録（録音）装置 kiroku(rokuon)sochi	记录装置 jìlùzhuāngzhì	recording studio
規則 kisoku	规则 guīzé	regulation
寄託図書 kitaku tosho	寄托图书 jìtuōtúshū	deposit collection
祈禱書 kitosho	祈祷书 qídǎoshū	breviary
紀要 kiyo	纪要　学报 jìyào　xuébào	transaction
清刷り kiyozuri	清样 qīngyàng	clean proof
寄贈本 kizobon	赠送本 zèngsòngběn	donation book gift donation
寄贈者 kizosha	赠书者 zèngshūzhě	donator
公売 kobai	拍卖 pāimài	auction sale

公売人 kobainin	拍卖商 pāimàishāng	auctioneer
公文書 kobunsho	公文 gōngwén	documents public documents
公文書館 kobunshokan	档案馆 dàng'ànguǎn	archives public record office
古地図 kochizu	古地图 gǔdìtú	old map
古代印刷術 kodai insatsujutsu	古代活版术 gǔdàihuóbǎnshù	palaeotypography
小道具 kodogu	小工具 xiǎogōngjù	small tools
コードナンバー kodo namba	缩称代码 suōchēngdàimǎ	CODEN[code number]
校閲 koetsu	校阅 jiàoyuè	revise
光学文字読取装置 kogaku moji yomitori sochi	光学字符阅读器 guāngxuézìfúyuèdúqì	OCR[optical character reader]
校合 kogo	校对 jiàoduì	collation
小口 koguchi	边　书边 biān　shūbiān	edge
小口装飾模様 koguchi soshoku moyo	凹凸花纹书边 āotūhuāwénshūbiān	gauffered gauffered edges
古版本 kohanbon	古版本 gǔbǎnběn	early printed books
古版本学 kohanbongaku	古版本学 gǔbǎnběnxué	incunabulogy
鋼版画 kohanga	钢版印刷 gāngbǎnyìnshuā	steel engraving
故事 koji	故事 gùshi	tradition tale
個人蔵書 kojin zosho	个人藏书 gèréncángshū	private collection
航海図 kokaizu	航海图 hánghǎitú	navigational chart sea chart
交換 kokan	交换 jiāohuàn	exchange

kokan

交換資料 kokan shiryo	交换资料 jiāohuànzīliào	exchange material
広告 kokoku	广告 guǎnggào	advertising advertisement
広告会社 kokokugaisha	广告公司 guǎnggàogōngsī	advertising agency
甲骨文献 kokotsu bunken	甲骨文献 jiǎgǔwénxiàn	inscription on bones or tortoise shells
航空便 kokubin	航空邮件 hángkōngyóujiàn	airmail
航空貨物 koku kamotsu	空运货物 kōngyùnhuòwù	air cargo
航空貨物証書 koku kamotsu shosho	航空货物证书 hángkōnghuòwùzhèngshū	airway bill
国立国会図書館 kokuritsu kokkai toshokan	日本国会图书馆 Rìběnguóhuìtúshūguǎn	NDL[National Diet Library]
国立図書館 kokuritsu toshokan	国家图书馆 guójiātúshūguǎn	national library
国際語 kokusaigo	国际语 guójìyǔ	interlingua
国際博物館協会 kokusai hakubutsukan kyokai	国际社会科学文献委员会 guójìshèhuìkēxuéwénxiànwěiyuánhuì	ICOM[International Council of Museums]
国際標準逐次刊行物番号 kokusai hyojun chikuji kankobutsu bango	国际标准联续出版物编号 guójìbiāozhǔnliánxùchūbǎnwù biānhào	ISSN [International Standard Serial Number]
国際標準化機構 kokusai hyojunka kiko	国际标准化组织 guójìbiāozhǔnhuàzǔzhī	ISO[International Standardization Organization]
国際標準図書番号 kokusai hyojun tosho bango	国际标准书号 guójìbiāozhǔnshūhào	ISBN [International Standard Book Number]
国際標準図書コード kokusai hyojun tosho kodo	国际标准图书代号 guójìbiāozhǔntúshūdàihào	USBC[Universal Standard Book Code]
国際医学情報センター kokusai igaku joho senta	国际医学情报中心 guójìyīxuéqíngbàozhōngxīn	IMIC[International Medical Information Center]
国際児童図書評議会 kokusai jido tosho hyogikai	国际少年儿童读物委员会 guójìshàoniánértóngdúwùwěiyuánhuì	IBBY[International Board on Books for Young People]
国際十進分類法 kokusai jusshin bunruiho	国际十进分类法 guójìshíjìnfēnlèifǎ	Brussels System Universal Decimal Classification

国際目録原則会議 kokusai mokuroku gensoku kaigi	国际编目原则会议 guójìbiānmùyuánzéhuìyì	ICCP[International Conference on Cataloging Principles]
国際特許情報センター kokusai tokkyo joho senta	国际专利文献中心 guójìzhuānlìwénxiànzhōngxīn	INPADOC[International Patent Documentation Center]
国際図書館協会連盟 kokusai toshokan kyokai remmei	国际图书馆协会联合会 guójìtúshūguǎnxiéhuìliánhéhuì	IFLA[International Federation of Library Associations and Institutions]
公共図書館 kokyo toshokan	公共图书馆 gōnggòngtúshūguǎn	public library
コマンド komando	命令 mìnglìng	command
項目 komoku	项目 xiàngmù	item
古文書学 komonjogaku	古文书学 gǔwénshūxué	palaeography diplomatic
公文書館 komonjokan	档案馆 dàng'ànguǎn	archives public record office
コンピュータ kompyuta	计算机 jìsuànjī	computer
コンピュータ・アプリケーション 応用ソフト kompyuta apurikeshon	计算机应用 jìsuànjīyìngyòng	computer application
コンピュータ・データ・ベース kompyuta deta besu	计算机化数据库 jìsuànjīhuàshùjùkù	computerized data base
コンピュータ補助検索システム kompyuta hojo kensaku shisutemu	计算机辅助检索系统 jìsuànjīfǔzhùjiǎnsuǒxìtǒng	CAR[computer assisted retrieval system]
コンピュータ・インプット・マイクロ フィルム kompyuta imputto maikurofirumu	计算机输入缩微胶卷法 jìsuànjīshūrùsuōwēijiāojuǎnfǎ	CIM[computer input microfilm]
コンピュータ化 kompyutaka	计算机化 jìsuànjīhuà	computerization
コンピュータ情報システム kompyuta joho shisutemu	计算机化情报系列 jìsuànjīhuàqíngbàoxìliè	computerized information system
コンピュータ・コード kompyuta kodo	计算机代码 jìsuànjīdàimǎ	computer code
コンピュータ・ネットワーク kompyuta nettowaku	计算机网络 jìsuànjīwǎngluò	computer network
コンピュータ・オペレーション kompyuta opereshon	计算机操作 jìsuànjīcāozuò	computer operation

コンピュータ・オペレータ kompyuta opereta	计算机算子 jìsuànjīsuànzǐ	computer operator
コンピュータ・プログラム kompyuta puroguramu	计算机程序 jìsuànjīchéngxù	computer program
コンピュータ・ランゲージ kompyuta rangeji	计算机语言 jìsuànjīyǔyán	computer language
コンピュータ・ルーム kompyuta rumu	计算机室 jìsuànjīshì	computer room
コンピュータ・サーチ kompyuta sachi	计算机检索 jìsuànjījiǎnsuǒ	computer search
コンピュータ・サイエンス kompyuta saiensu	计算机科学 jìsuànjīkēxué	computer science
コンピュータ制御 kompyuta seigyo	计算机控制 jìsuànjīkòngzhì	computer control
コンピュータ・センター kompyuta senta	计算机中心 jìsuànjīzhōngxīn	computer center
コンピュータ・システム kompyuta shisutemu	计算机系统 jìsuànjīxìtǒng	computer system
コンピュータ図書館 kompyuta toshokan	计算机化图书馆 jìsuànjīhuàtúshūguǎn	computer based library
コンテンツ・コピー・サービス kontentsu kopi sabis	目次页服务 mùcìyèfúwù	contents copy service contents list service
購入図書 konyu tosho	购入的图书 gòurùdetúshū	purchased book
コピー kopi	复写 fùxiě	copy
コピー・カード kopi kado	复制卡 fùzhìkǎ	copy card
コピー・サービス kopi sabisu	照相复制服务 zhàoxiàngfùzhìfúwù	copy service
コーラン koran	可兰经 kělánjīng	the Koran
公立図書館 koritsu toshokan	公立图书馆 gōnglìtúshūguǎn	public library
コロフォン korofon	版权事项 bǎnquánshìxiàng	colophon
コロン分類法 koron bunruiho	冒号分类法 màohàofēnlèifǎ	CC[Colon Classification]

コロタイプ korotaipu	珂羅版 kēluóbǎn	collotype
校了刷り koryozuri	清様 qīngyàng	final proof　clean proof
校正 kosei	校正 jiàozhèng	correction
校正記号 kosei kigo	校対符号 jiàoduìfúhào	proof-correction marks
校正刷り koseizuri	校様 jiàoyàng	proof　corrected proof galley
古籍 koseki	古籍 gǔjí	antiquarian book old book　rare book
古写本 koshahon	古代経典手稿本 gǔdàijīngdiǎnshǒugǎoběn	codex
更新 koshin	更新 gēngxīn	renew
古書 kosho	古书 gǔshū	used book　old book second-hand book
古書業者 kosho gyosha	古书店 gǔshūdiàn	second-hand bookshop antiquarian bookshop
好色本 koshokubon	色情书 sèqíngshū	pornographic literature
古書目録 kosho mokuroku	古书目录 gǔshūmùlù	second-hand book catalog old book catalog
古書籍 koshoseki	古籍 gǔjí	antiquarian book old book　rare book
古書店 koshoten	古书店 gǔshūdiàn	second-hand bookshop antiquarian bookshop
コスト kosuto	成本 chéngběn	cost
光沢紙 kotakushi	蜡光纸　有光纸 làguāngzhǐ　yǒuguāngzhǐ	coated paper glazed paper
校訂 kotei	校订 jiàodìng	emendation
固定書架 kotei shoka	固定书架 gùdìngshūjià	fixed shelves
古典文学 koten bungaku	古典文学 gǔdiǎnwénxué	classics

コットン・ペーパー kotton pepa	古布を原料とした 高級上質紙	优质纸 yōuzhìzhǐ	cotton paper
子牛革装丁 koushigawa sotei		小牛皮装订 xiǎoniúpízhuāngdìng	calf binding
区分器 kubunki		分类器 fēnlèiqì	sorter
口絵 kuchie		卷首插图 juànshǒuchātú	frontispiece
クィック・レファレンス kuikku refarensu		快速咨询 kuàisùzīxún	quick reference
空気調節 kuki chosetsu		空气调节 kōngqìtiáojié	air conditioning
空気調節装置 kuki chosetsu sochi		空气调节器 kōngqìtiáojiéqì	air conditioner
組み合わせ文字 kumiawase moji		花押字　组合字 huāyāzì　zǔhézì	monogram
組版 kumihan		排字 páizì	composition type setting
クラフト・ペーパー kurafuto pepa		牛皮纸 niúpízhǐ	kraft paper　brown paper
クレジット・カード kurejitto kado		信用卡 xìnyòngkǎ	credit card
クレジット・システム・サービス kurejitto shisutemu sabisu		记帐制业务 jìzhàngzhìyèwù	credit system service
クリスマス・ブック kurisumasu bukku		圣诞节赠书 shèngdànjiézèngshū	Christmas book
クロス装丁 kurosu sotei		布面装订 bùmiànzhuāngdìng	cloth binding
楔形文字 kusabigata moji		楔形文字 xiēxíngwénzì	cuneiform writing
鎖付き本 kusaritsukibon		锁藏图书 suǒcángtúshū	chained book
脚注 kyakuchu		脚注 jiǎozhù	bottom note　foot note
脚本 kyakuhon		剧本　脚本 jùběn　jiǎoběn	play　drama
キャレル kyareru		个人研究阅览席 gèrényánjiūyuèlǎnxí	carrel

競売 kyobai	拍卖 pāimài	auction sale
競売人 kyobainin	拍卖商 pāimàishāng	auctioneer
共著者 kyochosha	合著者 hézhùzhě	joint author
共同創作 kyodo sosaku	集体创作 jítǐchuàngzuò	collective work
共編者 kyohensha	合编者 hébiānzhě	joint editor
教育 kyoiku	教育 jiàoyù	education
教育機構 kyoiku kiko	教育机构 jiàoyùjīgòu	education system
教育出版物 kyoiku shuppambutsu	教育出版物 jiàoyùchūbǎnwù	educational publication
許可証 kyokasho	许可证 xǔkězhèng	licence permission
教科書 kyokasho	教科书 jiàokēshū	text book
局紙 kyokushi	日本牛皮纸 Rìběnniúpízhǐ	Japanese vellum
教師用参考書 kyoshiyo sankosho	教师参考书 jiàoshīcānkǎoshū	teacher's guide books
教師用図書館 kyoshiyo toshokan	教师图书馆 jiàoshītúshūguǎn	teacher's library
教材 kyozai	教材 jiàocái	teaching materials
休刊 kyukan	停刊 tíngkān	ceased publication
旧約聖書 kyuyaku seisho	旧约全书 jiùyuēquánshū	Old Testament

M

マーブル maburu	大理石花纹 dàlǐshíhuāwén	marbling
マーブル小口 maburu koguchi	大理石花纹书边 dàlǐshíhuāwénshūbiān	marbled edge
マーブル紙 maburushi	大理石花纹纸 dàlǐshíhuāwénzhǐ	marbled paper
まだら子牛皮 madara koushigawa	斑纹牛皮 bānwénniúpí	mottled calf
前払い maebarai	预付 yùfù	prepaid
まえがき maegaki	序　序言 xù　xùyán	foreword
前小口 maekoguchi	外切口 wàiqiēkǒu	fore-edge
前扉 maetobira	简略书名 jiǎnlüèshūmíng	half title
マイクロフィルム maikuro firumu	缩微胶卷 suōwēijiāojuǎn	microfilm
マイクロフィルム・コピー maikuro firumu kopi	缩微本 suōwēiběn	microfilm copy
マイクロフィルム・キャビネット maikuro firumu kyabinetto	缩微胶卷贮存柜 suōwēijiāojuǎnzhùcúnguì	microfilm cabinet
マイクロフィルム・リーダー maikuro firumu rida	缩微胶卷阅读器 suōwēijiāojuǎnyuèdúqì	microfilm reader
マイクロフィッシュ maikuro fisshu	缩微胶片 suōwēijiāopiàn	microfiche
マイクロフィッシュ・キャビネット maikuro fisshu kyabinetto	缩微胶片贮存柜 suōwēijiāopiànzhùcúnguì	microfiche cabinet
マイクロプリント・リーダー maikuropurinto rida	缩微印刷品阅读器 suōwēiyìnshuāpǐnyuèdúqì	microprint reader
卷軸模様 makijiku moyo	边饰 biānshì	cartouche
卷物 makimono	纸卷 zhǐjuǎn	scroll

マーク maku	标记 biāojì	mark label tag
マーク・カード maku kado	标记卡片 biāojìkǎpiàn	mark card
マーク・カード・リーダー maku kado rida	标记卡片阅读器 biāojìkǎpiànyuèdúqì	mark card reader
マーク・シート maku shito	符号图表 fúhàotúbiǎo	mark sheet
マーク・シート・リーダー maku shito rida	符号图表阅读器 fúhàotúbiǎoyuèdúqì	mark sheet reader
豆本 mamehon	小版书　　袖珍本 xiǎobǎnshū　xiùzhēnběn	dwarf book miniature book pocket book
漫画 manga	漫画 mànhuà	caricature comic book
マニラ紙 manirashi	马尼拉纸 Mǎnílāzhǐ	Manila paper
丸背 maruze	圆脊 yuánjǐ	round back
マス・コミュニケーション masu komyunikeshon	公众通信 gōngzhòngtōngxìn	mass comunication
マス・メディア masu media	公众传播手段 gōngzhòngchuánbōshǒuduàn	mass media
マスター　写真・印刷等の原板 masuta	母片 mǔpiàn	master
マスター・データ masuta deta	基本数据 jīběnshùjù	master data
マスター・データ・ベース masuta deta besu	基本数据库 jīběnshùjùkù	master data base
マスター・データ・シート masuta deta shito	基本数据记录纸 jīběnshùjùjìlùzhǐ	master data sheet
マスター・ファイル masuta fairu	主外存储器 zhǔwàicúnchǔqì	master file
マスター・フィルム masuta firumu	底片 dǐpiàn	master film
マスター・カード masuta kado	导片　　主卡 dǎopiàn　zhǔkǎ	master card
マスター・テープ masuta tepu	主带 zhǔdài	master tape

メディア・センター media senta	文献资料中心 wénxiànzīliàozhōngxīn	media center
メール・オーダー meru oda	邮购 yóugòu	mail order
メルカトール投影法 merukatoru toeiho	麦克托投影法 Màikètuōtóuyǐngfǎ	Mercator projection
メゾチント　金属板による特殊凹版 mezochinto	雕刻铜版法 diāokètóngbǎnfǎ	mezzotint
珍しい mezurashii	稀有的 xīyǒude	very rare　rare
見出し midashi	标目　标题 biāomù　biāotí	heading
見出し語 midashigo	题目 tímù	caption
右ページ　洋書の場合 migi peji	书籍的右页 shūjídeyòuyè	recto
見計らい本 mihakaraibon	试销 shìxiāo	on approval
見本 mihon	样书　样品 yàngshū　yàngpǐn	sample　specimen copy
見返し mikaeshi	衬页 chènyè	end paper
未刊 mikan	未出版 wèichūbǎn	unpublished
未完遺稿 mikan'iko	未完成的作品 wèiwánchéngdezuòpǐn	fragment
耳折れ mimiore	书页卷角 shūyèjuǎnjiǎo	dog's ear
未製本 miseihon	未装订本 wèizhuāngdìngběn	unbound
ミシン綴じ mishin toji	线装机装订 xiànzhuāngjīzhuāngdìng	machine sewing
溝のつぎ目 mizo no tsugime	书籍槽 shūjícáo	joint
水染み本 mizushimibon	水渍本 shuǐzìběn	damp spotted book
文字 moji	文字　字符 wénzì　zìfú	letter character

盲人図書館 mojin toshokan	盲人图书馆 mángréntúshūguǎn	library for the blind
模型 mokei	模型 móxíng	pattern model
木簡 mokkan	木简 mùjiǎn	wooden tablet
木版 mokuhan	木版式　木刻版 mùbǎnshì　mùkèbǎn	wood engraving　woodcut woodcut block
木版印刷文献 mokuhan insatsu bunken	雕版印刷文献 diāobǎnyìnshuāwénxiàn	block printed document
木版本 mokuhanbon	木整版本 mùzhěngbǎnběn	block book
木版画 mokuhanga	木刻 mùkè	woodcut
木版印刷古籍本 mokuhan insatsu kosekibon	雕版印刷古籍版本类型 diāobǎnyìnshuāgǔjíbǎnběnlèixíng	editions of block printed books
木版術 mokuhanjutsu	木版术 mùbǎnshù	xylography
目録 mokuroku	目录 mùlù	catalog　list
目録編者 mokuroku henja	编目者 biānmùzhě	cataloguist
目録編成 mokuroku hensei	组织目录 zǔzhīmùlù	incorporation in a catalog of entries
目録法 mokurokuho	编目条例 biānmùtiáolì	cataloging
目録カード mokuroku kado	目录卡片 mùlùkǎpiàn	catalog card
目録ケース mokuroku kesu	目录柜 mùlùguì	catalog case
目録規則 mokuroku kisoku	编目规则 biānmùguīzé	catalog code catalog rules
目録室 mokurokushitsu	编目室　目录室 biānmùshì　mùlùshì	catalog room
目録用紙片 mokurokuyo shihen	目录稿纸 mùlùgǎozhǐ	catalog slip
木炭画 mokutanga	木炭画 mùtànhuà	charcoal drawing

文書 monjo	档案 dàng'àn	document(-s)
文書館 monjokan	档案馆 dàng'ànguǎn	archives
物語 monogatari	故事 gùshi	story tale tradition
紋章集 monshoshu	纹章图案集 wénzhāngtúànjí	book of arms
モロッコ革 morokkogawa	摩洛哥皮 móluògēpí	morocco
モロッコ革装丁 morokkogawa sotei	摩洛哥皮装订 móluògēpízhuāngdìng	morocco binding
モザイク装丁 mozaiku sotei	剪嵌细工装订 jiǎnqiànxìgōngzhuāngdìng	mosaic binding
無標題紙本 muhyodaishibon	无书名页的书 wúshūmíngyèdeshū	work with title page missing
無線綴じ musentoji	无线装订 wúxiànzhuāngdìng	perfect binding
虫穴 mushiana	虫孔 chóngkǒng	wormed
虫食い本 mushikuibon	虫蛀本 chóngzhùběn	wormed

N

内容 naiyo	内容 nèiróng	contents
内容目次 naiyo mokuji	目次 mùcì	table of contents
内容細目カード naiyo saimoku kado	内容提要卡 nèiróngtíyàokǎ	contents card
名前 namae	名称 míngchēng	name
ナショナル・ネットワーク nashonaru nettowaku	全国网络 quánguówǎngluò	national network

ナショナル・ユニオン・カタログ nashonaru yunion katarogu	全国联合目录 quánguóliánhémùlù	NUC[National Union Catalog]
ネガフィルム nega firumu	胶片负片 jiāopiànfùpiàn	film negative
年報 nempo	历史记载 lìshǐjìzǎi	annals record of history
年表 nempyo	年表 niánbiǎo	chronological table
年代表示 nendai hyoji	年代标记法 niándàibiāojìfǎ	chronogram
年代記 nendaiki	年代史 niándàishǐ	chronicle
粘土板 nendoban	粘土书板 niántǔshūbǎn	clay tablet
年鑑 nenkan	年鉴 niánjiàn	year book almanac annals
年刊 nenkan	年刊 niánkān	annual yearly
ネットワーク nettowaku	电视网　网络 diànshìwǎng　wǎngluò	network
ネットワーク・システム nettowaku shisutemu	网络系统 wǎngluòxìtǒng	network system
二次文献 niji bunken	二次文献 èrcìwénxiàn	secondary literature
日刊 nikkan	日刊 rìkān	daily
肉細活字 nikuboso katsuji	细长字体 xìchángzìtǐ	light face letter
肉太活字 nikubuto katsuji	黑体字 hēitǐzì	full face
任務 nimmu	任务 rènwù	task
日本著者記号 nippon chosha kigo	日本著者号码 Rìběnzhùzhěhàomǎ	Nippon author mark
日本学術情報センター nippon gakujutsu joho senta	日本学术情报中心 Rìběnxuéshùqíngbàozhōngxīn	NACSIS[National Center for Science Information System]
日本情報処理開発センター nippon joho shori kaihatsu senta	日本情报处理开发中心 Rìběnqíngbàochǔlǐkāifāzhōngxīn	JIPDEC[Japan Information Processing Development Center]

日本十進分類法 nippon jusshin bunruiho	日本十进分类法 Rìběnshíjìnfēnlèifǎ	NDC[Nippon Decimal Classification]
日本科学技術情報センター nippon kagaku gijutsu joho senta	日本科技情报中心 Rìběnkējìqíngbàozhōngxīn	JICST[Japan Information Center of Science and Technology]
日本科学技術情報全国流通システム nippon kagaku gijutsu joho zenkoku ryutsu shisutemu	日本科技情报系统 Rìběnkējìqíngbàoxìtǒng	NIST[National Information System for Science and Technology]
日本基本件名表 nippon kihon kemmeihyo	日本基本主题词表 Rìběnjīběnzhǔtícíbiǎo	BSH[Basic Subject Heading]
日本工業規格 nippon kogyo kikaku	日本工业标准 Rìběngōngyèbiāozhǔn	JIS[Japanese Industrial Standard]
日本古書籍商協会 nippon koshosekisho kyokai	日本古旧书商协会 Rìběngǔjiùshūshāngxiéhuì	ABAJ[Antiquarian Booksellers Association of Japan]
日本目録規則 nippon mokuroku kisoku	日本编目条例 Rìběnbiānmùtiáolì	NCR[Nippon Cataloging Rules]
日本視聴覚情報センター nippon shichokaku joho senta	日本视听情报中心 Rìběnshìtīngqíngbàozhōngxīn	JAVIC[Japan Audio-Visual Information Center]
日本図書館協会 nippon toshokan kyokai	日本图书馆协会 Rìběntúshūguǎnxiéhuì	JLA[Japan Library Association]
偽版 niseban	伪造版 wěizàobǎn	counterfeit edition
偽物 nisemono	赝品 yànpǐn	forgery
のど nodo	里边　内页边 lǐbiān　nèiyèbiān	back margin　gutter inside margin
納本 nohon	呈交样书 chéngjiāoyàngshū	deposit copy
ノートブック notobukku	笔记本 bǐjìběn	notebook
抜き刷り nukizuri	抽印本 chōuyìnběn	offprint
ニュージーランド図書館協会 nyujirando toshokan kyokai	新西兰图书馆协会 Xīnxīlántúshūguǎnxiéhuì	NZLA[New Zealand Library Association]
入館 nyukan	入馆 rùguǎn	admission of readers
入館票 nyukanhyo	入馆票 rùguǎnpiào	admission slip

入館券 nyukanken	入馆券 rùguǎnquàn	admission ticket
入館記録 nyukan kiroku	读者登记 dúzhědēngjì	admission record
入館証 nyukansho	入馆证 rùguǎnzhèng	licence
入門 nyumon	入门 rùmén　入门书 rùménshū	guide book　ABC book
入力 nyuryoku	输入 shūrù	input
入手可能な nyushu kano na	可得到的 kědédàode	available

O

オーバーフロー obafuro	溢出 yìchū	overflow
オーバーヘッド・プロジェクター obaheddo purojekuta	字幕片放映机 zìmùpiànfàngyìngjī	overhead projector
大判紙 obanshi	大张纸 dàzhāngzhǐ	large paper
大判紙版　限定版・豪華本に用いる obanshiban	大型本 dàxíngběn	large paper edition
覚書 oboegaki	备忘录 bèiwànglù　节录 jiélù	aide-mémoire
オブジェクト・コンピュータ obujekuto kompyuta	目标计算机 mùbiāojìsuànjī	object computer
オブジェクト・プログラム　実行用プログラム obujekuto puroguramu	结果程序 jiéguǒchéngxù	object program
オブジェクト・ランゲージ obujekuto rangeji	结果语言 jiéguǒyǔyán	object language
オフィス・コンピュータ ofisu kompyuta	事务计算机 shìwùjìsuànjī	office computer
オフィス・システム ofisu shisutemu	事务系统 shìwùxìtǒng	office system

オフ・ライン　オン・ラインに対する用語 ofu rain	脱机 tuōjī	off line
オフ・ライン・アプリケーション ofu rain apurikeshon	脱机应用 tuōjīyìngyòng	off line application
オフ・ライン・オペレーション ofu rain opereshon	脱机操作 tuōjīcāozuò	off line operation
オフ・ライン・システム ofu rain shisutemu	脱机系统 tuōjīxìtǒng	off line system
オフ・ライン処理 ofu rain shori	脱机处理 tuōjīchǔlǐ	off line processing
オフセット印刷 ofusetto insatsu	胶印 jiāoyìn	offset offset lithography
大型本 ogatabon	大型图书 dàxíngtúshū	large book
大型印刷本 ogata insatsubon	大型印本 dàxíngyìnběn	large print edition
凹版印刷 ohan insatsu	凹版印刷 āobǎnyìnshuā	intaglio printing
置き換え okikae	换位 huànwèi	transposition
奥付 okuzuke	书籍末页题署 shūjímòyètíshǔ	colophon
大文字 omoji	大写字母 dàxiězìmǔ	capital　capital letter
オン・ライン on rain	联机 liánjī	on line
オン・ライン・データ・ベース on rain deta besu	联机数据库 liánjīshùjùkù	on line deta base
オン・ライン・データベース検索システム on rain detabesu kensaku shisutemu	人机对话数据库简易存取系统 rénjīduìhuàshùjùkùjiǎnyìcúnqǔxìtǒng	IDEAS[Interactive Data Basic Easy Accessing System]
オン・ライン・インプット on rain imputto	联机输入 liánjīshūrù	on line input
オン・ライン情報検索システム on rain joho kensaku shisutemu	联机情报检索系统 liánjīqíngbàojiǎnsuǒxìtǒng	on line information retrieval system
オン・ライン・カタログ on rain katarogu	联机目录 liánjīmùlù	on line catalog

オン・ライン検索 on rain kensaku	联机检索 liánjījiǎnsuǒ	on line search
オン・ライン記憶装置 on rain kioku sochi	联机存储器 liánjīcúnchǔqì	on line storage
オンライン・コンピュータ図書館情報センター onrain kompyuta toshokan joho senta	图书馆计算机联机中心 túshūguǎnjìsuànjīliánjīzhōngxīn	OCLC[On-line Computer Library Center]
オン・ライン・モード on rain modo	联机方式 liánjīfāngshì	on line mode on line system
オン・ライン・オペレーション on rain opereshon	联机操作 liánjīcāozuò	on line operation
オン・ライン・プログラム on rain puroguramu	联机程序 liánjīchéngxù	on line program
オン・ライン・サービス on rain sabisu	联机服务 liánjīfúwù	on line service
オン・ライン制御 on rain seigyo	联机控制 liánjīkòngzhì	on line control
オン・ライン・システム on rain shisutemu	联机系统 liánjīxìtǒng	on line system
オン・ライン総合目録 on rain sogo mokuroku	联机联合目录 liánjīliánhémùlù	on line union catalog
オペレーション opereshon	操作 cāozuò	operation
オペレーション・リサーチ opereshon risachi	运筹学 yùnchóuxué	OR[operation research]
オペレーション・システム opereshon shisutemu	操作系统 cāozuòxìtǒng	operation system
オープン・エントリー opun entori	不完全著录 bùwánquánzhùlù	free entry
折り丁 oricho	折页　对折 zhéyè　duìzhé	folding signature
折り本 orihon	折页　对折　折本 zhéyè　duìzhé　zhéběn	folding folding book
オリジナル orijinaru	原件 yuánjiàn	original
オリジナル・ジャケット orijinaru jaketto	原封皮 yuánfēngpí	original wrapper

折り記号 orikigo	折页记号 zhéyèjìhaor	signature signature line
折り畳み oritatami	合并 折叠 hébìng zhédié	fold
折り畳み地図 oritatami chizu	折叠式地图 zhédiéshìdìtú	folding map
折り畳み図版 oritatami zuhan	折叠式插图 zhédiéshìchātú	folding plate
大阪大学図書館情報機械化システム Osaka daigaku toshokan joho kikaika shisutemu	大阪大学图书馆情报机械化系统 Dàbǎndàxuétúshūguǎnqíngbàojī xièhuàxìtǒng	LICS[Library Information Control System]
押し印 oshiin	压印 yāyìn	stamp
欧州オンライン学術情報サービスネットワーク oshu onrain gakujutsu joho sabisu nettowaku	欧州情报直接检索网络 Ōuzhōuqíngbàozhíjiējiǎnsuǒwǎngluò	DIANE[Direct Information Access Network for Europe]
オーストラリア国立図書館書誌情報ネットワーク osutoraria kokuritsu toshokan shoshi joho nettowaku	澳大利亚书目网络 Àodàlìyàshūmùwǎngluò	ABN[Australian Bibliographic Network]
オーストラリア書誌情報源諮問委員会 osutoraria shoshi johogen shimon iinkai	澳大利亚文献目录业务理事会 Àodàlìyàwénxiànmùlùyèwùlǐshìhuì	AACOBS[Australian Advisory Council on Bibliographical Service]
オーストラリア全国総合目録 osutoraria zenkoku sogo mokuroku	澳大利亚全国专著联合目录 Àodàlìyàquánguózhuānzhùlián hémùlù	NUCOM[National Union Catalog of Monographs]
応答 oto	应答 yìngdá	answer
応答時間 oto jikan	回答时间 huídáshíjiān	response time
凹凸紙 ototsushi	凹凸纸 āotūzhǐ	embossed paper

P

パンチ・カード panchi kado	穿孔卡片 chuānkǒngkǎpiàn	punch card
パーチメント pachimento	羊皮纸 yángpízhǐ	parchment
パンフレット発行者 panfuretto hakkosha	小册子作者 xiǎocèzizuòzhě	pamphleteer
パピルス文献 papirusu bunken	纸草文献 zhǐcǎowénxiàn	papyrus
パピルス草 papirusugusa	纸莎草 zhǐshācǎo	papyrus
パピルス巻子本 papirusu kansubon	古本手卷 gǔběnshǒujuàn	papyrus scroll
パソコン pasokon	个人计算机 gèrénjìsuànjī	personal computer
ページ peji	页 yè	page
ページの上部 peji no jobu	书页的天头 shūyèdetiāntóu	head of the page
ページの下部 peji no kabu	书页的底边 shūyèdedǐbiān	foot of the page
ページ数 peji su	页数 yèshù	number of pages page number pagination
ページ点検 peji tenken	页面检验 yèmiànjiǎnyàn	page check
ページ付け pejizuke	连续页数　标页数 liánxùyèshù　biāoyèshù	consecutive numbering of pages
ページ付けのない pejizuke no nai	无编号的页 wúbiānhàodeyè	unnumbered page
ペーパー・ナイフ pepa naifu	切纸机的切刀 qiēzhǐjīdeqiēdāo	paper knife
ポジフィルム poji firumu	胶片正片 jiāopiànzhéngpiàn	film positive
ポケット版 pokettoban	袖珍版 xiùzhēnbǎn	pocket edition

ポケット版地図帳 pokettoban chizucho	袖珍地图集 xiùzhēndìtújí	pocket atlas
ポケット版辞書 pokettoban jisho	袖珍字典 xiùzhēnzìdiǎn	pocket dictionary
ポピュラー popyura	通用的 tōngyòngde	popular
ポスター posuta	招贴画 zhāotiēhuà	poster
プリント purinto	印刷 yìnshuā	print printing
プログラマー purogurama	程序设计员 chéngxùshèjìyuán	programmer
プログラミング puroguramingu	程序设计 chéngxùshèjì	programming
プロトコール purotokoru	议定书 yìdìngshū	protocol

R

ラベル挟み raberu hasami	书标夹 shūbiāojiā	label holder
ライブラリー・ネットワーク raiburari nettowaku	图书馆网络 túshūguǎnwǎngluò	library network
ライブラリー・マネジメント raiburari manejiment	图书馆管理 túshūguǎnguǎnlǐ	library management
ライブラリー・オフィス・ワーク raiburari ofisu waku	图书馆内务处理 túshūguǎnnèiwùchǔlǐ	library office work
ライブラリー・レファレンス・ワーク raiburari refarensu waku	图书馆参考咨询工作 túshūguǎncānkǎozīxúngōngzuò	library reference work
ライブラリー・レポート raiburari repoto	图书馆报告 túshūguǎnbàogào	library report
ラグ・ペーパー 古布を原料とした ragu pepa 高級上質紙	优质纸 yōuzhìzhǐ	rag paper
落丁 rakucho	脱页 tuōyè	missing page

欄 ran	栏 段 lán duàn	column paragraph
螺旋式装丁 rasenshiki sotei	螺旋式装订 luóxuánshìzhuāngdìng	spiral binding
レファレンス refarensu	参考 参照 咨询 cānkǎo cānzhào zīxún	reference
レファレンス・ガイド refarensu gaido	参考书指南 cānkǎoshūzhǐnán	reference guide
レファレンス検索システム refarensu kensaku shisutemu	题录检索系统 tílùjiǎnsuǒxìtǒng	reference retrieval system
レファレンス・マテリアル refarensu materiaru	参考资料 cānkǎozīliào	reference material
レファレンス・ライブラリー refarensu raiburari	参考书阅览室 cānkǎoshūyuèlǎnshì	reference library
レファレンス・ライブラリアン refarensu raiburarian	咨询服务工作者 zīxúnfúwùgōngzuòzhě	reference librarian
レファレンス・レコード refarensu rekodo	参考记录 cānkǎojìlù	reference record
レファレンス・ルーム refarensu rumu	咨询室 参考室 zīxúnshì cānkǎoshì	reference room
レファレンス・サービス refarensu sabisu	参考咨询服务 cānkǎozīxúnfúwù	reference service
レファレンス・センター refarensu senta	咨询中心 参考中心 zīxúnzhōngxīn cānkǎozhōngxīn	reference center
レファレンス・ツール refarensu tsuru	参考工具书 cānkǎogōngjùshū	reference tool
レファレンス・ワーク refarensu waku	参考咨询工作 cānkǎozīxúngōngzuò	reference work
歴史 rekishi	历史 lìshǐ	history
歴史記載 rekishi kisai	历史记载 lìshǐjìzǎi	annals record of history
歴史家 rekishika	历史学家 lìshǐxuéjiā	historian
レコード・プレヤー rekodo pureya	唱机 chàngjī	record player
連字 renji	连字 liánzì	ligature

連載小説	连载小说	serial story
rensai shosetsu	liánzǎixiǎoshuō	
レース模様	花饰加工	lace-work border
resu moyo	huāshìjiāgōng	lace-work tooling
レザー	漆布	leather cloth
reza	qībù	
レーザー・カラー・ディスプレー	激光彩色显示	laser color display
reza kara disupure	jīguāngcǎisèxiǎnshì	
レーザー・コンピュータ	激光计算机	laser computer
reza kompyuta	jīguāngjìsuànjī	
レザー・クロス装 合成皮革	漆布面装订	leather cloth binding
reza kurosuso	qībùmiànzhuāngdìng	
レーザー・プリンター	激光打印机	laser printer
reza purinta	jīguāngdǎyìnjī	
レーザー・レコーダー	激光记录器	laser recorder
reza rekoda	jīguāngjìlùqì	
レーズト・バンド 背革装丁本の背にできる盛りあがり	缝线棱	raised bands
rezuto bando	féngxiànléng	
臨時補助員	临时助理员	temporary assistant
rinji hojoin	línshízhùlǐyuán	temporary helper
臨時貸出証	临时借书证	temporary card
rinji kashidashisho	línshíjièshūzhèng	
輪転印刷	轮转印刷	cylinder press
rinten insatsu	lúnzhuǎnyìnshuā	
リール	卷筒	reel
riru	juàntǒng	
利用者	用户	user reader
riyosha	yònghù	
利用指導	利用指导	library-use instruction
riyo shido	lìyòngzhǐdǎo	
ロボット	机器人	robot
robotto	jīqìrén	
労働時間	工作时间	working hour
rodo jikan	gōngzuòshíjiān	
労働条件	工作条件	working condition
rodo joken	gōngzuòtiáojiàn	
朗読サービス	朗诵服务	reading for the blind
rodoku sabisu	lǎngsòngfúwù	

蝋紙 rogami	蜡纸 làzhǐ	wax paper
ローカル・ニュース rokaru nyusu	地方消息 dìfāngxiāoxi	local news
録音機 rokuonki	录音机 lùyīnjī	recorder
録音サービス rokuon sabisu	录音服务 lùyīnfúwù	recording for the blind
録音資料　テープ・ビデオ・カセット rokuon shiryo　等の資料	录音资料 lùyīnzīliào	sound recording
録音室 rokuonshitsu	录音室 lùyīnshì	recording room
録音テープ rokuon tepu	录音带 lùyīndài	recording tape
論文 rombun	论文 lùnwén	thesis dissertation article
ロング・セラー rongu sera	长期畅销书 chángqīchàngxiāoshū	long seller
論説 ronsetsu	论著　　论文 lùnzhù　　lùnwén	treatise
ロール・フィルム roru firumu	胶片卷 jiāopiànjuǎn	roll film
ロール・マイクロフィルム roru maikurofirumu	缩微胶片卷 suōwēijiāopiànjuǎn	roll microfilm
ローテーション roteshon	循环轮排法 xúnhuánlúnpáifǎ	rotation
ルーチン　プログラムの手順 ruchin	例程　　程序 lìchéng　　chéngxù	routine program
累積索引 ruisekisakuin	积累索引 jīlěisuǒyǐn	cumulative index
略語辞典 ryakugo jiten	缩略语词典 suōlüèyǔcídiǎn	abbreviations dictionary
略図 ryakuzu	略图 lüètú	outline map sketch
旅行案内書 ryoko annaisho	旅行指南 lǚxíngzhǐnán	itinerary travel guide
両面 ryomen	封面和封底 fēngmiànhéfēngdǐ	recto and verso

猟書家 ryoshoka	猎书者 lièshūzhě	book-hunter
粒起皮　製本用革の一種、シャグリーン ryukigawa	粗面皮革 cūmiànpígé	shagreen
流行 ryuko	流行 liúxíng	fashion
流行雑誌 ryuko zasshi	时装杂志 shízhuāngzázhì	fashion magazine
硫酸紙 ryusanshi	硫酸纸 liúsuānzhǐ	vegetable parchment parchment paper

S

サービス sabisu	服务 fúwù	service
サービス・エリア sabisu eria	服务区域 fúwùqūyù	service area
サービス・ネットワーク sabisu nettowaku	服务网 fúwùwǎng	service network
サービス・センター sabisu senta	服务中心 fúwùzhōngxīn	service center
サービス・システム sabisu shisutemu	服务系统 fúwùxìtǒng	service system
サーチ・ルーム sachi rumu	文献查阅室 wénxiàncháyuèshì	search room
再版 saihan	再版　重印 zàibǎn　chóngyìn	republication reprint edition
再校 saiko	二校 èrjiào	revised proof revise
細目カード saimoku kado	细目卡 xìmùkǎ	detail card
彩色絵入り本 saishiki eiribon	精印插图本 jīngyìnchātúběn	illuminated book
彩色木版 saishiki mokuhan	木版彩印　套色木版 mùbǎncǎiyìn　tàosèmùbǎn	chromoxylography colored wood engraving

彩色木版画 saishiki mokuhanga	套色木版画 tàosèmùbǎnhuà	colored wood engraving
最新刊 saishinkan	刚出版的书 gāngchūbǎndeshū	just published just issued
最新資料 saishin shiryo	最新资料 zuìxīnzīliào	current literature
最終校正 saishu kosei	最终校订 zuìzhōngjiàodìng	final proof final revise
索引 sakuin	索引　标引 suǒyǐn　biāoyǐn	indexing index
削除版 sakujoban	删节本 shānjiéběn	bowdlerized edition expurgate edition
三次資料 sanji shiryo	三次文献 sāncìwénxiàn	tertiary literature
参考文献 sanko bunken	参考文献 cānkǎowénxiàn	bibliographical reference
参考カード sanko kado	参考卡片 cānkǎokǎpiàn	reference card
参考係員 sanko kakariin	参考工作人员 cānkǎogōngzuòrényuán	reference librarian reference assistant
参考書目録 sankosho mokuroku	参考书目录 cānkǎoshūmùlù	directory catalog
参考図書 sanko tosho	参考书 cānkǎoshū	reference book
参考図書目録 sanko tosho mokuroku	参考书目 cānkǎoshūmù	reference catalog
参照 sansho	参考　查阅 cānkǎo　cháyuè	reference
三色刷り sanshokuzuri	三色版印刷 sānsèbǎnyìnshuā	three-color printing
サプリメント sapurimento	补充 bǔchōng	supplement
挿絵 sashie	插图 chātú	illustration　plate
挿絵画家 sashie gaka	插图作者 chātúzuòzhě	illustrator
挿絵入り本 sashie iri bon	有插图的书籍 yǒuchātúdeshūjí	illustrated book illustrated edition

差込み　sashikomi	插入　chārù　插页　chāyè	insertion
差込み地図　sashikomi chizu	插页地图　chāyèdìtú	inset map / additional map
冊子　sasshi	册子　cèzi	book form
冊　satsu	册　cè	copy / volume
背　se	书脊　shūjǐ	back
背紙　segami	书脊衬纸　shūjǐchènzhǐ	back lining paper
背革装　segawaso	半皮精装　bànpíjīngzhuāng	half binding
背革装丁　segawa sotei	皮书脊装订　píshūjǐzhuāngdìng	quarter bound / quarter leather
政府刊行物　seifu kankobutsu	政府出版物　zhèngfǔchūbǎnwù	government publication
政府刊行物サービスセンター　seifu kankobutsu sabisu senta	政府出版物服务中心　zhèngfǔchūbǎnwùfúwùzhōngxīn	government publication service center
正誤表　seigohyo	正误表　zhèngwùbiǎo　勘误表　kānwùbiǎo	corrigenda / errata / erratum / table of errors
制御　seigyo	控制　kòngzhì	control
正方形　seihokei	方型书　fāngxíngshū	square
製本　seihon	装订　zhuāngdìng	book binding
製本技術　seihon gijutsu	图书装订术　túshūzhuāngdìngshù	book binding art
星標　seihyo	星标　xīngbiāo　星号　xīnghào	asterisk
成人用図書　seijin yo tosho	成人读物　chéngréndúwù	adult books
請求記号　seikyu kigo	索书号　suǒshūhào	call number
整理　seiri	图书加工　túshūjiāgōng	arrangement of books / technical processing

整理業務 seiri gyomu	图书加工业务 túshūjiāgōngyèwù	technical services / technical processing
整理カード seiri kado	图书加工用卡片 túshūjiāgōngyòngkǎpiàn	process slip / copy slip / routine slip
聖書 seisho	圣经 shèngjīng	Holy Bible
正書名 seishomei	正书名 zhèngshūmíng	main title
精装版 seisoban	精装版 jīngzhuāngbǎn	fine edition
精装本 仮綴ではなく本製本、洋装本 seisobon	精装本 jīngzhuāngběn	bound volume
世界文学 sekai bungaku	世界文学 shìjièwénxué	world literature
世界地図帳 sekai chizucho	世界地图集 shìjièdìtújí	world atlas
世界データセンター sekai deta senta	世界数据中心 shìjièshùjùzhōngxīn	WDC[World Data Center]
石版 sekihan	石版 shíbǎn	lithography
積層書架 sekiso shoka	积层书架 jīcéngshūjià	multi-tier stack
設計 sekkei	设计 shèjì	design / plan
設計図 sekkeizu	设计图 shèjìtú	design
石刻文献 sekkoku bunken	石刻文献 shíkèwénxiàn	inscription on stone
背子牛革 sekoushigawa	半小牛皮装订本 bànxiǎoniúpízhuāngdìngběn	calf binding
背クロス sekurosu	半布面装订 bànbùmiànzhuāngdìng	half cloth
専門図書館 semmon toshokan	专业图书馆 zhuānyètúshūguǎn	special library
背文字 semoji	书脊书名 shūjǐshūmíng	back title
宣伝 senden	登广告 dēngguǎnggào	advertise

穿孔器 senkoki	穿孔器 chuānkǒngqì	drill punch
専攻論文 senko rombun	专题论文 zhuāntílùnwén	monograph
洗礼名 senreimei	教名 jiàomíng	Christian name
選書 sensho	选书 xuǎnshū	choice of books
選集 senshu	选集 文选 xuǎnjí wénxuǎn	anthology selection selected works
セピア印刷 sepia insatsu	深棕色印刷 shēnzōngsèyìnshuā	sepia print
説明 setsumei	说明 shuōmíng	explanatory note explanation
説明書き 挿画・写真の説明書き setsumeigaki	题跋 tíbá	legend
説明書 setsumeisho	说明书 shuōmíngshū	manual
写本 shahon	手抄本 写本 shǒuchāoběn xiěběn	manuscript
写字生 shajisei	缮写员 shànxiěyuán	copist scribe
写字室 shajishitsu	抄录室 写字室 chāolùshì xiězìshì	scriptorium
写真 shashin	照相 zhàoxiàng	photograph
写真平版 shashin heihan	照相平版 zhàoxiàngpíngbǎn	photolithography
写真凹版 shashin ohan	照相凹版 zhàoxiàng'āobǎn	photogravure
写真撮影術 shashinsatsueijutsu	照相术 zhàoxiàngshù	photography
写真製版 shashin seihan	照相制版 zhàoxiàngzhìbǎn	photoengraving
視聴覚ライブラリー shichokaku raiburari	视听图书馆 shìtīngtúshūguǎn	audiovisual library
視聴覚資料 shichokaku shiryo	视听资料 shìtīngzīliào	audiovisual materials

		shimpan
視聴覚資料データベース shichokaku shiryo detabesu	视听资料联机数据库 shìtīngzīliàoliánjīshùjùkù	AVLIN[audio visuals on-line]
シー・ディー・ロム CD-Rom shidiromu	光碟系统 guāngdiéxìtǒng	compact disc read only memory
詩歌 shiika	诗歌 shīgē	poetry
私家版 shikaban	个人版　自费版 gèrénbǎn　zìfèibǎn	privately printed　private edition private press
私家版印刷所 shikaban insatsujo	私营印刷所 sīyíngyìnshuāsuǒ	private press
私家本 shikabon	私家本 sījiāběn	privately printed book
視覚資料 shikaku shiryo	视觉资料 shìjuézīliào	visual aids
紙型 shikei	纸型 zhǐxíng	mould　master paper foundry proof　matrix
湿気 shikke	湿气 shīqì	humidity　moisture damp
新聞 shimbun	报纸 bàozhǐ	newspaper
新聞挟み shimbunbasami	报夹 bàojiā	newspaper file
新聞閲覧台 shimbun etsurandai	报纸阅览台 bàozhǐyuèlǎntái	newspaper stand
新聞閲覧室 shimbun etsuranshitsu	报纸阅览室 bàozhǐyuèlǎnshì	newsroom newspaper room
新聞架 shimbunka	报架 bàojià	newspaper rack newspaper file rack
新聞記事索引 shimbun kiji sakuin	报纸篇名索引 bàozhǐpiānmíngsuǒyǐn	news index
新聞切抜き shimbun kirinuki	剪报资料 jiǎnbàozīliào	press-cutting clipping
紙魚 shimi	蠹鱼　书蛀 dùyú　shūzhù	bookworm　book-louse
染み shimi	渍斑　污损的 zìbān　wūsǔnde	waterstain　spotted soiled
新版 shimpan	新版 xīnbǎn	new edition

シンポジュム shimpojumu	学术报告会 xuéshùbàogàohuì	symposium
新着図書 shinchaku tosho	新到图书 xīndàotúshū	recent acquisitions
新刊書 shinkansho	新出版 xīnchūbǎn	new publication
審査 shinsa	审查 shěnchá	censorship
新作 shinsaku	新作品 xīnzuòpǐn	new writing
新出版物 shinshuppambutsu	新出版物 xīnchūbǎnwù	new publication
神話 shinwa	神话 shénhuà	fable myth
新約聖書 shin'yaku seisho	新约全书 Xīnyuēquánshū	New Testament
しおり shiori	书签 shūqiān	book-mark
シラバス shirabasu	大网 dàwǎng	syllabus
市立図書館 shiritsu toshokan	市立图书馆 shìlìtúshūguǎn	municipal library
私立図書館 shiritsu toshokan	私立图书馆 sīlìtúshūguǎn	private library
資料 shiryo	资料 zīliào	data document
資料交換 shiryo kokan	资料交换 zīliàojiāohuàn	exchange publication exchange
試作版 shisakuban	试行版 shìxíngbǎn	trial edition
司書補佐 shisho hosa	助理馆员 zhùlǐguǎnyuán	library assistant
司書課程 shisho katei	图书馆员课程 túshūguǎnyuánkèchéng	course for librarian
司書教諭 shisho kyoyu	学校图书馆专职教员 xuéxiàotúshūguǎnzhuānzhí jiàoyuán	teacher-librarian

刺繡装丁 shishu sotei	刺绣装订 cìxiùzhuāngdìng	embroidered binding
シソーラス shisorasu	叙词表 xùcíbiǎo 主题词表 zhǔtícíbiǎo	thesaurus
システム shisutemu	系统 xìtǒng	system
システム・デザイン shisutemu dezain	系统设计 xìtǒngshèjì	system design
システム・コード shisutemu kodo	系统码 xìtǒngmǎ	system code
指定図書 辞典や参考図書など、一般図書と区別される shitei tosho	指定阅读的图书 zhǐdìngyuèdúdetúshū	reserved book
質問 shitsumon	提问 tíwèn	question
紙葉 shiyo	纸张 zhǐzhāng	sheet
章 sho	章 zhāng	chapter
章題 shodai	章节标题 zhāngjiébiāotí	chapter heading
障害者サービス shogaisha sabisu	残疾人服务设施 cánjírénfúwùshèshī	service for handicapped person
商業雑誌 shogyo zasshi	广告杂志 guǎnggàozázhì	advertising journal
初版 shohan	初版 chūbǎn	first edition
書法 shoho	书法 shūfǎ	calligraphy
書評 shohyo	书评 shūpíng	book review
書架 shoka	书架 shūjià	book rack
紹介 shokai	介绍 jièshào	introduction
書架間通路 shokakan tsuro	书架间通道 shūjiàjiāntōngdào	aisle between stacks
象形文字 shokei moji	象形文字 xiàngxíngwénzì	pictograph

初期木版印刷本 shoki mokuhan insatsubon	木版印刷的书 mùbǎnyìnshuādeshū	xylographic book
初稿 shoko	草案初稿 cǎo'ànchūgǎo	first draft
初校 shoko	初校 chūjiào	first proof
書庫内通路 shokonai tsuro	书库内通道 shūkùnèitōngdào	aisle in stack
初校刷り shokozuri	初校样 chūjiàoyàng	reader's proof first proof
植物誌 shokubutsushi	植物志 zhíwùzhì	flora
植字 shokuji	排字 páizì	composition type setting
植字架 shokujika	排字盘 páizìpán	composing stick
章末のカット shomatsu no katto	补白图饰　尾花饰 bǔbáitúshì　wěihuāshì	tail piece tail ornament
署名 shomei	签名　署名 qiānmíng　shǔmíng	subscription sign
署名入り自筆書簡 shomeiiri jihitsu shokan	亲笔签名 qīnbǐqiānmíng	autograph letter signed
書名 shomei	书名 shūmíng	title
書名カード shomei kado	书名卡 shūmíngkǎ	title card
書名目録 shomei mokuroku	书名目录 shūmíngmùlù	title catalog
書名索引 shomei sakuin	书名索引 shūmíngsuǒyǐn	title index
署名者 shomeisha	签名者 qiānmíngzhě	subscriber
書物収集家 shomotsu shushuka	藏书家 cángshūjiā	book collector
抄録 shoroku	提要 tíyào	abstract
書類ばさみ shoruibasami	文件夹 wénjiànjiā	folder

小冊子 shosasshi	小册子 xiǎocèzi	booklet lampoon pamphlet
書籍卸し業者 shoseki oroshi gyosha	图书批发商 túshūpīfāshāng	wholesaler
小説 shosetsu	小说 xiǎoshuō	novel fiction
書写 shosha	写入 xiěrù	scribe
書誌学 shoshigaku	书志学 shūzhìxué	bibliography bibliology
書誌学者 shoshigakusha	目录学家 mùlùxuéjiā	bibliographer
書誌情報研究センター shoshi joho kenkyu senta	书目研究中心 shūmùyánjiūzhōngxīn	BCR[Bibliographic Center for Research]
書誌情報システム shoshi joho shisutemu	书目信息系统 shūmùxìnxīxìtǒng	bibliographic information
書誌解題 shoshi kaidai	书目解题 shūmùjiětí	annotation of bibliography
書誌記述 shoshi kijutsu	目录著录 mùlùzhùlù	bibliographic description
書店 shoten	书店 shūdiàn	bookstore bookshop bookseller
書店目録 shoten mokuroku	书店目录 shūdiànmùlù	bookseller's catalog
肖像 shozo	肖像 xiàoxiàng	portrait
初刷り shozuri	第一次印刷 dìyīcìyìnshuā	first impression
集中制御 shuchu seigyo	集中控制 jízhōngkòngzhì	centralized control
集中整理 shuchu seiri	图书统一分编 túshūtǒngyīfēnbiān	centralized processing
集中システム shuchu shisutemu	集中系统 jízhōngxìtǒng	centralized system
集中処理 shuchu shori	集中处理 jízhōngchǔlǐ	integrated processing
主編者 shuhenja	主编 zhǔbiān	general editor

主標題 shuhyodai	主标题 zhǔbiāotí	main heading
趣意書 shuisho	简介 jiǎnjiè	introduction prospectus
週刊 shukan	周刊 zhōukān	weekly
縮刷版 shukusatsuban	缩印版 suōyìnbǎn	reduced size edition
出版 shuppan	出版 chūbǎn	publication
出版日 shuppambi	出版日期 chūbǎnrìqī	date of publication
出版物万国共有利用(IFLA) shuppambutsu bankoku kyoyu riyo	出版物国际共享 chūbǎnwùguójìgòngxiǎng	UAP[Universal Availability of Publications](of IFLA)
出版物交換 shuppambutsu kokan	出版物交换 chūbǎnwùjiāohuàn	exchange of publication
出版地 shuppanchi	出版地点 chūbǎndìdiǎn	place of publication
出版地不詳 shuppanchi fusho	出版地不明 chūbǎndìbùmíng	no place
出版事項 shuppan jiko	出版事项 chūbǎnshìxiàng	imprint colophone
出版事項不詳 shuppan jiko fusho	出版事项不明 chūbǎnshìxiàngbùmíng	no imprint
出版許可 shuppan kyoka	出版证 chūbǎnzhèng	imprimatur
出版目録 shuppan mokuroku	在版编目 zàibǎnbiānmù	CIP[cataloging in publication]
出版年 shuppannen	出版年 chūbǎnnián	imprint date
出版社 shuppansha	出版社 chūbǎnshè	publisher
出版社目録 shuppansha mokuroku	出版社目录 chūbǎnshèmùlù	publisher's catalog
修理 shuri	修理 xiūlǐ	repair repaired
修理した背 shuri shita se	重装书脊 chóngzhuāngshūjǐ	rebacked

州立図書館 shuritsu toshokan	州立图书馆 zhōulìtúshūguǎn	state library
修正 shusei	修正 xiūzhèng	amend
集成 shusei	集成 jíchéng	corpus collection
手写本 shushabon	手写本 shǒuxiěběn	manuscript
収書 shusho	图书采购 túshūcǎigòu	acquisition
収集家 shushuka	收集家 shōujíjiā	collector
出力 shutsuryoku	输出 shūchū	output
収蔵品 shuzohin	收藏 shōucáng	storage collection
収蔵者 shuzosha	收藏者 shōucángzhě	collector
素描 sobyo	绘图 huìtú	drawing
ソフト・コピー sofuto kopi	软拷贝 ruǎnkǎobèi	soft copy
ソフトウェア sofutouea	软件 ruǎnjiàn	software
ソフトウェア・ライブラリー sofutouea raiburari	软件库 ruǎnjiànkù	software library
総革装丁本 sogawa soteibon	全皮面装订本 quánpímiànzhuāngdìngběn	full leather binding full calf binding
相互協力 sogo kyoryoku	协作 xiézuò	mutual cooperation
総合索引 sogo sakuin	综合索引 zōnghésuǒyǐn	collective index
総合参考文献 sogo sanko bunken	综合参考文献 zōnghécānkǎowénxiàn	general bibliography
相互参照 sogo sansho	相互参照 xiānghùcānzhào	cross reference
総合書名 sogo shomei	总书名 zǒngshūmíng	general title collective title

相互貸借 sogo taishaku	互借 hùjiè	interlibrary loan
総合図書館 sogo toshokan	综合性图书馆 zōnghéxìngtúshūguǎn	general library
僧院図書館 soin toshokan	僧院图书馆 sēngyuàntúshūguǎn	monastic library
相似形 sojikei	模拟 mónǐ	analog
創刊号 sokango	创刊号 chuàngkānhào	the first number (of)
速記法 sokkiho	速记法 sùjìfǎ	stenography
草稿 soko	草稿 cǎogǎo	draft
総目次 somokuji	总目次 zǒngmùcì	union catalog
ソノシート sonoshito	录音纸唱片 lùyīnzhǐchàngpiān	sonosheet
損紙 sonshi	废纸 fèizhǐ	spoilage / spoiled sheet
損傷 sonsho	损伤 sǔnshāng	rubbed
総論 soron	总论 zǒnglùn	general remarks
総索引 sosakuin	总索引 zǒngsuǒyǐn	general index
組織 soshiki	组织 zǔzhī	organization
叢書 sosho	丛书 cóngshū	series
装飾 soshoku	装饰 zhuāngshì	decoration ornament
叢書名 soshomei	丛书名 cóngshūmíng	series title
叢書目録 sosho mokuroku	丛书目录 cóngshūmùlù	series catalog
装丁 sotei	装订 zhuāngdìng	book binding / binding

外箱 sotobako	书套 shūtào	slip case
水墨画 suibokuga	水墨画 shuǐmòhuà	drawing in Indian ink
水彩画 suisaiga	水彩画 shuǐcǎihuà	water color
推薦者 suisensha	推荐者 tuījiànzhě	recommender
推定著者 suitei chosha	判定著者 pàndìngzhùzhě	presumed author
出納台 suitodai	出纳台 chūnàtái	counter
吸取り紙 suitorigami	吸墨纸 xīmòzhǐ	blotting paper
数字 suji	数字 shùzì	number
透かし sukashi	水印 shuǐyìn	watermark
透かし入りの紙 sukashiiri no kami	水印纸　滤上花纹的纸 shuǐyìnzhǐ　lùshànghuāwéndezhǐ	watermarked paper
透かし文様 sukashimon'yo	水纹纸 shuǐwénzhǐ	watermarked paper
スケジュール sukejuru	表 biǎo	schedule
スケッチ suketchi	素描　小品 sùmiáo　xiǎopǐn	sketch
スケッチ・ブック suketchi bukku	短文集　素描集 duǎnwénjí　sùmiáojí	sketch book
スクラップ・ブック sukurappubukku	剪贴簿 jiǎntiēbù	scrapbook
墨 sumi	墨　墨汁 mò　mòzhī	China ink Indian ink
簀の目紙　平行した滤目のある紙 sunomekami	宣纹纸 xuānwénzhǐ	laid paper
スライド suraido	幻灯片 huàndēngpiān	slide
スリップ surippu	借书条　纸条 jièshūtiáo　zhǐtiáo	slip

スタンダード sutandado	标准 biāozhǔn	standard
スタンフォード大学大規模図書館自動化書誌情報システム sutanfodo daigaku daikibo toshokan jidoka shoshi joho sisutemu	斯坦福大学大型图书馆书目自动化分时系统 Sītǎnfúdàxuédàxíngtúshūguǎn shūmùzìdònghuàfēnshíxìtǒng	BALLOTS[Bibliographic Automation of Large Library Operations using a Time-sharing System]
ステンシル sutenshiru	油印蜡纸 yóuyìnlàzhǐ	stencil
ステレオ写真 sutereo shashin	立体照相 lìtǐzhàoxiàng	stereograph
ステロ版 suteroban	铅印 qiānyìn	sterotype

T

タグ　データ（文字、数字、符号）識別表示 tagu	特征 tèzhēng	tag
タグ・カード tagu kado	特征卡片 tèzhēngkǎpiàn	tag card
タグ・マーク tagu maku	特征记号 tèzhēngjìhào	tag mark
大会 taikai	大会 dàhuì	convention
タイム taimu	时间 shíjiān	time
タイム・カード taimu kado	记时卡片 jìshíkǎpiàn	time card
タイム・レコード taimu rekodo	还书日期记录 huánshūrìqījìlù	time record
タイム・サービス taimu sabisu	报时业务 bàoshíyèwù	time service
タイム・スケジュール taimu sukejuru	时间表 shíjiānbiǎo	time schedule
タイム・テーブル taimu teburu	时代表　时间表 shídàibiǎo　shíjiānbiǎo	timetable

タイピスト taipisuto	打字员 dǎzìyuán	typist
タイプライター taipuraita	打字机 dǎzìjī	typewriter
タイトル taitoru	标题　书名 biāotí　shūmíng	title
タイトル・インフォメーション taitoru infomeshon	书名资料 shūmíngzīliào	title information
タイトル・ページ taitoru peji	扉页　表题页 fēiyè　biǎotíyè	title page
高さ takasa	高度 gāodù	height
多国語辞書 takokugo jisho	多国语辞典 duōguóyǔcídiǎn	polyglot dictionary
多国語対訳図書 takokugo taiyaku tosho	多国语言对照书 duōguóyǔyánduìzhàoshū	polyglot
拓本 takuhon	拓本 tàběn	rubbing of the inscription rubbing edition
試し刷り tameshizuri	毛校样 máojiàoyàng	trial proof
端末装置 tammatsu sochi	终端设备 zhōngduānshèbèi	terminal equipment
端末ユーザー tammatsu yuza	终端用户 zhōngduānyònghù	terminal user
ターン・アラウンド・タイム tan araundo taimu	换向时间 huànxiàngshíjiān	turn around time
単価 tanka	单价 dānjià	unit price price per unit
単行本 tankobon	单行本 dānxíngběn	book
多色版 tashokuban	套色版 tàosèbǎn	multicolored plates
縦長本 tatenagabon	窄型书 zhǎixíngshū	narrow book
裁つ tatsu	切边过多 qiēbiānguòduō	cropped
定価 teika	书价 shūjià	price

定価表 teikahyo	定价表 dìngjiàbiǎo	price list
定期刊行物 teiki kankobutsu	期刊杂志 qīkānzázhì	periodical
訂正 teisei	订正 dìngzhèng	amend emendation
訂正版 teiseiban	订正版 dìngzhèngbǎn	corrected edition
提要 teiyo	提要 tíyào	abstract summary
天 ten	天头 天边 tiāntóu tiānbiān	top top edge
展示 tenji	展览 zhǎnlǎn	display
展示ホール tenji horu	展览厅 zhǎnlǎntīng	exhibition hall
展示会 tenjikai	陈列 chénliè	exhibition
展示目録 tenji mokuroku	展书目录 zhǎnshūmùlù	book fair catalog
点字図書 tenji tosho	点字图书 diǎnzìtúshū	embossed book
天金 tenkin	天金 金天边 tiānjīn jīntiānbiān	top edge gilt gilt tops
転写 tensha	转录 zhuǎnlù	transcription
鉄筆 teppitsu	铁笔 tiěbǐ	stencil pen
テープ tepu	带 磁带 dài cídài	tape
手漉き紙 tesukigami	手工纸 shǒugōngzhǐ	handmade paper
テスト・パターン tesuto patan	测试码组 cèshìmǎzǔ	test pattern
飛び出す絵本 tobidasu ehon	立体活动图画书 lìtǐhuódòngtúhuàshū	pop-up book
綴じない tojinai	未经订线的 wèijīngdìngxiànde	unstiched unsewn binding

投稿 toko	投稿 tóugǎo	contribution
特別版 tokubetsuban	特別版 tèbiébǎn	special edition
特別号 tokubetsugo	专刊 zhuānkān	special issue extra issue
匿名 tokumei	隐名的 yǐnmíngde	anonymous
止め金 tomegane	书夹子 shūjiāzi	clasp
透明な薄紙 tomeina usugami	薄纸 báozhǐ	silk-paper
透明紙 tomeishi	透明纸 tòumíngzhǐ	transparent paper
東南アジア図書館員会議 tonan ajia toshokan'in kaigi	东南亚图书馆员会议 Dōngnányàtúshūguǎnyuánhuìyì	CONSAL[Conference of Southeast Asian Librarians]
凸版印刷 toppan insatsu	凸版印刷 tūbǎnyìnshuā	anastatic printing relief printing
トラック torakku	图书搬运车 túshūbānyùnchē	book truck
トレーシング・ペーパー toreshingu pepa	描图纸 miáotúzhǐ	tracing paper
トレース toresu	描图模写 miáotúmóxiě	tracing
取消し torikeshi	取消 qǔxiāo	cancel
鳥の子紙 torinokogami	薄小牛皮纸 báoxiǎoniúpízhǐ	vellum paper
登録 toroku	注册 zhùcè 登录 dēnglù	registration enter
登録簿 torokubo	登录簿 dēnglùbù	accession book
トロント大学図書館機械化システム toronto daigaku toshokan kikaika shisutemu	多伦多大学图书馆机械化系统 Duōlúnduōdàxuétúshūguǎnjīxièhuàxìtǒng	UTLAS[University of Toronto Library Automation System]
透写 tosha	描图模写 miáotúmóxiě	tracing

図書 tosho	图书 túshū	book
図書番号 tosho bango	书次号 shūcìhào	accession
図書博物館 tosho hakubutsukan	图书博物馆 túshūbówùguǎn	book museum
図書以外の資料 tosho igai no shiryo	非书资料 fēishūzīliào	nonbook materials
図書館 toshokan	图书馆 túshūguǎn	library
図書館学 toshokangaku	图书馆学 túshūguǎnxué	library science
図書館学課程 toshokangaku katei	图书馆学课程 túshūguǎnxuékèchéng	library courses
図書館学教育 toshokangaku kyoiku	图书馆学教育 túshūguǎnxuéjiàoyù	library science education
図書館行政 toshokan gyosei	图书馆行政 túshūguǎnxíngzhèng	library administration
図書館法 toshokanho	图书馆法 túshūguǎnfǎ	library law
図書館委員会 toshokan iinkai	图书馆委员会 túshūguǎnwěiyuánhuì	library committee library board
図書館員 toshokan'in	图书馆员 túshūguǎnyuán	librarian library official
図書館員教育 toshokan'in kyoiku	图书馆员教育 túshūguǎnyuánjiàoyù	education of librarians
図書館自動化 toshokan jidoka	图书馆自动化 túshūguǎnzìdònghuà	library automation
図書館情報科学促進センター toshokan joho kagaku sokushin senta	图书馆情报学促进中心 túshūguǎnqíngbàoxuécùjìnzhōngxīn	CALIS[Center for the Advancement of Library and Information Science]
図書館科学 toshokan kagaku	图书馆科学 túshūguǎnkēxué	library science
図書館管理 toshokan kanri	图书馆管理 túshūguǎnguǎnlǐ	library management
図書館経営 toshokan keiei	图书馆经营 túshūguǎnjīngyíng	library management

図書館経費 toshokan keihi	图书馆经费 túshūguǎnjīngfèi	library costs
図書館建築 toshokan kenchiku	图书馆建筑 túshūguǎnjiànzhù	library architecture
図書館機械化 toshokan kikaika	图书馆机械化 túshūguǎnjīxièhuà	library mechanization mechanization of library
図書館機械化計画(MIT) toshokan kikaika keikaku	情报传递试验 qíngbàochuándìshìyàn	INTREX[information transfer experiments (of MIT)]
図書館コンピュータ化 toshokan komputaka	图书馆计算机化 túshūguǎnjìsuànjīhuà	library computerization
図書館オートメーション・ネットワーク toshokan otomeshon nettowaku	图书馆自动化网络 túshūguǎnzìdònghuàwǎngluò	library automation network
図書館オートメーション・システム toshokan otomeshon shisutemu	图书馆自动化系统 túshūguǎnzìdònghuàxìtǒng	library automation system
図書館設計 toshokan sekkei	图书馆设计 túshūguǎnshèjì	library planning
図書館設備 toshokan setsubi	图书馆设备 túshūguǎnshèbèi	library fittings
図書館資料 toshokan shiryo	图书馆资料 túshūguǎnzīliào	library materials
図書館間相互貸借 toshokankan sogo taishaku	馆际互借 guǎnjìhùjiè	ILL[inter-library loan]
図書館管理員 toshokan kanriin	图书馆管理员 túshūguǎnguǎnlǐyuán	keeper
図書館運動 toshokan undo	图书馆运动 túshūguǎnyùndòng	library campaign
図書館用語辞典 toshokan yogo jiten	图书馆术语辞典 túshūguǎnshùyǔcídiǎn	dictionary of library terms
図書館予算 toshokan yosan	图书馆预算 túshūguǎnyùsuàn	library budget
図書館蔵書 toshokan zosho	图书馆藏书 túshūguǎncángshū	library holdings
図書館蔵書目録 toshokan zosho mokuroku	图书馆藏书目录 túshūguǎncángshūmùlù	library catalog
図書交換 tosho kokan	图书交换 túshūjiāohuàn	exchange of books
図書目録 tosho mokuroku	图书目录 túshūmùlù	book list

図書挿絵 tosho sashie	图书插图 túshūchātú	book illustration
図書市場 tosho shijo	图书市场 túshūshìchǎng	book market
図書資料 tosho shiryo	图书资料 túshūzīliào	book materials
図書出版業 tosho shuppangyo	图书出版业 túshūchūbǎnyè	publishing business
図書出版量 tosho shuppanryo	图书出版量 túshūchūbǎnliàng	title output
図書展示会 tosho tenjikai	图书展览会 túshūzhǎnlǎnhuì	book exhibition
トータル・システム totaru shisutemu	总系统 zǒngxìtǒng	total system
通風 tsufu	通风 tōngfēng	air duct
束見本 tsukamihon	装订样式 zhuāngdìngyàngshì	dummy; dummy copy
筑波大学オンライン情報サービス tsukuba daigaku onrain joho sabisu	筑波大学联机情报服务 Zhùbōdàxuéliánjīqíngbàofúwù	UTOPIA [University of Tsukuba Online Processing of Information]
通路 tsuro	通道 tōngdào	aisle
艶出しモロッコ革 tsuyadashi morokkogawa	光泽摩洛哥皮革 guāngzémóluògēpígé	crushed morocco

U

受入れ ukeire	登记　登录工作 dēngjì　dēnglùgōngzuò	accession
受入れ番号 ukeire bango	新书编号 xīnshūbiānhào	accession number
受入れ印 ukeire in	登录号码章 dēnglùhàomǎzhāng	accession stamp

受入れ順配置 ukeirejun haichi	按登录顺序排列 àndēnglùshùnxùpáiliè	accession arrangement
受入れ順配架 ukeirejun haika	按登录顺序排架 àndēnglùshùnxùpáijià	shelf arrangement in order of accession number
受入れ順目録 ukeirejun mokuroku	登录顺序目录 dēnglùshùnxùmùlù	accession catalog
受入れ記録 ukeire kiroku	新书采购记录 xīnshūcǎigòujìlù	accession record
運賃 unchin	运费 yùnfèi	carriage
裏表紙 urabyoshi	底封面 dǐfēngmiàn	back cover
裏見返し uramikaeshi	里衬页 lǐchènyè	off end-paper
裏打ち urauchi	衬里　　内裱衬 chènlǐ　nèibiǎochèn	lining
売れ残り本 urenokoribon	廉价出售的处理品 liánjiàchūshòudechǔlǐpǐn	remainder
薄葉紙　ライスペーパー usubagami	通草纸 tōngcǎozhǐ	rice paper
薄紙版　薄葉紙を用いた本、辞書等に多い usugamiban	薄纸版 báozhǐbǎn	thin paper edition

W

ワード・プロセッサ wado purosessa	文字自动处理机 wénzìzìdòngchǔlǐjī	word processor
割引 waribiki	折扣 zhékòu	discount
割り付け waritsuke	版面设计 bǎnmiànshèjì	layout
和紙 washi	日本纸 Rìběnzhǐ	Japanese paper
ワシントン・ライブラリー・ネットワーク washinton raiburari nettowaku	华盛顿图书馆网络 Huáshèngdùntúshūguǎnwǎngluò	WLN[Washington Library Network]

| 和書 washo | 日文书籍 Rìwénshūjí | Japanese book |
| 和綴じ本 watojibon | 线装本 xiànzhuāngběn | double-leaved book |

Y

山羊皮 yagigawa	山羊皮 shānyángpí	goatskin
訳文 yakubun	译文 yìwén	translation
ヤレ紙 無駄紙 yaregami	废印张 fèiyìnzhāng	waste sheet
八ツ折本 yatsuoribon	八开本 bākāiběn	octavo
用語索引 yogo sakuin	语汇索引 yǔhuìsuǒyǐn	concordance
余白 ページの下部の余白 yohaku	地脚　页边　余白 dìjiǎo yèbiān yúbái	tail margin
羊皮紙 yohishi	羊皮纸 yángpízhǐ	parchment
抑制 抑止 yokusei yokushi	抑制 yìzhì	suppression
読みやすい yomiyasui	易读的 yìdúde	legible
四色刷り yonshokuzuri	四色印刷 sìsèyìnshuā	full color process
揺籃期本 yorankibon	古版本 gǔbǎnběn	incunabula early printed books
ヨーロッパ・ドキュメンテーション・センター yoroppa dokyumenteshon senta	欧州文献中心 Ōuzhōuwénxiànzhōngxīn	EDC[European Documentation Center]
ヨーロッパ情報ネットワーク yoroppa joho nettowaku	欧州科技情报网络 Ōuzhōukējìqíngbàowǎngluò	EURONET[European Information Network]

ヨーロッパ科学情報協会 yoroppa kagaku joho kyokai	欧州科学情报传播中心协会 Ōuzhōukēxuéqíngbàochuánbō zhōngxīnxiéhuì	EUSIDIC[European Association of Scientific Information Dissemination Center]
予算 yosan	预算 yùsuàn	budget
洋書 yosho	外文图书 wàiwéntúshū	western books foreign books
洋書目録 yosho mokuroku	西文图书目录 xīwéntúshūmùlù	catalog of foreign books
洋書目録規則 yosho mokuroku kisoku	西文图书编目条例 xīwéntúshūbiānmùtiáolì	cataloging rules for foreign books
四ツ折本 yotsuoribon	四开本 sìkāiběn	quarto
要約 yoyaku	提纲 tígāng	summary
予約 yoyaku	预定 yùdìng	subscribe
予約申込書 yoyaku moshikomisho	预订单 yùdìngdān	subscription form
予約更新 yoyaku koshin	续订 续订期刊 xùdìng xùdìngqīkān	renew a subscription continue a subscription
予約者 yoyakusha	预订者 yùdìngzhě	subscriber
予約図書 yoyaku tosho	预约图书 yùyuētúshū	subscription books reserved books
郵便 yubin	邮政 yóuzhèng	mail
郵便番号 yubin bango	邮区代号 yóuqūdàihào	zip code
郵便料 yubinryo	邮费 yóufèi	postage
郵便料不要 yubinryo fuyo	免收邮费 miǎnshōuyóufèi	post free
ユニオン・カタログ yunion katarogu	联合目录 liánhémùlù	union catalog

Z

財団 zaidan	財団 cáituán	foundation
在庫 zaiko	庫存 kùcún	stock available
在庫品目録 zaikohin mokuroku	藏书目录 cángshūmùlù	stock catalog
雑誌 zasshi	杂志 zázhì	periodical journal magazine
雑誌挟み zasshibasami	杂志夹 zázhìjiā	magazine binder
雑誌閲覧室 zasshi etsuranshitsu	期刊阅览室 qīkānyuèlǎnshì	periodicals room magazine room
雑誌架 zasshika	杂志陈列架 zázhìchénlièjià	magazine display stand magazine rack
雑誌目録 zasshi mokuroku	杂志目录 zázhìmùlù	periodical catalog
雑誌総合目録 zasshi sogo mokuroku	期刊联合目录 qīkānliánhémùlù	union catalog of periodicals
雑文集 zatsubunshu	杂文集 záwénjí	miscellaneous works
全文版 削除個所のない zembumban	未删节本 wèishānjiéběn	unexpurgated edition
全文 zembun	全文 quánwén	full text
全面挿絵 zemmen sashie	全页插图 quányèchātú	full page illustration
善本 zempon	善本 shànběn	scarce rare book mint copy
全国出版物総目録 zenkoku shuppanbutsu somokuroku	全国出版物总目录 quánguóchūbǎnwùzǒngmùlù	Japanese National Bibliography
全国収書整理計画 zenkoku shusho seiri keikaku	全国采购和编目规则 quánguócǎigòuhébiānmùguīzé	NPAC [National Program for Acquisitions and Cataloging]

全国総目録 zenkoku somokuroku	全国总目录 quánguózǒngmùlù	national bibliography
全紙 zenshi	整张纸 zhěngzhāngzhǐ	sheet
全書 zensho	大全 dàquán	corpus
全集 zenshu	全集 quánjí	complete works
絶版 zeppan	绝版 juébǎn	out of print
増補版 zohoban	增补版 zēngbǔbǎn	enlarged edition
増刊号 zokango	增刊 zēngkān	special issue extra issue
増加図書 zoka tosho	增加图书 zēngjiātúshū	accessions additions
蔵書 zosho	藏书 cángshū	collection
蔵書票 zoshohyo	藏书票 cángshūpiào	book plates ex-libris
蔵書印 zoshoin	藏书印 cángshūyìn	ownership stamp ex-libris
蔵書構成 zosho kosei	藏书结构 cángshūjiégòu	collection development
蔵書章 zoshosho	藏书章 cángshūzhāng	ownership seal
蔵書点検 zosho tenken	藏书清查 cángshūqīngchá	inventory
増訂版 zoteiban	增订版 zēngdìngbǎn	enlarged and revised edition
贈呈本 zoteibon	赠书样本 zèngshūyàngběn	presentation copy
図案画 zuanga	图样 túyàng	graphic
図版 zuhan	图版 túbǎn	plate
図表 zuhyo	图表 标 túbiǎo biāo	table of illustrations table

図解 zukai	图解 tújiě	figure
図像 zuzo	图像 túxiàng	icon

日·汉·英 对译的图书馆工作词汇

中国語　編

A

爱称 àichēng	爱称 aisho	ニック・ネーム nikku nemu	nickname
爱书家 àishūjiā	爱書家 aishoka		bibliophile
阿拉伯式图案 Ālābóshìtúàn	アラビア式図案 arabiashiki zuan		arabesque
阿拉伯数字 Ālābóshùzì	アラビア数字 arabia suji		Arabic figures
阿拉伯字体 Ālābózìtǐ	アラビア体 arabia tai		Arabic types
按登录顺序排架 àndēnglùshùnxùpáijià	受入れ順配架 ukeirejun haika		shelf arrangement in order of accession number
按登录顺序排列 àndēnglùshùnxùpáiliè	受入れ順配置 ukeirejun haichi		accession arrangement
安全软片 ānquánruǎnpiàn	安全フィルム 難燃性のフィルム anzen firumu		safety film
暗室 ànshì	暗室 anshitsu		dark-room
按字母顺序排列 ànzìmǔshùnxùpáiliè	アルファベット順配列 arufabettojun hairetsu		alphabetization
凹版腐蚀制版法 āobǎnfǔshízhìbǎnfǎ	アクアチント akuachinto		aquatint
凹版印刷 āobǎnyìnshuā	凹版印刷 ohan insatsu		intaglio printing
澳大利亚全国专著联合目录 Àodàlìyàquánguózhuānzhùliánhémùlù	オーストラリア全国総合目録 osutoraria zenkoku sogo mokuroku		NUCOM[National Union Catalog of Monographs]
澳大利亚书目网络 Àodàlìyàshūmùwǎngluò	オーストラリア国立図書館書誌情報ネットワーク osutoraria kokuritsu toshokan shoshi joho nettowaku		ABN[Australian Bibliographic Network]
澳大利亚文献目录业务理事会 Àodàlìyàwénxiànmùlùyèwùlǐshìhuì	オーストラリア書誌情報源諮問委員会 osutoraria shoshi johogen shimon iinkai		AACOBS[Australian Advisory Council on Bibliographical Service]

凹室式阅览室	アルコープ式排架	alcove system
āoshìshìyuèlǎnshì	arukopushiki haika	
凹凸花纹书边	押し型付き小口 小口装飾模様	gauffered
āotūhuāwénshūbiān	oshigatatsuki koguchi　koguchi soshoku moyo	gauffered edges
凹凸纸	凹凸紙	embossed paper
āotūzhǐ	ototsushi	
凹印	グラビア印刷	photogravure
āoyìn	gurabia insatsu	

B

跋	跋　あとがき　エピローグ	afterword
bá	batsu　atogaki　epirogu	postscript
百科词典	百科事典　百科全書	encyclopedia
bǎikēcídiǎn	hyakka jiten　hyakka zensho	
八开本	八ツ折本　オクタボ	octavo
bākāiběn	yatsuoribon　okutabo	
版	版	edition
bǎn	han	
版本	版本　原文	text edition
bǎnběn	hampon　gembun	
版本目录	版本目録	bibliography of book
bǎnběnmùlù	hampon mokuroku	
半布面装订	背クロス	half cloth
bànbùmiànzhuāngdìng	sekurosu	
版次	版次	number of edition
bǎncì	hanji	issue
版面设计	割り付け	layout
bǎnmiànshèjì	waritsuke	
半摩洛哥皮面装订本	ハーフ・モロッコ本	half morocco binding
bànmóluògēpímiànzhuāngdìngběn	hafu morokkobon	
半年刊	半年刊　半年毎	semi-annual
bànniánkān	hannenkan　hantoshigoto	
半皮精装	背革装	half binding
bànpíjīngzhuāng	segawaso	

半皮面装订 bànpímiànzhuāngdìng	背子牛革 sekoushigawa	half leather
版权 bǎnquán	版権　著作権 hanken　chosakuken	copyright author's rights
版权法 bǎnquánfǎ	著作権法 chosakukenho	law of copyright
版权事项 bǎnquánshìxiàng	コロフォン　奥付 korofon　okuzuke	colophon
版权页 bǎnquányè	版権ページ hanken peji	copyright page
版税 bǎnshuì	印税　著作権使用料 inzei　chosakukenshiyoryo	royalty
斑纹牛皮 bānwénniúpí	まだら子牛皮 madara koushigawa	mottled calf
半小牛皮装订本 bànxiǎoniúpízhuāngdìngběn	背子牛革 sekoushigawa	calf binding
保存 bǎocún	保存 hozon	preservation
保存书库 bǎocúnshūkù	保存書庫 hozon shoko	deposit stack
保存图书 bǎocúntúshū	保存図書 hozon tosho	preservation of books
保存图书馆 bǎocúntúshūguǎn	保存図書館 hozon toshokan	deposit library
报告 bàogào	報告　会報 hokoku　kaiho	report　bulletin
保管 bǎoguǎn	保管　保存 hokan　hozon	preservation
报夹 bàojiā	新聞挟み shimbunbasami	newspaper file
报架 bàojià	新聞架 shimbunka	newspaper rack newspaper file rack
报时业务 bàoshíyèwù	タイム・サービス taimu sabisu	time service
薄小牛皮纸 báoxiǎoniúpízhǐ	ベラム様の紙　鳥の子紙 beramu yo no kami　torinokogami	vellum paper
薄叶纸 báoyèzhǐ	インディアン・ペーパー indian pepa	Indian paper

薄纸 báozhǐ	透明な薄紙 tomeina usugami	silk-paper
报纸 bàozhǐ	新聞 shimbun	newspaper
薄纸版 báozhǐbǎn	薄紙版 薄葉紙を用いた本、辞書等に多い usugamiban	thin paper edition
报纸篇名索引 bàozhǐpiānmíngsuǒyǐn	新聞記事索引 shimbun kiji sakuin	news index
报纸阅览室 bàozhǐyuèlǎnshì	新聞閲覧室 shimbun etsuranshitsu	newsroom newspaper room
报纸阅览台 bàozhǐyuèlǎntái	新聞閲覧台 shimbun etsurandai	newspaper stand
包装纸 bāozhuāngzhǐ	包装紙 hososhi	packing sheet wrapping paper packing paper
跋文 báwén	跋文 あとがき batsubun atogaki	epilogue afterword
备录 bèilù	備考 biko	remark
备忘录 bèiwànglù	覚書 oboegaki	aide-memoire
碑文 bēiwén	碑文 題辞 hibun daiji	epigraph
备用存贮档 bèiyòngcúnzhùdàng	アイテム・ファイル aitemu fairu	item file
边 biān	小口 koguchi	edge
编档案 biāndàng'àn	編集保存 henshu hozon	preservation of archives
编辑 biānjí	編纂 hensan	compilation
编辑者 biānjízhě	編集者 henshusha	editor compiler
便览 biànlǎn	便覧 概論 binran gairon	handbook guide
编目规则 biānmùguīzé	目録規則 mokuroku kisoku	catalog code catalog rules
编目室 biānmùshì	目録室 mokurokushitsu	catalog room

编目条例 biānmùtiáolì	目録法 mokurokuho	cataloging
编目者 biānmùzhě	目録編者 mokuroku henja	cataloguist
变色 biànsè	黄色の染み kiiro no shimi	foxing
边饰 biānshì	巻軸模様 makijiku moyo	cartouche
变体字 biàntǐzì	異文 ibun	variant
编者 biānzhě	編者 henja	compiler editor
编者卡 biānzhěkǎ	編者カード henja kado	editor card
编纂 biānzuǎn	編纂 編集 hensan henshu	compilation
标 biāo	図表 一覧表 zuhyo ichiranhyo	table
表 biǎo	スケジュール sukejuru	schedule
标记 biāojì	マーク ラベル タグ maku raberu tagu	mark label tag
标记卡片 biāojìkǎpiàn	マーク・カード maku kado	mark card
标记卡片阅读器 biāojìkǎpiànyuèdúqì	マーク・カード・リーダー maku kado rida	mark card reader
标目 biāomù	見出し midashi	heading
标题 biāotí	説明書き 見出し タイトル setsumeigaki midashi taitoru	caption heading
标题法 biāotífǎ	標題法 hyodaiho	system of subject headings
标题页 biāotíyè	標題紙 hyodaishi	front-page
标页数的 biāoyèshùde	ページ付けした 丁付けした pejizuke shita chozuke shita	foliated
标引 biāoyǐn	索引 sakuin	indexing

标准 biāozhǔn	スタンダード sutandado	standard
别编页码 biébiānyèmǎ	別建てページ付け betsudate pejizuke	separate pagination
别附插图本 biéfùchātúběn	別冊の挿絵入り本 bessatsu no sashie iri bon	extra illustrated edition
别名 biémíng	別名 betsumei	pseudonym
闭馆 bìguǎn	閉館 heikan	closed period
闭馆日 bìguǎnrì	閉館日 heikanbi	closed period holiday
笔记 bǐjì	エッセイ ノート essei noto	essay note
闭架 bìjià	閉架 heika	not open to public closed shelves
比较图书馆学 bǐjiàotúshūguǎnxué	比較図書館学 hikaku toshokangaku	comparative library science
笔记本 bǐjìběn	ノートブック notobukku	notebook
笔名 bǐmíng	筆名 hitsumei	allonym pen-name pseudonym
博士 bóshì	博士 hakase	doctor
帛书 bóshū	帛書 絹布に書かれた書物 hakusho	inscription on silk fablic
博物学 bówùxué	博物学 hakubutsugaku	natural history
补白图饰 bǔbáitúshì	章末のカット shomatsu no katto	tail piece tail ornament
补编 bǔbiān	付録 補遺 furoku hoi	supplement
补充 bǔchōng	サプリメント sapurimento	supplement
补充目录 bǔchōngmùlù	補充目録 hoju mokuroku	additional catalog
布朗方式 Bùlǎngfāngshì	ブラウン方式 buraun hoshiki	Brown charging system

布朗氏主题分类法 Bùlǎngshìzhǔtífēnlèifǎ	ブラウン氏件名分類法 buraunshi kemmei bunruiho	Brown's subject classification
不列颠博物馆图书馆 Búlièdiānbówùguǎntúshūguǎn	大英博物館図書館 daiei hakubutsukan toshokan	BML[British Museum Library]
不列颠图书馆 Búlièdiāntúshūguǎn	英国図書館 eikoku toshokan	BL[British Library]
不列颠图书馆书目服务部 Búlièdiāntúshūguǎnshūmùfúwùbù	英国図書館書誌サービス部 eikoku toshokan shoshi sabisubu	BLBSD[British Library Bibliographic Service Division]
部门 bùmén	部門 bumon	division
布面装订 bùmiànzhuāngdìng	クロス装丁 kurosu sotei	cloth binding
不同版本 bùtóngbǎnběn	異版　　異版本 ihan　　ihambon	different edition
不完全著录 bùwánquánzhùlù	オープン・エントリー opun entori	free entry

C

采访登记章 cǎifǎngdēngjìzhāng	受入れ登録印 ukeire toroku in	accession stamp
彩色平版术 cǎisèpíngbǎnshù	着色活版 chakushoku kappan	chromolithography
彩色铅印刷 cǎisèqiānyìnshuā	着色鉛印刷術 chakushoku namari insatsujutsu	chromotypography
彩色软片 cǎisèruǎnpiān	カラー・フィルム kara firumu	color film
彩色书边 cǎisèshūbiān	絵小口　　色小口 ekoguchi　irokoguchi	colored edge
彩色套印 cǎisètàoyìn	色刷り irozuri	color process
彩色图片 cǎisètúpiān	カラー・プリント kara purinto	color print
彩色纸 cǎisèzhǐ	黄色の薄紙 kiiro no usugami	tinted paper

căishì

彩饰装帧 căishìzhuāngzhēng	エナメル装丁 enameru sotei	enamel binding
财团 cáituán	財団 zaidan	foundation
藏书 cángshū	蔵書 zosho	collection
藏书家 cángshūjiā	書物収集家 shomotsu shushuka	book collector
藏书结构 cángshūjiégòu	蔵書構成 zosho kosei	collection development
藏书目录 cángshūmùlù	在庫品目録 zaikohin mokuroku	stock catalog
藏书票 cángshūpiào	蔵書票 zoshohyo	book plates ex-libris
藏书清查 cángshūqīngchá	蔵書点検 zosho tenken	inventory
藏书印 cángshūyìn	蔵書印 zoshoin	ownership stamp ex-libris
藏书印记 cángshūyìnjì	エキス・リブリス ekisu riburisu	ex-libris
藏书章 cángshūzhāng	蔵書章　蔵書シール zoshosho　zosho shiru	ownership seal
残疾人服务设施 cánjírénfúwùshèshī	障害者サービス shogaisha sabisu	service for handicapped person
参考 cānkǎo	参照　　参考 sansho　　sanko	reference
参考工具书 cānkǎogōngjùshū	レファレンス・ツール refarensu tsuru	reference tool
参考工作人员 cānkǎogōngzuòrényuán	参考係員 sanko kakariin	reference librarian reference assistant
参考记录 cānkǎojìlù	レファレンス・レコード refarensu rekodo	reference record
参考卡片 cānkǎokǎpiàn	参考カード sanko kado	reference card
参考书 cānkǎoshū	参考図書　レファレンス・ブック sanko tosho refarensu bukku	reference book
参考书目 cānkǎoshūmù	参考図書目録 sanko tosho mokuroku	reference catalog

参考书目录 cānkǎoshūmùlù	参考書目録 sankosho mokuroku	directory catalog
参考书阅览室 cānkǎoshūyuèlǎnshì	レファレンス・ライブラリー refarensu raiburari	reference library
参考书指南 cānkǎoshūzhǐnán	レファレンス・ガイド refarensu gaido	reference guide
参考文献 cānkǎowénxiàn	参考文献 sanko bunken	bibliographical reference
参考资料 cānkǎozīliào	レファレンス・マテリアル refarensu materiaru	reference material
参考咨询服务 cānkǎozīxúnfúwù	レファレンス・サービス refarensu sabisu	reference service
参考咨询工作 cānkǎozīxúngōngzuò	レファレンス・ワーク refarensu waku	reference work
参照 cānzhào	レファレンス refarensu	reference
草案初稿 cǎo'ànchūgǎo	初稿 shoko	first draft
草稿 cǎogǎo	草稿 soko	draft
操作 cāozuò	オペレーション opereshon	operation
操作系统 cāozuòxìtǒng	オペレーション・システム opereshon shisutemu	operation system
册 cè	冊 satsu	copy volume
测试码组 cèshìmǎzǔ	テスト・パターン tesuto patan	test pattern
册子 cèzi	冊子 sasshi	book form
唱机 chàngjī	レコード・プレヤー rekodo pureya	record player
长期畅销书 chángqīchàngxiāoshū	ロング・セラー rongu sera	long seller
长期借阅 chángqījièyuè	長期貸出 choki kashidashi	deposit permanent loan
长条校样 chángtiáojiàoyàng	棒組み校正刷り bogumi koseizuri	slip-proof

畅销书 chàngxiāoshū	ベスト・セラー besuto sera	best seller
抄录室 chāolùshì	写字室 shajishitsu	scriptorium
超缩微品 chāosuōwēipǐn	微細画 bisaiga	miniature
插入 chārù	差込み sashikomi	insertion
查索 chásuǒ	アクセス akusesu	access
查索时间 chásuǒshíjiān	アクセス・タイム akusesu taimu	access time
插图 chātú	挿絵　図版 sashie　zuhan	illustration plate
插图本 chātúběn	挿絵入り本 sashie iri bon	illustrated edition
插图作者 chātúzuòzhě	挿絵画家 sashie gaka	illustrator
插页地图 chāyèdìtú	差込みの地図 sashikomi no chizu	inset map additional map
查阅 cháyuè	参照 sansho	reference
成本 chéngběn	原価　コスト genka　kosuto	cost
呈交样书 chéngjiāoyàngshū	納本 nohon	deposit copy
成批处理 chéngpīchǔlǐ	バッチ処理 batchi shori	batch processing
成人读物 chéngréndúwù	成人用図書 seijin yo tosho	adult books
程序 chéngxù	ルーチン　プログラム ruchin　puroguramu	routine program
程序设计 chéngxùshèjì	プログラミング puroguramingu	programming
程序设计员 chéngxùshèjìyuán	プログラマー purogurama	programmer
成语词典 chéngyǔcídiǎn	熟語辞典 jukugo jiten	dictionary of idioms

陈旧 chénjiù	傷んだ　古い itanda　furui	worn
陈列 chénliè	展示　陳列　展示会 tenji　chinretsu　tenjikai	display　exhibition
衬里 chènlǐ	裏打ち urauchi	lining
衬页 chènyè	見返し　遊び紙 mikaeshi　asobigami	end paper　fly-leaf
衬纸 chènzhǐ	間紙 図版等の前に入れる保護紙　ライス・ペーパー aigami	guard-sheet guard slip
撤消图书 chèxiāotúshū	除籍図書 joseki tosho	withdrawal book
重本 chóngběn	副本 fukuhon	extra copy additional copy
虫孔 chóngkǒng	虫食いのあと mushikui no ato	wormed
重印 chóngyìn	再版 saihan	reprint　reissue
重装书脊 chóngzhuāngshūjǐ	修理した背 shuri shita se	rebacked
虫蛀本 chóngzhùběn	虫食い本 mushikuibon	wormed
抽印本 chōuyìnběn	抜き刷り nukizuri	offprint
创刊号 chuàngkānhào	創刊号 sokango	the first number (of)
穿孔卡片 chuānkǒngkǎpiàn	パンチ・カード panchi kado	punch card
穿孔器 chuānkǒngqì	穿孔器　穴あけ器 senkoki　anaakeki	drill　punch
传说 chuánshuō	伝説　小説　物語 densetsu　shosetsu　monogatari	legend　fiction tale
传真 chuánzhēn	ファックス fakkusu	fax
初版 chūbǎn	初版 shohan	first edition
出版 chūbǎn	出版　発行 shuppan　hakko	publication　issue

出版地不明 chūbǎndìbùmíng	出版地不詳 shuppanchi fusho	no place
出版地点 chūbǎndìdiǎn	出版地 shuppanchi	place of publication
出版年 chūbǎnnián	出版年 shuppannen	imprint date
出版日期 chūbǎnrìqī	出版日 shuppambi	date of publication
出版社 chūbǎnshè	出版社 shuppansha	publisher
出版社的读者 chūbǎnshèdedúzhě	愛読者 aidokusha	publisher's reader
出版社目录 chūbǎnshèmùlù	出版社目録 shuppansha mokuroku	publisher's catalog
出版事项 chūbǎnshìxiàng	出版事項　奥付 shuppan jiko　okuzuke	imprint　colophone
出版事项不明 chūbǎnshìxiàngbùmíng	出版事項不詳 shuppan jiko fusho	no imprint
出版物国际共享 chūbǎnwùguójìgòngxiǎng	出版物万国共有利用(IFLA) shuppambutsu bankoku kyoyu riyo	UAP[Universal Availability of Publications] (of IFLA)
出版物交换 chūbǎnwùjiāohuàn	出版物交換 shuppambutsu kokan	exchange of publication
出版证 chūbǎnzhèng	出版許可　印刷許可 shuppan kyoka　insatsu kyoka	imprimatur
初稿 chūgǎo	初稿 shoko	first copy
初校 chūjiào	初校 shoko	first proof
初校样 chūjiàoyàng	初校刷り shokozuri	reader's proof first proof
出借图书馆 chūjiètúshūguǎn	貸出文庫 kashidashi bunko	lending library
出口 chūkǒu	出口 deguchi	exit
出纳台 chūnàtái	出納台 suitodai	counter
纯文学 chúnwénxué	純文学 jumbungaku	belles lettres

磁带 cídài	テープ tepu	磁気テープ jiki tepu	tape magnetic tape
辞典 cídiǎn	辞書 jisho	辞典 jiten	lexicon　dictionary
词典 cídiǎn	辞典 jiten		dictionary
词典编纂法 cídiǎnbiānzuǎnfǎ	辞書編集 jisho henshu		lexicography
词典式目录 cídiǎnshìmùlù	辞書式目録 jishoshiki mokuroku		dictionary catalog
词典式索引 cídiǎnshìsuǒyǐn	辞書式索引 jishoshiki sakuin		dictionary index
磁盘 cípán	ディスク disuku		disk
刺绣装订 cìxiùzhuāngdìng	刺繍装丁 shishu sotei		embroidered binding
丛书 cóngshū	叢書 sosho		series
丛书名 cóngshūmíng	叢書名 soshomei		series title
丛书目录 cóngshūmùlù	叢書目録 sosho mokuroku		series catalog
粗订 cūdìng	仮とじ karitoji	かがり kagari	stitching　sewed sewing
粗面皮革 cūmiànpígé	粒起皮　製本用革の一種、シャグリーン ryukigawa		shagreen
存储容量 cúnchǔróngliàng	記憶容量 kioku yoryo		storage capacity
存取 cúnqǔ	アクセス akusesu		access
存取方式 cúnqǔfāngshì	アクセスモード akusesu modo		access mode
存取控制 cúnqǔkòngzhì	アクセス制御 akusesu seigyo		access control
存取速度 cúnqǔsùdù	アクセス・スピード akusesu supido		access speed
存贮 cúnzhù	記憶 kioku	情報貯蔵 joho chozo	storage

存贮媒体 cúnzhùméitǐ	記憶媒体 kioku baitai	storage medium
粗体字 cūtǐzì	ゴシック字体 goshikku jitai	Gothic type
粗体字的 cūtǐzìde	ゴシック字体の goshikku jitai no	Gothic

D

大阪大学图书馆情报机械化系统 Dàbǎndàxuétúshūguǎnqíngbàojī xièhuàxìtǒng	大阪大学図書館情報機械化システム Osaka daigaku toshokan joho kikaika shisutemu	LICS[Library Information Control System]
大会 dàhuì	会議　大会 kaigi　taikai	convention
带 dài	テープ tepu	tape
代理人 dàilǐrén	代理人 dairinin	agent
代书板 dàishūbǎn	代本板 daihonban	thickness copy dummy
大括弧 dàkuòhú	括弧 kakko	brace
大理石花纹 dàlǐshíhuāwén	マーブル maburu	marbling
大理石花纹书边 dàlǐshíhuāwénshūbiān	マーブル小口 maburu koguchi	marbled edge
大理石花纹纸 dàlǐshíhuāwénzhǐ	マーブル紙 maburushi	marbled paper
档案 dàng'àn	文書　ファイル　書類 monjo　fairu　shorui	file　document(-s)
档案馆 dàng'ānguǎn	公文書館　文書館 kobunshokan　monjokan	archives
挡书板 dǎngshūbǎn	ブック・サポート bukku sapoto	book support

单价 dānjià	単価 tanka	unit price price per unit
单面书架 dānmiànshūjià	片面書架 katamen shoka	single-faced book stack
单面印刷 dānmiànyìnshuā	片面刷り katamenzuri	broadside
单面印刷品 dānmiànyìnshuāpǐn	一枚刷り ichimaizuri	broadsheet
单人研究室 dānrényánjiūshì	キャレル kyareru	carrel
单行本 dānxíngběn	単行本 tankobon	book
导片 dǎopiàn	マスター・カード masuta kado	master card
到期未还的书 dàoqīwèihuándeshū	延滞図書 entai tosho	overdue book
大全 dàquán	全書 zensho	corpus
大网 dàwǎng	シラバス 摘要 shirabasu tekiyo	syllabus
大写字母 dàxiězìmǔ	大文字 omoji	capital capital letter
大型本 dàxíngběn	大判紙版 obanshiban	large paper edition
大型图书 dàxíngtúshū	大型本 ogatabon	large book
大型印本 dàxíngyìnběn	大型印刷本 ogata insatsubon	large print edition
大学出版物 dàxuéchūbǎnwù	大学出版物 daigaku shuppambutsu	college publication
大学书店 dàxuéshūdiàn	大学書店 daigaku shoten	college bookshop
大学图书馆 dàxuétúshūguǎn	大学図書館 daigaku toshokan	college library university library
大英百科全书 dàyīngbǎikēquánshū	大英百科辞典 daiei hyakkajiten	EB[Encyclopedia Britannica]
大张纸 dàzhāngzhǐ	大判紙 obanshi	large paper

打字机	タイプライター	typewriter
dǎzìjī	taipuraita	
打字员	タイピスト	typist
dǎzìyuán	taipisuto	
登广告	宣伝する	advertise
dēngguǎnggào	senden suru	
登记	受入れ	accession
dēngjì	ukeire	
登录	登録　　登録する	registration
dēnglù	toroku　　toroku suru	enter
登录簿	登録簿	accession book
dēnglùbù	torokubo	
登录工作	受入れ作業	acquisition
dēnglùgōngzuò	ukeire sagyo	accession
登录号码章	受入れ印	accession stamp
dēnglùhàomǎzhāng	ukeire in	
登录顺序目录	受入れ順目録	accession catalog
dēnglùshùnxùmùlù	ukeirejun mokuroku	
电报	電報	cable
diànbào	dempo	
电视录象	ビデオ	video
diànshìlùxiàng	bideo	
电视网	ネットワーク	network
diànshìwǎng	nettowaku	
电梯	エレベーター　エスカレーター	elevator
diàntī	erebeta　　esukareta	
电影	映画	motion pictures
diànyǐng	eiga	movie
电影胶卷	映画フィルム	film
diànyǐngjiāojuǎn	eiga firumu	
电影片目录	映画フィルム目録	film catalog
diànyǐngpiānmùlù	eiga firumu mokuroku	
电子编辑机系统	電子編集システム	electronic publishing system
diànzǐbiānjíjīxìtǒng	denshi henshu sisutemu	
电子情报处理装置	電子データ処理	EDPS[electronic data processing system]
diànzǐqíngbàochǔlǐzhuāngzhì	denshi deta shori	
点字图书	点字図書	embossed book
diǎnzìtúshū	tenji tosho	

电子图书馆 diànzǐtúshūguǎn	電子図書館 denshi toshokan	electronic library
电子邮政 diànzǐyóuzhèng	電子メール denshi meru	electronic mail
电子邮政网络 diànzǐyóuzhèngwǎngluò	電子メール・ネットワーク denshi meru nettowaku	electronic mail network
雕版的初印稿 diāobǎndechūyìngǎo	版画の試し刷り hanga no tameshizuri	artist's proof
雕版印刷古籍版本类型 diāobǎnyìnshuāgǔjíbǎnběnlèixíng	木版印刷古籍本 mokuhan insatsu kosekibon	editions of block printed books
雕版印刷文献 diāobǎnyìnshuāwénxiàn	木版印刷文献 mokuhan insatsu bunken	block printed document
雕刻 diāokè	彫刻 chokoku	engraving
雕刻师 diāokèshī	彫刻師 chokokushi	engraver
雕刻铜版法 diāokètóngbǎnfǎ	メゾチント 金属板による特殊凹版 mezochinto	mezzotint
雕刻铜版书名页 diāokètóngbǎnshūmíngyè	銅版刷り標題紙 dobanzuri hyodaishi	engraved title
底封面 dǐfēngmiàn	裏表紙 urabyoshi	back cover
地方消息 dìfāngxiāoxi	ローカル・ニュース rokaru nyusu	local news
地脚 dìjiǎo	余白 ページの下部の余白 yohaku	tail margin
地名 dìmíng	地名 chimei	place name
地名词典 dìmíngcídiǎn	地名辞典 chimei jiten	geographical dictionary
地名目录 dìmíngmùlù	地名目録 chimei mokuroku	geographical catalog
地名索引 dìmíngsuǒyǐn	地名索引 chimei sakuin	place name index
订单 dìngdān	注文 chumon	order
定价 dìngjià	価格　値段 kakaku　nedan	price

定价表 dìngjiàbiǎo	定価表 teikahyo	price list
定题情报提供 dìngtíqíngbàotígōng	カレント・アウェアネス karento aueanesu	current awareness
订正 dìngzhèng	訂正 teisei	amend emendation
订正版 dìngzhèngbǎn	訂正版 teiseiban	corrected edition
底片 dǐpiàn	マスター・フィルム masuta firumu	master film
地图 dìtú	地図 chizu	map
地图集 dìtújí	地図帳 chizucho	atlas
丢失图书 diūshītúshū	遺失図書 ishitsutosho	lost books
第一次印刷 dìyīcìyìnshuā	初刷り shozuri	first impression
地域区分 dìyùqūfēn	地域区分 chiiki kubun	place division
地址 dìzhǐ	アドレス adoresu	address
地址错误 dìzhǐcuòwù	アドレス・エラー adoresu era	address error
地址代码 dìzhǐdàimǎ	アドレス・コード adoresu kodo	address code
地址信息 dìzhǐxìnxī	アドレス・インフォメーション adoresu infomeshon	address information
动画片 dònghuàpiàn	アニメーション animeshon	animation
东南亚图书馆员会议 Dōngnányàtúshūguǎnyuánhuìyì	東南アジア図書館員会議 tonan ajia toshokan'in kaigi	CONSAL[Conference of Southeast Asian Librarians]
动物志 dòngwùzhì	動物誌 dobutsushi	fauna
段 duàn	欄 ran	column paragraph
段落 duànluò	段落　節 danraku　setsu	paragraph

短文集 duǎnwénjí	スケッチ・ブック suketchi bukku	sketch book
读本 dúběn	読本 dokuhon	reading book
对开版 duìkāibǎn	フォリオ判 二ツ折判 forioban	folio edition
对开纸 duìkāizhǐ	フォリオ forio	folio
对折 duìzhé	折り本 orihon	folding book
独立书架 dúlìshūjià	独立書架 dokuritsu shoka	floor stack
多国语辞典 duōguóyǔcídiǎn	多国語辞書 三ヶ国語以上 takokugo jisho	polyglot dictionary
多国语言对照书 duōguóyǔyánduìzhàoshū	多国語対訳図書 takokugo taiyaku tosho	polyglot
多伦多大学图书馆机械化系统 Duōlúnduōdàxuétúshūguǎnjīxiè huàxìtǒng	トロント大学図書館機械化 システム toronto daigaku toshokan kikaika shisutemu	UTLAS[University of Toronto Library Automation System]
杜威十进分类法 Dùwēishíjìnfēnlèifǎ	デューイ十進分類法 dui jusshin bunruiho	DDC[Dewey Decimal Classification]
蠹鱼 dùyú	紙魚 shimi	bookworm book-louse
读者 dúzhě	読者 閲覧者 dokusha etsuransha	reader
读者登记 dúzhědēngjì	入館記録 nyukan kiroku	admission record
读者教育 dúzhějiàoyù	読者教育 dokusha kyoiku	library user education
读者目录 dúzhěmùlù	閲覧者用目録 etsuranshayo mokuroku	public catalog

E

二次文献 èrcìwénxiàn	二次文献 niji bunken	secondary literature
二校 èrjiào	再校 saiko	revised proof revise
儿童图书馆 értóngtúshūguǎn	児童図書館 jido toshokan	children's library

F

法律图书馆 fǎlùtúshūguǎn	法律図書館 horitsu toshokan	law library
防尘护封 fángchénhùfēng	ジャケット jaketto	dust wrapper
放大 fàngdà	拡大 kakudai	enlarge
放大镜 fàngdàjìng	拡大鏡 kakudaikyo	reading glass
防盗开架式 fángdàokāijiàshì	安全開架式 anzen kaikashiki	safe guarded open access system
方脊 fāngjǐ	角背 kakuze	flat back
方型书 fāngxíngshū	正方形 seihokei	square
仿真本 fǎngzhēnběn	原形複写版 genkei fukushaban	diplomatic edition
翻译 fānyì	翻訳 hon'yaku	translation
反义词 fǎnyìcí	反対語 hantaigo	adversative
反义词词典 fǎnyìcícídiǎn	反意語辞典 han'igo jiten	dictionary of antonyms

翻译机 fānyìjī	機械翻訳 kikai hon'yaku	machine translation
翻印 fānyìn	ダビング dabingu	dubbing
发行 fāxíng	発行 hakko	publish
非法翻印版 fēifǎfānyìnbǎn	海賊版 kaizokuban	pirated edition
废稿 fèigǎo	廃稿 haiko	dead copy
非卖品 fēimàipǐn	非売品 hibaihin	not for sale
非书资料 fēishūzīliào	図書以外の資料 tosho igai no shiryo	nonbook materials
非线装订 fēixiànzhuāngdìng	綴じていない装丁 tojiteinai sotei	unsewn binding
扉页 fēiyè	タイトル・ページ taitoru peji	title page
废印张 fèiyìnzhāng	ヤレ紙 無駄紙 yaregami	waste sheet
废纸 fèizhǐ	反古紙 損紙 hogoshi sonshi	spoilage
粉笔画 fěnbǐhuà	チョーク画 chokuga	chalk drawing
分册 fēncè	分冊 bunsatsu	in parts　part
封蜡 fēnglà	封印 印章 fuin insho	seal
讽刺 fěngcì	風刺文 fushibun	lampoon
讽刺画 fěngcìhuà	風刺画 fushiga	caricature
封面 fēngmiàn	表紙 表表紙 hyoshi omotebyoshi	cover　front cover
封面和封底 fēngmiànhéfēngdǐ	両面 ryomen	recto and verso
封面纸套 fēngmiànzhǐtào	ジャケット jaketto	dust cover　jacket

封套 fēngtào	包み紙 tsutsumigami	封筒 futo	envelope
分馆 fēnguǎn	分館 bunkan		branch library
分馆馆长 fēnguǎnguǎnzhǎng	分館長 bunkancho		branch librarian
缝线棱 féngxiànléng	レーズト・バンド rezuto bando	背革装丁本の背にできる盛りあがり	raised bands
封印 fēngyìn	封印 fuin	印 in	seal
分类 fēnlèi	分類 bunrui		classification
分类表 fēnlèibiǎo	分類表 bunruihyo		classification table table of classification
分类标记 fēnlèibiāojì	分類標記 bunrui hyoki		notation of class
分类标题 fēnlèibiāotí	分類標題 bunrui hyodai		class heading
分类符号 fēnlèifúhào	分類コード bunrui kodo		class code
分类规则 fēnlèiguīzé	分類規則 bunrui kisoku		classification code
分类卡 fēnlèikǎ	分類カード bunrui kado		classification card
分类目录 fēnlèimùlù	分類目録 bunrui mokuroku		class list classed catalog
分类排架 fēnlèipáijià	分類配架 bunrui haika		classified arrangement
分类器 fēnlèiqì	区分器 kubunki	分類器 bunruiki	sorter
分类帐 fēnlèizhàng	分類帳 bunruicho		ledger
分析索引 fēnxīsuǒyǐn	分析索引 bunseki sakuin		analytical index
分页校印 fēnyèjiàoyìn	棒組み校正刷り bogumi koseizuri	棒ゲラ bogera	proof in slips
复本 fùběn	副本 fukuhon	写し utsushi	duplicate copy copy

副馆长 fùguǎnzhǎng	副館長 fukukancho	vice director
符号图表 fúhàotúbiǎo	マーク・シート maku shito	mark sheet
符号图表阅读器 fúhàotúbiǎoyuèdúqì	マーク・シート・リーダー maku shito rida	mark sheet reader
复刻 fùkè	復刻 fukkoku	reproduction reprint
复刻本 fùkèběn	復刻本 fukkokubon	facsimile book reprint edition
副书名 fùshūmíng	副書名 fukushomei	subtitle
服务 fúwù	奉仕 代理人 サービス hoshi dairinin sabisu	agent service
服务点 fúwùdiǎn	アクセス・ポイント akusesu pointo	access point
服务区域 fúwùqūyù	サービス・エリア sabisu eria	service area
服务网 fúwùwǎng	サービス・ネットワーク sabisu nettowaku	service network
服务系统 fúwùxìtǒng	サービス・システム sabisu shisutemu	service system
服务中心 fúwùzhōngxīn	サービス・センター sabisu senta	service center
复写 fùxiě	コピー kopi	copy
复写纸 fùxiězhǐ	カーボン紙 kabonshi	carbon paper
复制 fùzhì	複製 影写本 コピー fukusei eishabon kopi	facsimile reproduction reproduction
复制卡 fùzhìkǎ	コピー・カード kopi kado	copy card
复制卡片 fùzhìkǎpiàn	カード複写 kado fukusha	duplication of catalog cards
复制权 fùzhìquán	複製権 fukuseiken	right of reproduction
附注 fùzhù	注 注釈 chu chushaku	explanatory note notes

G

改编 gǎibiān	改作 kaisaku	adaptation
概不退换 gàibútuìhuàn	返送権のない hensoken no nai	with all faults
改订版 gǎidìngbǎn	改訂版 kaiteiban	revised edition
改名 gǎimíng	改名 kaimei	changed title
概要 gàiyào	アウトライン autorain	outline
钢版印刷 gāngbǎnyìnshuā	鋼版画 kohanga	steel engraving
刚出版的书 gāngchūbǎndeshū	最新刊 saishinkan	just published just issued
钢丝装订 gāngsīzhuāngdìng	針金綴じ hariganetoji	wire stitching side stitching
干式平板 gānshìpíngbǎn	乾式平板 kanshiki heiban	dry lithography
高度 gāodù	高さ takasa	height
歌剧 gējù	歌劇 kageki	lyric drama opera
歌剧脚本 gējùjiǎoběn	歌劇台本 kageki daihon	libretto
格拉新纸 géláxīnzhǐ	油紙 aburagami	oiled paper
更改书名 gēnggǎishūmíng	改題 kaidai	changed title
更新 gēngxīn	更新 koshin	renew
个人版 gèrénbǎn	私家版 shikaban	privately printed
个人藏书 gèréncángshū	個人蔵書 kojin zosho	private collection

个人计算机 gèrénjìsuànjī	パソコン pasokon	personal computer
个人研究阅览席 gèrényánjiūyuèlǎnxí	キャレル kyareru	carrel
格式 géshì	寸法 判型 sumpo hankei	format
格言 géyán	格言 モットー kakugen motto	motto
歌谣集 gēyáojí	歌謡集 kayoshu	song book
隔月刊 géyuèkān	隔月刊 kakugekkan	bimonthly
公共图书馆 gōnggòngtúshūguǎn	公共図書館 kokyo toshokan	public library
公立图书馆 gōnglìtúshūguǎn	公立図書館 koritsu toshokan	public library
公文 gōngwén	公文書 kobunsho	documents public documents
公众传播手段 gōngzhòngchuánbōshǒuduàn	マス・メディア masu media	mass media
公众通信 gōngzhòngtōngxìn	マス・コミュニケーション masu komyunikeshon	mass comunication
工作时间 gōngzuòshíjiān	労働時間 rodo jikan	working hour
工作条件 gōngzuòtiáojiàn	労働条件 rodo joken	working condition
购入的图书 gòurùdetúshū	購入図書 konyu tosho	purchased book
馆报 guǎnbào	館報 kampo	library bulletin
光标 guāngbiāo	カーソル kasoru	cursor
光碟系统 guāngdiéxìtǒng	シー・ディー・ロム CD-Rom shidiromu	compact disc read only memory
广告 guǎnggào	広告 宣伝 広報 kokoku senden koho	advertising advertisement
广告公司 guǎnggàogōngsī	広告会社 kokokugaisha	advertising agency

广告杂志 guǎnggàozázhì	商業雑誌 shogyo zasshi	advertising journal
光学字符阅读器 guāngxuézìfúyuèdúqì	光学文字読取装置 kogaku moji yomitori sochi	OCR[optical character reader]
光泽摩洛哥皮革 guāngzémóluògēpígé	艶出しモロッコ革 tsuyadashi morokkogawa	crushed morocco
馆际互借 guǎnjìhùjiè	図書館間相互貸借 toshokankan sogo taishaku	ILL[inter-library loan]
馆际协调采购 guǎnjìxiétiáocǎigòu	分担収集 buntan shushu	cooperative acquisition
管理员 guǎnlǐyuán	係員 kakariin	staff
惯用语词典 guànyòngyǔcídiǎn	慣用語辞典 kan'yogo jiten	dictionary of usage
馆员再教育 guǎnyuánzàijiàoyù	館員再教育 kan'in saikyoiku	professional education professional training
馆长 guǎnzhǎng	館長 kancho	director chief librarian
挂图 guàtú	揭示 keiji	placard
古版本 gǔbǎnběn	インキュナブラ　揺籃期本 inkyunabura　yorankibon	incunabula incunabulum early printed books
古版本学 gǔbǎnběnxué	古版本学 kohanbongaku	incunabulogy
古本 gǔběn	古本　古籍 furuhon　koseki	old book
古本手卷 gǔběnshǒujuàn	パピルス巻子本 papirusu kansubon	papyrus scroll
古代活版术 gǔdàihuóbǎnshù	古代印刷術 kodai insatsujutsu	palaeotypography
古代经典手稿本 gǔdàijīngdiǎnshǒugǎoběn	古写本 koshahon	codex
古典文学 gǔdiǎnwénxué	古典文学 koten bungaku	classics
固定书架 gùdìngshūjià	固定書架 kotei shoka	fixed shelves fixed shelving
古地图 gǔdìtú	古地図 kochizu	old map

归档 guīdàng	記録 kiroku　文書 monjo	archive record
规则 guīzé	規則 kisoku	regulation
估计 gūjì	鑑定 kantei　評価 hyoka	estimate
古籍 gǔjí	古籍 koseki　古書 kosho　古書籍 koshoseki	antiquarian book old book　rare book
国会报告书 guóhuìbàogàoshū	議会報告書 gikai hokokusho	Congress Report
国家图书馆 guójiātúshūguǎn	国立図書館 kokuritsu toshokan	national library
国际编目原则会议 guójìbiānmùyuánzéhuìyì	国際目録原則会議 kokusai mokuroku gensoku kaigi	ICCP[International Conference on Cataloging Principles]
国际标准工作研究情报系统 guójìbiāozhǔngōngzuòyánjiū qíngbàoxìtǒng	ドキュメンテーション調査研究国際情報システム(ユネスコ) dokyumenteshon chosa kenkyu kokusai joho shisutemu	ISORID[International Information System on Research in Documentation Unesco]
国际标准化组织 guójìbiāozhǔnhuàzǔzhī	国際標準化機構 kokusai hyojunka kiko	ISO[International Standardization Organization]
国际标准联续出版物编号 guójìbiāozhǔnliánxùchūbǎnwù biānhào	国際標準逐次刊行物番号 kokusai hyojun chikuji kankobutsu bango	ISSN [International Standard Serial Number]
国际标准书号 guójìbiāozhǔnshūhào	国際標準図書番号 kokusai hyojun tosho bango	ISBN [International Standard Book Number]
国际标准图书代号 guójìbiāozhǔntúshūdàihào	国際標準図書コード kokusai hyojun tosho kodo	USBC[Universal Standard Book Code]
国际少年儿童读物委员会 guójìshàoniánértóngdúwùwěiyuánhuì	国際児童図書評議会 kokusai jido tosho hyogikai	IBBY[International Board on Books for Young People]
国际社会科学文献委员会 guójìshèhuìkēxuéwénxiànwěiyuánhuì	国際博物館協会 kokusai hakubutsukan kyokai	ICOM[International Council of Museums]
国际十进分类法 guójìshíjìnfēnlèifǎ	国際十進分類法 kokusai jusshin bunruiho	Brussels System Universal Decimal Classification
国际图书馆协会联合会 guójìtúshūguǎnxiéhuìliánhéhuì	国際図書館協会連盟 kokusai toshokan kyokai remmei	IFLA[International Federation of Library Associations and Institutions]
国际医学情报中心 guójìyīxuéqíngbàozhōngxīn	国際医学情報センター kokusai igaku joho senta	IMIC[International Medical Information Center]

国际语 guójìyǔ	国際語 kokusaigo	interlingua
国际专利文献中心 guójìzhuānlìwénxiànzhōngxīn	国際特許情報センター kokusai tokkyo joho senta	INPADOC[International Patent Documentation Center]
过期 guòqī	延滞 entai	overdue
故事 gùshi	物語　故事　伝承 monogatari　koji　densho	story tale tradition
古书 gǔshū	古書 kosho	used book old book second-hand book
古书店 gǔshūdiàn	古書店　古書業者 koshoten　kosho gyosha	second-hand bookshop antiquarian bookshop
古书目录 gǔshūmùlù	古書目録 kosho mokuroku	second-hand book catalog old book catalog
古文书学 gǔwénshūxué	古文書学 komonjogaku	palaeography diplomatic

H

海盗版 hǎidàobǎn	海賊版 kaizokuban	pirated edition
海图 hǎitú	海図 kaizu	nautical map nautical chart
海外版 hǎiwàibǎn	海外版 kaigaiban	overseas edition
行 háng	行 gyo	line
航海图 hánghǎitú	航海図 kokaizu	navigational chart sea chart
航空版 hángkōngbǎn	航空版　空輸版 kokuban　kuyuban	air edition
航空货物证书 hángkōnghuòwùzhèngshū	航空貨物証書 koku kamotsu shosho	airway bill
航空邮件 hángkōngyóujiàn	航空便 kokubin	airmail

汉字 hànzì	漢字 kanji	Chinese ideograph
汉字情报检索 hànzìqíngbàojiǎnsuǒ	漢字情報検索 kanji joho kensaku	Chinese characters information retrieval
豪华版 háohuábǎn	豪華版 gokaban	edition de luxe
号外 hàowài	号外 gogai	extra edition
合编者 hébiānzhě	共編者 kyohensha	joint editor
合并 hébìng	折り畳み oritatami	fold
黑体字 hēitǐzì	ゴシック字体 goshikku jitai	full face black letter Gothic type
盒式磁带 héshìcídài	カセット・テープ kasetto tepu	cassette tape
盒式磁带录音机 héshìcídàilùyīnjī	カセット・テープ・レコーダー kasetto tepu rekoda	cassette tape recorder
合著者 hézhùzhě	共著者 kyochosha	joint author
红色印刷 hóngsèyìnshuā	赤色印刷 古版本の赤文字印刷 akairo insatsu	rubric
红字 hóngzì	朱書き 朱刷り shugaki shuzuri	rubric
厚光纸 hòuguāngzhǐ	アイボリー紙 aiborishi	ivory sides ivory board
后记 hòujì	あとがき 跋 後記 atogaki batsu koki	epilogue afterword
厚纸装订 hòuzhǐzhuāngdìng	板紙製本 itagami seihon	bound in boards
花边 huābiān	飾りわく kazari waku	border
花边围框 huābiānwéikuàng	レース模様 resu moyo	lace-work border
幻灯片 huàndēngpiān	スライド suraido	slide
还书期限条 huánshūqīxiàntiáo	返却期日票 henkyaku kijitsuhyo	date label date slip

还书日期记录 huánshūrìqījìlù	タイム・レコード taimu rekodo	time record
换位 huànwèi	置き換え okikae	transposition
换向时间 huànxiàngshíjiān	ターン・アラウンド・タイム tan araundo taimu	turn around time
华盛顿图书馆网络 Huáshèngdùntúshūguǎnwǎngluò	ワシントン・ライブラリー・ネットワーク washinton raiburari nettowaku	WLN[Washington Library Network]
花饰加工 huāshìjiāgōng	レース模様 resu moyo	lace-work tooling
画帖 huàtiě	画集 gashu	picture book
划线轮 huàxiànlún	型押しルーレット 装丁用 kataoshiruretto	roll-stamp
花押字 huāyāzì	組み合わせ文字 kumiawase moji	monogram
护封 hùfēng	ブック・ジャケット bukku jaketto	book jacket
互换性 hùhuànxìng	互換性 gokansei	compatibility
回答时间 huídáshíjiān	応答時間 oto jikan	response time
绘饰书口 huìshìshūkǒu	絵飾り小口 ekazari koguchi	colored edges
绘图 huìtú	素描 sobyo	drawing
绘图封面 huìtúfēngmiàn	絵表紙 ebyoshi	illustrated cover pictorial cover
绘图纸 huìtúzhǐ	画紙 gashi	drawing paper
会议 huìyì	会議 コンベンション kaigi kombenshon	conference convention congress
会议录 huìyìlù	議事録 gijiroku	proceedings minutes
互借 hùjiè	相互貸借 sogo taishaku	interlibrary loan
活版印刷 huóbǎnyìnshuā	活版印刷 kappan insatsu	letterpress typographical printing

活动式书架 huódòngshìshūjià	可動式書棚 kadoshiki shodana	adjustable shelves
活动书架 huódòngshūjià	移動書架 ido shoka	compact stack movable shelves
活字 huózì	活字　　　印刷活字 katsuji　insatsu katsuji	type

J

价格 jiàgé	価格 kakaku	price
甲骨文献 jiǎgǔwénxiàn	甲骨文献 kokotsu bunken	inscription on bones or tortoise shells
加号码本 jiāhàomǎběn	番号付き本　限定番号入本 bangotsukibon	numbered copy
加红字标题的 jiāhóngzìbiāotíde	赤色印刷 akairo insatsu	rubricated
加拿大图书馆协会 Jiānádàtúshūguǎnxiéhuì	カナダ図書館協会 kanada toshokan kyokai	CLA[Canadian Library Association]
剪报 jiǎnbào	切抜き kirinuki	cutting
剪报资料 jiǎnbàozīliào	新聞切抜き shimbun kirinuki	press-cutting clipping
缣帛文献 jiānbówénxiàn	縑帛文献　　　帛書 kempaku bunken　hakusho	silken document
检测 jiǎncè	検定 kentei	detection
检查点 jiǎnchádiǎn	チェック・ポイント chekku pointo	check point
检查过的出版物 jiǎncháguòdechūbǎnwù	検閲出版物 ken'etsu shuppambutsu	censored
检定 jiǎndìng	検定 kentei	detection
简牍文献 jiǎndúwénxiàn	簡牘文献 kantoku bunken	bamboo and wooden slips document

减价 jiǎnjià	減価 genka	割引 waribiki	discount
简介 jiǎnjiè	案内書 annaisho	趣意書 shuisho	introduction prospectus
剪辑资料 jiǎnjízīliào	切抜き資料 kirinuki shiryo		clipping file cutting file
简略 jiǎnlüè	簡略 kanryaku	略語 ryakugo	abbreviation
简略书名 jiǎnlüèshūmíng	前扉 maetobira	簡略標題 kanryaku hyodai	half title short title
简略书名页 jiǎnlüèshūmíngyè	簡略表題紙 kanryaku hyodaishi		half title page
剪嵌细工装订 jiǎnqiànxìgōngzhuāngdìng	モザイク装丁 mozaiku sotei		mosaic binding
减少的 jiǎnshǎode	減少した gensho shita		reduced
检索 jiǎnsuǒ	検索 kensaku		search
检索操作 jiǎnsuǒcāozuò	検索オペレーション kensaku opereshon		search operation
检索档 jiǎnsuǒdàng	検索ファイル kensaku fairu		search file
检索服务 jiǎnsuǒfúwù	検索サービス kensaku sabisu		search service
检索时间 jiǎnsuǒshíjiān	検索タイム kensaku taimu		search time
剪贴簿 jiǎntiēbù	切抜き帳 kirinukicho	スクラップブック sukurappubukku	scrapbook
简易装订 jiǎnyìzhuāngdìng	簡易製本 kan'i seihon		stitching sewing
胶版纸 jiāobǎnzhǐ	オフセット・ペーパー ofusetto pepa		offset paper
脚本 jiǎoběn	脚本 kyakuhon	ドラマ dorama	drama
教材 jiàocái	教材 kyozai		teaching materials
校订 jiàodìng	校訂 kotei		emendation

校对 jiàoduì	校合 kogo	collation
校对符号 jiàoduìfúhào	校正記号 kosei kigo	proof-correction marks
校对清单 jiàoduìqīngdān	チェック・リスト chekku risuto	check list
交换 jiāohuàn	交換 kokan	exchange
交换资料 jiāohuànzīliào	交換資料 kokan shiryo	exchange material
角脊 jiǎojǐ	角背 kakuze	flat back
胶卷 jiāojuǎn	フィルム firumu	film
教科书 jiàokēshū	教科書 kyokasho	text book school book
教名 jiàomíng	洗礼名 senreimei	Christian name
胶片负片 jiāopiànfùpiàn	ネガフィルム nega firumu	film negative
胶片卷 jiāopiànjuǎn	ロール・フィルム roru firumu	roll film
胶片正片 jiāopiànzhèngpiàn	ポジフィルム poji firumu	film positive
教师参考书 jiàoshīcānkǎoshū	教師用参考書 kyoshiyo sankosho	teacher's guide books
教师图书馆 jiàoshītúshūguǎn	教師用図書館 kyoshiyo toshokan	teacher's library
校样 jiàoyàng	校正刷り　　ゲラ koseizuri　　gera	proof corrected proofs proof sheet galley
校验位 jiàoyànwèi	チェック・デジット　検査文字 chekku dejitto　　kensa moji	check digit
胶印 jiāoyìn	オフセット印刷 ofusetto insatsu	offset offset lithography
教育 jiàoyù	教育 kyoiku	education
教育出版物 jiàoyùchūbǎnwù	教育出版物 kyoiku shuppambutsu	educational publication

校阅 jiàoyuè	校閲 koetsu	revise
教育机构 jiàoyùjīgòu	教育機構 kyoiku kiko	education system
校正 jiàozhèng	校正 kosei	correction
脚注 jiǎozhù	脚注 kyakuchu	bottom note　foot note
夹书板 jiāshūbǎn	ブック・エンド　仕切板 bukku endo　　shikiriita	book end　wooden boards
假线条 jiǎxiàntiáo	擬帯　革装の背の隆起をレーズド・バンド風に gitai　装飾目的として隆起をつけたもの	false bands
家用计算器 jiāyòngjìsuànqì	家庭用計算機 kateiyo keisanki	home computer
基本卡 jīběnkǎ	基本カード　ユニット・カード kihon kado　yunitto kado	unit card　main card
基本卡片目录 jīběnkǎpiànmùlù	基本カード目録 kihon kado mokuroku	main card catalog
基本目录 jīběnmùlù	基本目録 kihon mokuroku	main catalog
基本数据 jīběnshùjù	マスター・データ masuta deta	master data
基本数据记录纸 jīběnshùjùjìlùzhǐ	マスター・データ・シート masuta deta shito	master data sheet
基本数据库 jīběnshùjùkù	マスター・データ・ベース masuta deta besu	master data base
基本图书目录 jīběntúshūmùlù	基本図書目録 kihon tosho mokuroku	standard book catalog
积层书架 jīcéngshūjià	積層書架 sekiso shoka	multi-tier stack
集成 jíchéng	集成 shusei	corpus　collection
机读的 jīdúde	機械可読 kikai kadoku	machine readable
机读目录 jīdúmùlù	機械可読目録 kikai kadoku mokuroku	MARC[Machine Readable Cataloging]
机读数据 jīdúshùjù	機械可読データ kikai kadoku deta	machine readable data

结果程序 jiéguǒchéngxù	オブジェクト・プログラム　実行用プログラム obujekuto puroguramu	object program
结果语言 jiéguǒyǔyán	オブジェクト・ランゲージ obujekuto rangeji	object language
接口程序 jiēkǒuchéngxù	インターフェース・プログラム intafesu puroguramu	interface program
接口连接装置 jiēkǒuliánjiēzhuāngzhì	インターフェース　二つ以上の電算機器間の接続 intafesu　　　　の役を果たすための共用部分	interface
接口软件 jiēkǒuruǎnjiàn	インターフェース・ソフトウェア intafesu sofutouea	interface software
接口信息 jiēkǒuxìnxī	インターフェース・メッセージ intafesu messeji	interface message
节录 jiélù	覚書 oboegaki	aide-mémoire
结论 jiélùn	結論 ketsuron	epilogue
介绍 jièshào	紹介 shokai	introduction
解释 jiěshì	解釈 kaishaku	explanation
借书处 jièshūchù	貸出台 kashidashidai	circulation desk
借书卡 jièshūkǎ	貸出者カード kashidashisha kado	borrower's card
借书卡片箱 jièshūkǎpiànxiāng	貸出カード・ケース kashidashi kado kesu	borrower's card case
借书条 jièshūtiáo	スリップ surippu	slip
借书统计 jièshūtǒngjì	貸出統計 kashidashi tokei	loan statistics
借书证 jièshūzhèng	貸出券 kashidashiken	borrower's card
解题 jiětí	解題 kaidai	annotation bibliographical note
解题目录 jiětímùlù	解題目録 kaidai mokuroku	annotated catalog
解题书目 jiětíshūmù	解題書目　　　解題書法 kaidai shomoku　kaidai shoho	annotated catalog

借阅期限 jièyuèqīxiàn	貸出期間 kashidashi kikan	loan period
激光彩色显示 jīguāngcǎisèxiǎnshì	レーザー・カラー・ディスプレー reza kara disupure	laser color display
激光打印机 jīguāngdǎyìnjī	レーザー・プリンター reza purinta	laser printer
激光记录器 jīguāngjìlùqì	レーザー・レコーダー reza rekoda	laser recorder
激光计算机 jīguāngjìsuànjī	レーザー・コンピュータ reza kompyuta	laser computer
计划评估法 jìhuàpínggūfǎ	計画評価システム keikaku hyoka shisutemu	PERT[Program Evalution and Review Technique]
季刊 jìkān	季刊 kikan	quarterly　quarterly issue
积累索引 jīlěisuǒyǐn	累積索引 ruisekisakuin	cumulative index
记录 jìlù	記録　レコード kiroku　rekodo	record
记录装置 jìlùzhuāngzhì	記録(録音)装置 kiroku(rokuon)sochi	recording studio
金边 jīnbiān	金縁の小口 kimbuchi no koguchi	gilt edge
金粉 jīnfěn	金粉　製本用 kimpun	bronze powder
精印插图本 jīngyìnchātúběn	彩色絵入り本 saishiki eiribon	illuminated book
精制犊皮纸 jīngzhìdúpízhǐ	ベラム beramu	vellum
精装版 jīngzhuāngbǎn	精装版 seisoban	fine edition
精装本 jīngzhuāngběn	精装本　仮綴ではなく本製本、洋装本 seisobon	bound volume
进口 jìnkǒu	入口 iriguchi	entrance
金石文献 jīnshíwénxiàn	金石文献 kinseki bunken	inscription on bronze
禁书 jìnshū	禁書 kinsho	reading ban prohibition

禁书目录 jìnshūmùlù	禁書目録 kinsho mokuroku	bibliography of forbidden books
金天边 jīntiānbiān	天金 tenkin	top edge gilt
金泽工业大学图书馆情报系统 Jīnzégōngyèdàxuétúshūguǎnqíng bàoxìtǒng	金沢工業大学図書館情報システム Kanazawa kogyo daigaku toshokan joho shisutemu	LINKIT[Library Information System of Kanazawa Institute of Technology]
禁止带出的图书 jìnzhǐdàichūdetúshū	禁带出図書 kintaishutsu tosho	restricted book
禁止发行 jìnzhǐfāxíng	発行禁止 hakko kinshi	suppressed
机器检索 jīqìjiǎnsuǒ	機械検索 kikai kensaku	machine searching
机器校样 jīqìjiàoyàng	機械校正 kikai kosei	machine proof
机器排版 jīqìpáibǎn	機械植字 kikai shokuji	machine composition
机器人 jīqìrén	ロボット robotto	robot
机器锁线 jīqìsuǒxiàn	機械綴じ kikai toji	machine sewing
机器语言 jīqìyǔyán	機械言語 kikai gengo	machine language
记时卡片 jìshíkǎpiàn	タイム・カード taimu kado	time card
技术情报系统 jìshùqíngbàoxìtǒng	技術情報サービス gijutsu joho sabisu	TIS[technical information service]
计算 jìsuàn	計算 keisan	account
计算机 jìsuànjī	計算機　コンピュータ keisanki　kompyuta	calculator computer
计算机操作 jìsuànjīcāozuò	コンピュータ・オペレーション kompyuta opereshon	computer operation
计算机程序 jìsuànjīchéngxù	コンピュータ・プログラム kompyuta puroguramu	computer program
计算机代码 jìsuànjīdàimǎ	コンピュータ・コード kompyuta kodo	computer code

计算机辅助检索系统 jìsuànjīfǔzhùjiǎnsuǒxìtǒng	コンピュータ補助検索システム kompyuta hojo kensaku shisutemu	CAR[computer assisted retrieval system]
计算机化 jìsuànjīhuà	コンピュータ化 kompyutaka	computerization
计算机化情报系列 jìsuànjīhuàqíngbàoxìliè	コンピュータ情報システム kompyuta joho shisutemu	computerized information system
计算机化数据库 jìsuànjīhuàshùjùkù	コンピュータ・データ・ベース kompyuta deta besu	computerized data base
计算机化图书馆 jìsuànjīhuàtúshūguǎn	コンピュータ図書館 kompyuta toshokan	computer based library
计算机检索 jìsuànjījiǎnsuǒ	コンピュータ・サーチ kompyuta sachi	computer search
计算机科学 jìsuànjīkēxué	コンピュータ・サイエンス kompyuta saiensu	computer science
计算机控制 jìsuànjīkòngzhì	コンピュータ制御 kompyuta seigyo	computer control
计算机设备和软件系统自动目录 jìsuànjīshèbèihéruǎnjiàn xìtǒngzìdòngmùlù	機械化目録システム kikaika mokuroku shisutemu	ACCESS[Automated Catalog of Computer Equipment and Software Systems]
计算机室 jìsuànjīshì	コンピュータ・ルーム kompyuta rumu	computer room
计算机输入缩微胶卷法 jìsuànjīshūrùsuōwēijiāojuǎnfǎ	コンピュータ・インプット・マイクロフィルム kompyuta imputto maikurofirumu	CIM[computer input microfilm]
计算机算子 jìsuànjīsuànzǐ	コンピュータ・オペレータ kompyuta opereta	computer operator
计算机网络 jìsuànjīwǎngluò	コンピュータ・ネットワーク kompyuta nettowaku	computer network
计算机系统 jìsuànjīxìtǒng	コンピュータ・システム kompyuta shisutemu	computer system
计算机应用 jìsuànjīyìngyòng	コンピュータ・アプリケーション 応用ソフト kompyuta apurikeshon	computer application
计算机语言 jìsuànjīyǔyán	コンピュータ・ランゲージ kompyuta rangeji	computer language
计算机中心 jìsuànjīzhōngxīn	コンピュータ・センター kompyuta senta	computer center
计算项目计算器 jìsuànxiàngmùjìsuànqì	アイテム・カウンター aitemu kaunta	item counter

集体创作 jítǐchuàngzuò	共同創作 kyodo sosaku	collective work
寄托图书 jìtuōtúshū	寄託図書 kitaku tosho	deposit collection
旧约全书 jiùyuēquánshū	旧約聖書 kyuyaku seisho	Old Testament
纪要 jìyào	紀要 kiyo	transaction
记帐制业务 jìzhàngzhìyèwù	クレジット・システム・サービス kurejitto shisutemu sabisu	credit system service
机制纸 jīzhìzhǐ	機械漉き紙 kikaizukigami	machine paper / machine-made paper
集中处理 jízhōngchǔlǐ	集中処理 shuchu shori	integrated processing
集中控制 jízhōngkòngzhì	集中制御 shuchu seigyo	centralized control
集中系统 jízhōngxìtǒng	集中システム shuchu shisutemu	centralized system
卷 juàn	巻 kan	volume
卷首插图 juànshǒuchātú	口絵 kuchie	frontispiece
卷筒 juàntǒng	リール riru	reel
卷轴 juànzhóu	巻子本 kansubon / 巻物 makimono	scroll / roll
剧本 jùběn	脚本 kyakuhon	play / drama
绝版 juébǎn	絶版 zeppan	out of print

K

开本大小 kāiběndàxiǎo	本の大きさ hon no okisa / 紙のサイズ kami no saizu	size of book / size of paper

kāichuāng

开窗卡片 kāichuāngkǎpiàn	アパーチャー・カード マイクロカード apacha kado	aperture card
开架 kāijià	開架 kaika	free access open access
开架式 kāijiàshì	開架式 kaikashiki	open shelf system
开架图书 kāijiàtúshū	開架式図書 kaikashiki tosho	open access collection open shelves open stacks
开架图书馆 kāijiàtúshūguǎn	開架式図書館 kaikashiki toshokan	free access library
开架阅览室 kāijiàyuèlǎnshì	開架式閲覧室 kaikashiki etsuranshitsu	free access system
勘误表 kānwùbiǎo	正誤表 seigohyo	corrigenda errata
刊行 kānxíng	刊行 出版 kanko shuppan	publish
卡片 kǎpiàn	カード kado	card
卡片袋 kǎpiàndài	カード・ポケット kado poketto	card pocket
卡片档 kǎpiàndàng	カード・ファイル kado fairu	card file
卡片复制 kǎpiànfùzhì	カード・コピー カード複製 kado kopi kado fukusei	duplication of catalog cards
卡片复制机 kǎpiànfùzhìjī	カード複写機 kado fukushaki	card printer
卡片格式 kǎpiàngéshì	カード・フォーマット kado fomatto	card format
卡片柜 kǎpiànguì	カード・ケース カード・キャビネット kado kesu kado kyabinetto	card case card cabinet
卡片盒 kǎpiànhé	カード・ボックス kado bokkusu	card box
卡片目录 kǎpiànmùlù	カード目録 kado mokuroku	card catalog
卡片目录柜 kǎpiànmùlùguì	カード目録ケース kado mokuroku kesu	card catalog case
卡片索引 kǎpiànsuǒyǐn	カード索引 kado sakuin	card index

卡片索引编排法 kǎpiànsuǒyǐnbiānpáifǎ	カード・インデックシング kado indekkushingu	card indexing
卡片屉 kǎpiàntì	カード引出 kado hikidashi	card case card drawer
卡片系统 kǎpiànxìtǒng	カード・システム kado shisutemu	card system
卡片阅读机 kǎpiànyuèdújī	カード読み取り装置 kado yomitori sochi	card reader
可得到的 kědédàode	入手可能な nyushu kano na	available
可兰经 kělánjīng	コーラン koran	the Koran
珂罗版 kēluóbǎn	コロタイプ korotaipu	collotype
刻木版的底稿 kèmùbǎndedǐgǎo	版下 hanshita	block copy
科学 kēxué	科学 kagaku	science
空气调节 kōngqìtiáojié	空気調節 kuki chosetsu	air conditioning
空气调节器 kōngqìtiáojiéqì	空気調節装置 kuki chosetsu sochi	air conditioner
空运货物 kōngyùnhuòwù	航空貨物 koku kamotsu	air cargo
控制 kòngzhì	制御 seigyo	control
会计 kuàijì	会計 kaikei	accounting
快速咨询 kuàisùzīxún	クィック・レファレンス kuikku refarensu	quick reference
库存 kùcún	在庫 zaiko	stock available

L

蜡光纸 làguāngzhǐ	光沢紙 kotakushi	coated paper
栏 lán	欄　段 ran　dan	column
朗诵服务 lǎngsòngfúwù	朗読サービス rodoku sabisu	reading for the blind
蜡纸 làzhǐ	蠟紙 rogami	wax paper
两面光边 liǎngmiànguāngbiān	化粧裁ち keshodachi	trimmed edges　cut edge
联合目录 liánhémùlù	ユニオン・カタログ　総合目録 yunion katarogu　sogo mokuroku	union catalog
联机 liánjī	オン・ライン on rain	on line
廉价出售的处理品 liánjiàchūshòudechǔlǐpǐn	売れ残り本 urenokoribon	remainder
联机操作 liánjīcāozuò	オン・ライン・オペレーション on rain opereshon	on line operation
联机程序 liánjīchéngxù	オン・ライン・プログラム on rain puroguramu	on line program
联机存储器 liánjīcúnchǔqì	オン・ライン記憶装置 on rain kioku sochi	on line storage
联机方式 liánjīfāngshì	オン・ライン・モード on rain modo	on line mode on line system
联机服务 liánjīfúwù	オン・ライン・サービス on rain sabisu	on line service
联机检索 liánjījiǎnsuǒ	オン・ライン検索 on rain kensaku	on line search
联机控制 liánjīkòngzhì	オン・ライン制御 on rain seigyo	on line control
联机联合目录 liánjīliánhémùlù	オン・ライン総合目録 on rain sogo mokuroku	on line union catalog
联机目录 liánjīmùlù	オン・ライン・カタログ on rain katarogu	on line catalog

联机情报检索 liánjīqíngbàojiǎnsuǒ	オン・ライン情報検索 on rain joho kensaku	on line information retrieval
联机情报检索系统 liánjīqíngbàojiǎnsuǒxìtǒng	オン・ライン情報検索システム on rain joho kensaku shisutemu	on line information retrieval system
联机数据库 liánjīshùjùkù	オン・ライン・データ・ベース on rain deta besu	on line deta base
联机输入 liánjīshūrù	オン・ライン・インプット on rain imputto	on line input
联机图书馆中心 liánjītúshūguǎnzhōngxīn	オン・ライン・コンピュータ・ライブラリー・センター on rain kompyuta raiburari senta	OCLC[On line Computer Library Center]
联机系统 liánjīxìtǒng	オン・ライン・システム on rain shisutemu	on line system
联机医学文献分析和检索系统 liánjīyīxuéwénxiànfēnxīhéjiǎnsuǒxìtǒng	医学文献分析検索システム igaku bunken bunseki kensaku shisutemu	MEDLINE[Medical Literature Analysis and Retrieval System on line]
连续出版物 liánxùchūbǎnwù	叢書　逐次刊行物 sosho　chikuji kankobutsu	serial　series
连续的 liánxùde	継続出版物　コント keizoku shuppambutsu　konto	continuations
连续页数 liánxùyèshù	ページ付け pejizuke	consecutive numbering of pages
连载小说 liánzǎixiǎoshuō	連載小説 rensai shosetsu	serial story
连字 liánzì	連字 renji	ligature
连字符 liánzìfú	ハイフン haifun	hyphen
里边 lǐbiān	のど nodo	back margin
例程 lìchéng	ルーチン　プログラムの手順 ruchin	routine
里衬页 lǐchènyè	裏見返し uramikaeshi	off end-paper
猎书者 lièshūzhě	ブック・ハンター　猟書家 bukku hanta　ryoshoka	book-hunter
临时借书证 línshíjièshūzhèng	臨時貸出証 rinji kashidashisho	temporary card

临时卡片 línshíkǎpiàn	仮カード karikado	temporary card removal slip
临时性装订 línshíxìngzhuāngdìng	仮装丁 karisotei	temporary binding
临时装订 línshízhuāngdìng	仮製本 kariseihon	interim binding
临时助理员 línshízhùlǐyuán	臨時補助員 rinji hojoin	temporary helper temporary assistant
历史 lìshǐ	歴史 rekishi	history
历史记载 lìshǐjìzǎi	歴史記載　年報 rekishi kisai　nempo	annals record of history
历史学家 lìshǐxuéjiā	歴史家 rekishika	historian
立体活动图画书 lìtǐhuódòngtúhuàshū	飛び出す絵本 tobidasu ehon	pop-up book
立体照相 lìtǐzhàoxiàng	ステレオ写真 sutereo shashin	stereograph
流动书车 liúdòngshūchē	ブック・カー bukku ka	book car
流动图书馆 liúdòngtúshūguǎn	移動図書館 ido toshokan	book mobile
硫酸纸 liúsuānzhǐ	硫酸紙 ryusanshi	vegetable parchment parchment paper
流通 liútōng	流通 ryutsu	circulation
流行 liúxíng	流行 ryuko	fashion
利用指导 lìyòngzhǐdǎo	利用指導 riyo shido	library-use instruction
漏句 lòujù	脱文 datsubun	lacuna
铝版 lǔbǎn	アルミ版 arumiban	print from an aluminium plate
略图 lüètú	略図 ryakuzu	outline map　sketch
论文 lùnwén	論文 rombun	thesis dissertation article

lùyīn

论著	論説　概説	treatise
lùnzhù	ronsetsu　gaisetsu	
轮转印刷	輪転印刷	cylinder press
lúnzhuǎnyìnshuā	rinten insatsu	
罗马字母顺序	アルファベット順	alphabetic
luómǎzìmǔshùnxù	arufabettojun	
螺旋式装订	螺旋式装丁	spiral binding
luóxuánshìzhuāngdìng	rasenshiki sotei	
录象磁带	ビデオ・テープ	video tape
lùxiàngcídài	bideo tepu	
录象磁带盘	ビデオ・カセット	video cassetto
lùxiàngcídàipán	bideo kasetto	
录象机	ビデオコーダー	videotape recorder
lùxiàngjī	bideokoda	
录象盘	ビデオ・デスク	video disc
lùxiàngpán	bideo desuku	
录象系统	ビデオ・システム	video system
lùxiàngxìtǒng	bideo shisutemu	
旅行指南	旅行案内書	itinerary
lǚxíngzhǐnán	ryoko annaisho	travel guide
录音带	録音テープ	recording tape
lùyīndài	rokuon tepu	
录音服务	録音サービス	recording for the blind
lùyīnfúwù	rokuon sabisu	
录音机	録音機	recorder
lùyīnjī	rokuonki	
录音室	録音室	recording room
lùyīnshì	rokuonshitsu	
录音纸唱片	ソノシート	sonosheet
lùyīnzhǐchàngpiān	sono shito	
录音资料	録音資料　テープ・ビデオ・カセット	sound recording
lùyīnzīliào	rokuon shiryo　等の資料	

M

马粪纸 mǎfènzhǐ	板紙 itagami	hardboard board
麦克托投影法 Màikètuōtóuyǐngfǎ	メルカトール投影法 merukatoru toeiho	Mercator projection
盲人图书馆 mángréntúshūguǎn	盲人図書館 mojin toshokan	library for the blind
盲文书 mángwénshū	点字本 tenjibon	braille book
漫画 mànhuà	漫画　風刺画 manga　fushiga	caricature comic book
马尼拉纸 Mǎnílāzhǐ	マニラ紙 manirashi	Manila paper
毛边 máobiān	アンカットの小口 ankatto no koguchi	uncut edges
毛边书刊 máobiānshūkān	アンカット本 ankattobon	uncut edition
冒号分类法 màohàofēnlèifǎ	コロン分類法 koron bunruiho	CC[Colon Classification]
毛校样 máojiàoyàng	試し刷り tameshizuri	trial proof
美国标准协会 Měiguóbiāozhǔnxiéhuì	米国基準協会 beikoku kijun kyokai	ASA[American Standards Association]
美国标准学会 Měiguóbiāozhǔnxuéhuì	米国基準学会 beikoku kijun gakkai	ANSI[American National Standards Institute]
美国出版商协会 Měiguóchūbǎnshāngxiéhuì	米国出版者協会 beikoku shuppansha kyokai	AAP[Association of American Publishers]
美国大学出版社协会 Měiguódàxuéchūbǎnshèxiéhuì	米国大学出版社協会 beikoku daigaku shuppansha kyokai	AAUP[Association of American University Presses]
美国大学和学术研究图书馆协会 Měiguódàxuéhéxuéshùyánjiū túshūguǎnxiéhuì	[米国] 大学研究図書館協会 [beikoku] daigaku kenkyu toshokan kyokai	ACRL[Association of College and Research Libraries]
美国公共图书馆自动化网络 Měiguógōnggòngtúshūguǎnzìdòng huàwǎngluò	[米国]公共図書館機械化ネットワーク [beikoku]kokyo toshokan kikaika nettowaku	PLAN[Public Library Automation Network]

美国古旧书商协会 Měiguógǔjiùshūshāngxiéhuì	米国古書籍商協会 beikoku koshosekisho kyokai	ABAA[Antiquarian Booksellers Association of America]
美国国会图书馆 Měiguóguóhuìtúshūguǎn	米国議会図書館 beikoku gikai toshokan	LC[Library of Congress]
美国国会图书馆机读目录 Měiguóguóhuìtúshūguǎnjīdúmùlù	米国議会図書館マーク beikoku gikai toshokan maku	LC MARC[Library of Congress, Machine Readable Catalog]
美国国会图书馆印刷卡片 Měiguóguóhuìtúshūguǎnyìnshuākǎpiàn	米国議会図書館印刷カード beikoku gikai toshokan insatsu kado	Library of Congress card
美国国家图书馆自动处理资料档 Měiguóguójiātúshūguǎnzìdòng chǔlǐzīliàodàng	[米国議会図書館] 整理業務機械化ファイル [beikoku gikai toshokan] seiri gyomu kikaika fairu	APIF[automated processing information file]
美国联邦图书馆和情报网络 Měiguóliánbāngtúshūguǎnhéqíngbào wǎngluò	[米国] 連邦図書館情報ネットワーク [beikoku]renpo toshokan joho nettowaku	FEDLINK[Federal Library and Information Network]
美国情报科学学会 Měiguóqíngbàokēxuéxuéhuì	米国情報学協会 beikoku johogaku kyokai	ASIS[American Society for Information Science]
美国书商协会 Měiguóshūshāngxiéhuì	米国書籍商協会 beikoku shosekisho kyokai	ABA[American Booksellers Association]
美国图书馆协会 Měiguótúshūguǎnxiéhuì	米国図書館協会 beikoku toshokan kyokai	ALA[American Library Association]
美国图书馆学院协会 Měiguótúshūguǎnxuéyuànxiéhuì	米国図書館学校協会 beikoku toshokan gakko kyokai	AALS[Association of American Library School]
美国文献学会 Měiguówénxiànxuéhuì	米国ドキュメンテーション協会 beikoku dokyumenteshon kyokai	ADI[American Documentation Institute]
美国信息交换标准代码 Měiguóxìnxījiāohuànbiāozhǔn dàimǎ	米国情報交換用標準コード beikoku joho kokan'yo hyojun kodo	ASCII[American Standard Code for Information Interchange]
美国学校图书馆协会 Měiguóxuéxiàotúshūguǎnxiéhuì	米国学校図書館員協会 beikoku gakko toshokan'in kyokai	AASL[American Association of School Librarians]
美国在版图书目录 Měiguózàibǎntúshūmùlù	米国出版物総目録 beikoku shuppambutsu somokuroku	BIP[books in print]
美术 měishù	美術 bijutsu	fine arts
美术图书馆 měishùtúshūguǎn	アート・ライブラリー ato raiburari	art library
美术印刷品 měishùyìnshuāpǐn	アート・プリント ato purinto	art print
眉题 méití	眉標 bihyo	catchword

miǎnshōu

免收邮费 miǎnshōuyóufèi	郵便料不要 yubinryo fuyo	post free
描图模写 miáotúmóxiě	透写　トレース tosha　toresu	tracing
描图纸 miáotúzhǐ	トレーシング・ペーパー toreshingu pepa	tracing paper
密电码 mìdiànmǎ	電信暗号 denshin ango	code telegram
秘密出版物 mìmìchūbǎnwù	秘密出版物 himitsu shuppambutsu	clandestine literature
名称 míngchēng	名前 namae	name
命令 mìnglìng	コマンド komando	command
墨 mò	墨 sumi	China ink
摩洛哥皮 móluògēpí	モロッコ革 morokkogawa	morocco
摩洛哥皮装订 móluògēpízhuāngdìng	モロッコ革装丁 morokkogawa sotei	morocco binding
模拟 mónǐ	アナログ　相似形 anarogu　sojikei	analog
模拟存储器 mónǐcúnchǔqì	アナログ・メモリ anarogu memori	analog memory
模拟图像 mónǐtúxiàng	アナログ・パターン anarogu patan	analog pattern
模拟资料 mónǐzīliào	アナログ・データ anarogu deta	analog data
模拟网络 mónǐwǎngluò	アナログ・ネットワーク anarogu nettowaku	analog network
模拟信息 mónǐxìnxī	アナログ・インフォメーション anarogu infomeshon	analog information
没收 mòshōu	没収 bosshū	confiscation
磨损的 mósǔnde	引き裂く hikisaku	tear
模型 móxíng	原型　模型 genkei　mokei	pattern　model

墨汁 mòzhī	墨 sumi	Indian ink
木版 mùbǎn	板目木版 itame mokuhan	xylograph
木版彩印 mùbǎncǎiyìn	彩色木版 saishiki mokuhan	chromoxylography colored wood engraving
木版式 mùbǎnshì	木版 mokuhan	wood engraving
木版术 mùbǎnshù	木版術 mokuhanjutsu	xylography
木版印刷的书 mùbǎnyìnshuādeshū	初期木版印刷本 shoki mokuhan insatsubon	xylographic book
目标计算机 mùbiāojìsuànjī	オブジェクト・コンピュータ obujekuto kompyuta	object computer
目次 mùcì	内容目次 naiyo mokuji	table of contents
目次页服务 mùcìyèfúwù	コンテンツ・コピー・サービス kontentsu kopi sabis	contents copy service contents list service
木简 mùjiǎn	木簡 mokkan	wooden tablet
木刻 mùkè	木版画 mokuhanga	woodcut
木刻版 mùkèbǎn	木版 mokuhan	woodcut woodcut block
目录 mùlù	目録　リスト mokuroku risuto	catalog　list
目录稿纸 mùlùgǎozhǐ	目録用紙片 mokurokuyo shihen	catalog slip
目录柜 mùlùguì	目録ケース mokuroku kesu	catalog case
目录卡片 mùlùkǎpiàn	目録カード mokuroku kado	catalog card
目录室 mùlùshì	目録室 mokurokushitsu	catalog room
目录学家 mùlùxuéjiā	書誌学者 shoshigakusha	bibliographer
目录著录 mùlùzhùlù	書誌記述 shoshi kijutsu	bibliographic description

母片 mǔpiàn	マスター 写真・印刷等の原板 masuta	master
木炭画 mùtànhuà	木炭画 mokutanga	charcoal drawing
木整版本 mùzhěngbǎnběn	木版本 mokuhanbon	block book

N

内裱衬 nèibiǎochèn	裏打ち urauchi	lining
内插 nèichā	書き入れ kakiire	interpolation
内容 nèiróng	内容 naiyo	contents
内容提要卡 nèiróngtíyàokǎ	内容細目カード naiyo saimoku kado	contents card
内务处理 nèiwùchǔlǐ	ライブラリー・オフィス・ワーク raiburari ofisu waku	library office work
内页边 nèiyèbiān	のどの余白 nodo no yohaku	inner margin inside margin
年表 niánbiǎo	年表 nempyo	chronological table
年代标记法 niándàibiāojìfǎ	年代表示 nendai hyoji	chronogram
年代史 niándàishǐ	年代記 nendaiki	chronicle
年鉴 niánjiàn	年鑑 nenkan	year book almanac annals
年级图书馆 niánjítúshūguǎn	学級文庫 gakkyu bunko	classroom library
年刊 niánkān	年刊 nenkan	annual yearly
粘土书板 niántǔshūbǎn	粘土板 nendoban	clay tablet

逆排文档 nìpáiwéndàng	インバーテッド・ファイル inbateddo fairu	転置ファイル tenchi fairu	inverted file
牛皮 niúpí	牛皮 gyuhi		cowhide
牛皮纸 niúpízhǐ	クラフト・ペーパー kurafuto pepa	牛皮紙 gyuhishi	kraft paper brown paper

O

欧州科技情报网络 Ōuzhōukējìqíngbàowǎngluò	ヨーロッパ情報ネットワーク yoroppa joho nettowaku		EURONET[European Information Network]
欧州科学情报传播中心协会 Ōuzhōukēxuéqíngbàochuánbō zhōngxīnxiéhuì	ヨーロッパ科学情報協会 yoroppa kagaku joho kyokai		EUSIDIC[European Association of Scientific Information Dissemination Center]
欧州情报直接检索网络 Ōuzhōuqíngbàozhíjiējiǎnsuǒwǎngluò	欧州オンライン学術情報サービスネットワーク oshu onrain gakujutsu joho sabisu nettowaku		DIANE[Direct Information Access Network for Europe]
欧州文献中心 Ōuzhōuwénxiànzhōngxīn	ヨーロッパ・ドキュメンテーション・センター yoroppa dokyumenteshon senta		EDC[European Documentation Center]

P

排卡器 páikǎqì	カード仕分器 kado shiwakeki		card sorter
拍卖 pāimài	公売 kobai	競売 kyobai	auction sale
拍卖商 pāimàishāng	公売人 kobainin	競売人 kyobainin	auctioneer
排字 páizì	植字 shokuji	組版 kumihan	composition type setting

排字盘 páizìpán	植字架 shokujika	composing stick
判定著者 pàndìngzhùzhě	推定著者 suitei chosha	presumed author
旁注 pángzhù	傍注 bochu	runner margin note side-note
喷色花边 pēnsèhuābiān	霧染小口 kirizome koguchi	stippled edges stained edges
皮革粗糙面 pígécūcāomiàn	皮のしぼ kawa no shibo	grain of leather
皮脊 píjǐ	革背 kawase	leather back
批量处理 pīliàngchǔlǐ	一括処理 ikkatsu shori	batch processing
平版印刷 píngbǎnyìnshuā	平版印刷 heihan insatsu	planographic printing
平版印刷术 píngbǎnyìnshuāshù	平版印刷術 heihan insatsujutsu	planography
评价 píngjià	評価 鑑定 hyoka kantei	estimate appraisal
评论 pínglùn	評論 hyoron	review critical review
屏幕 píngmù	網目スクリーン スクリーン amime sukurin sukurin	screen
平压印刷机 píngyāyìnshuājī	平圧印刷機 heiatsu insatsuki	platen press
平整的切口 píngzhěngdeqiēkǒu	化粧裁ち小口 小端を裁ち落とした小口 keshodachi koguchi koba o tachiotoshita koguchi	smoothed edge trimmed edges
皮书脊 píshūjǐ	背革 segawa	half-leather binding
皮书脊装订 píshūjǐzhuāngdìng	背革装丁 segawa sotei	quarter bound quarter leather
破损本 pòsǔnběn	破損本 hasonbon	worn binding broken back
破损的 pòsǔnde	破損した hason shita	damaged
破折号 pòzhéhào	ダッシュ dasshu	dash

qīkān

| 普及版 pǔjíbǎn | 普及版 fukyuban | ポピュラー・エディション popyura edishon | popular edition |

Q

签名 qiānmíng	署名 shomei		subscription sign
签名者 qiānmíngzhě	署名者 shomeisha		subscriber
铅印 qiānyìn	ステロ版 suteroban		sterotype
铅字 qiānzì	活字 katsuji		printer's types movable printing types
漆布 qībù	レザー・クロス reza kurosu	合成皮革	leather cloth
漆布面装订 qībùmiànzhuāngdìng	レザー・クロス装 reza kurosuso		leather cloth binding
汽车图书馆 qìchētúshūguǎn	ブック・オートモービル bukku otomobiru		book automobile
祈祷书 qídǎoshū	祈禱書 kitosho		breviary
切边过多 qiēbiānguòduō	裁つ tatsu 断ち切る tachikiru		cropped
切纸机 qiēzhǐjī	ペーパー・カッター pepa katta		paper cutter
切纸机的切刀 qiēzhǐjīdeqiēdāo	ペーパー・ナイフ pepa naifu		paper knife
期刊联合目录 qīkānliánhémùlù	雑誌総合目録 zasshi sogo mokuroku		union catalog of periodicals
期刊缺号 qīkānquēhào	欠号 ketsugo 不足 fusoku		lacking lacking number
期刊阅览室 qīkānyuèlǎnshì	雑誌閲覧室 zasshi etsuranshitsu		periodicals room magazine room
期刊杂志 qīkānzázhì	定期刊行物 teiki kankobutsu 雑誌 zasshi		periodical

亲笔签名 qīnbǐqiānmíng	署名入り自筆書簡 shomeiiri jihitsu shokan	autograph letter signed
轻磅纸 qīngbàngzhǐ	軽量紙 keiryoshi	feather-weight paper
情报 qíngbào	情報　インフォメーション joho　infomeshon	information
情报传递试验 qíngbàochuándìshìyàn	図書館機械化計画(MIT) toshokan kikaika keikaku	INTREX[information transfer experiments (of MIT)]
情报处理 qíngbàochǔlǐ	情報処理 joho shori	information processing
情报处理系统 qíngbàochǔlǐxìtǒng	情報処理システム joho shori shisutemu	information processing system
情报服务 qíngbàofúwù	情報サービス joho sabisu	information service
情报管理 qíngbàoguǎnlǐ	情報管理 joho kanri	information management
情报检索 qíngbàojiǎnsuǒ	情報検索 joho kensaku	IR[information retrieval]
情报检索系统 qíngbàojiǎnsuǒxìtǒng	情報検索システム joho kensaku shisutemu	information retrieval system
情报机构 qíngbàojīgòu	情報機構 joho kiko	information organization
情报科学 qíngbàokēxué	情報科学 joho kagaku	information science
情报探求 qíngbàotànqiú	情報検索 joho kensaku	IR[information retrieval]
情报网络 qíngbàowǎngluò	情報ネットワーク joho nettowaku	information network
清样 qīngyàng	校了 koryo	final proof　clean proof
期数 qīshù	号数 gosu	number
气刷 qìshuā	エアー・ブラシ ea burashi	air brush
气体输送管 qìtǐshūsòngguǎn	エアー・シューター ea shuta	air shooter
期限 qīxiàn	期限　タイム・リミット kigen　taimu rimitto	expiry time limit

qún

全革装 quángézhuāng	革装丁 kawa sotei	leather binding
全革装订 quángézhuāngdìng	総革装丁 sogawa sotei	full binding
全国采购和编目规则 quánguócǎigòuhébiānmùguīzé	全国収書整理計画 zenkoku shusho seiri keikaku	NPAC[National Program for Acquisitions and Cataloging]
全国出版物总目录 quánguóchūbǎnwùzǒngmùlù	全国出版物総目録 zenkoku shuppanbutsu somokuroku	Japanese National Bibliography
全国联合目录 quánguóliánhémùlù	ナショナル・ユニオン・カタログ nashonaru yunion katarogu	NUC[National Union Catalog]
全国网络 quánguówǎngluò	ナショナル・ネットワーク nashonaru nettowaku	national network
全国总目录 quánguózǒngmùlù	全国総目録 zenkoku somokuroku	national bibliography
全集 quánjí	全集 zenshu	complete works
全皮面装订本 quánpímiànzhuāngdìngběn	総革装丁本 sogawa soteibon	full leather binding
全书名 quánshūmíng	フルタイトル 全書名 furutaitoru zenshomei	full title
全套 quántào	完全揃い kanzenzoroi	complete set
全套出版 quántàochūbǎn	刊行分全部 既刊分全部 kankobun zembu	all published
全文 quánwén	全文 zembun	full text
全页插图 quányèchātú	ページ大の挿絵 peji dai no sashie	full page illustration
全组 quánzǔ	完全揃い kanzenzoroi	complete set
缺本卡片 quēběnkǎpiàn	欠本カード keppon kado	gap card
区立图书馆 qūlìtúshūguǎn	町立図書館 choritsu toshokan	township library
群 qún	群 集団 gun shudan	group

| 取消 qǔxiāo | 取消し torikeshi | cancel |

R

人机对话数据库简易存取系统 rénjīduìhuàshùjùkùjiǎnyìcúnqǔ xìtǒng	オンライン・データベース検索システム onrain detabesu kensaku shisutemu	IDEAS[Interactive Data Basic Easy Accessing System]
人名词典 rénmíngcídiǎn	人名辞典 jimmei jiten	dictionary of biography
人名索引 rénmíngsuǒyǐn	人名索引 jimmei sakuin	name index
任务 rènwù	任務 nimmu	task
人造革 rénzàogé	人造革 jinzogawa	imitation leather leather cloth
日本编目条例 Rìběnbiānmùtiáolì	日本目録規則 nippon mokuroku kisoku	NCR[Nippon Cataloging Rules]
日本工业标准 Rìběngōngyèbiāozhǔn	日本工業規格 nippon kogyo kikaku	JIS[Japanese Industrial Standard]
日本古旧书商协会 Rìběngǔjiùshūshāngxiéhuì	日本古書籍商協会 nippon koshosekisho kyokai	ABAJ[Antiquarian Booksellers Association of Japan]
日本国会图书馆 Rìběnguóhuìtúshūguǎn	国立国会図書館 kokuritsu kokkai toshokan	NDL[National Diet Library]
日本国立国会图书馆机读目录 Rìběnguólìguóhuìtúshūguǎn jīdúmùlù	ジャパン・マーク japan maku	Japan MARC
日本基本主题词表 Rìběnjīběnzhǔtícíbiǎo	[日本] 基本件名表 [nippon] kihon kemmeihyo	BSH[Basic Subject Heading]
日本科技情报系统 Rìběnkējìqíngbàoxìtǒng	[日本]科学技術情報全国流通システム [nippon] kagaku gijutsu joho zenkoku ryutsu shisutemu	NIST[National Information System for Science and Technology]
日本科技情报中心 Rìběnkējìqíngbàozhōngxīn	日本科学技術情報センター nippon kagaku gijutsu joho senta	JICST[Japan Information Center of Science and Technology]

日本科技情报中心联机情报检索服务 Rìběnkējìqíngbàozhōngxīnliánjīqíngbàojiǎnsuǒfúwù	ジクストオンライン情報検索サービス jikusuto onrain joho kensaku sabisu	JOIS[JICST On-line Information Retrieval Service]
日本牛皮纸 Rìběnniúpízhǐ	局紙 kyokushi	Japanese vellum
日本情报处理开发中心 Rìběnqíngbàochǔlǐkāifāzhōngxīn	日本情報処理開発センター nippon joho shori kaihatsu senta	JIPDEC[Japan Information Processing Development Center]
日本十进分类法 Rìběnshíjìnfēnlèifǎ	日本十進分類法 nippon jusshin bunruiho	NDC[Nippon Decimal Classification]
日本视听情报中心 Rìběnshìtīngqíngbàozhōngxīn	日本視聴覚情報センター nippon shichokaku joho senta	JAVIC[Japan Audio-Visual Information Center]
日本图书馆协会 Rìběntúshūguǎnxiéhuì	日本図書館協会 nippon toshokan kyokai	JLA[Japan Library Association]
日本学术情报中心 Rìběnxuéshùqíngbàozhōngxīn	日本学術情報センター nippon gakujutsu joho senta	NACSIS[National Center for Science Information System]
日本纸 Rìběnzhǐ	和紙 washi	Japanese paper
日本著者号码 Rìběnzhùzhěhàomǎ	日本著者記号 nippon chosha kigo	Nippon author mark
日刊 rìkān	日刊 nikkan	daily
日历 rìlì	カレンダー karenda	calendar
日期 rìqī	日付 hizuke	date
日文书籍 Rìwénshūjí	和書 washo	Japanese book
软磁盘 ruǎncípán	フロッピー・ディスク furoppi disuku	floppy disk
软件 ruǎnjiàn	ソフトウェア sofutouea	software
软件库 ruǎnjiànkù	ソフトウェア・ライブラリー sofutouea raiburari	software library
软脊装订 ruǎnjǐzhuāngdìng	柔軟装丁 辞典、便覧に多い junan sotei	flexible binding
软拷贝 ruǎnkǎobèi	ソフト・コピー sofuto kopi	soft copy

软面装订 ruǎnmiànzhuāngdìng	柔軟裝丁 junan sotei	limp binding
入馆 rùguǎn	入館 nyukan	admission of readers
入馆票 rùguǎnpiào	入館票 nyukanhyo	admission slip
入馆券 rùguǎnquàn	入館券 nyukanken	admission ticket
入馆证 rùguǎnzhèng	入館証 nyukansho	licence
入口 rùkǒu	入口 iriguchi	entrance
入门 rùmén	入門　ガイド・ブック nyumon　gaido bukku	guide
入门书 rùménshū	入門書 nyumonsho	A B C book
弱视者用图书 ruòshìzhěyòngtúshū	弱視者用図書 jakushishayo tosho	large print book

S

三次文献 sāncìwénxiàn	三次資料 sanji shiryo	tertiary literature
三色版印刷 sānsèbǎnyìnshuā	三色刷り sanshokuzuri	three-color printing
僧院图书馆 sēngyuàntúshūguǎn	僧院図書館 soin toshokan	monastic library
色情书 sèqíngshū	好色本 koshokubon	pornographic literature
色纸 sèzhǐ	色紙 irogami	colored paper
善本 shànběn	善本　貴重図書 zempon　kicho tosho	scarce　rare book mint copy
上光纸 shàngguāngzhǐ	エナメル紙 enamerushi	enamel paper

上市 shàngshì	販売中 hanbaichu	on sale
商业图书馆 shāngyètúshūguǎn	企業図書館 kigyo toshokan	corporation library
删节本 shānjiéběn	削除版 sakujoban	bowdlerized edition expurgate edition
缮写员 shànxiěyuán	写字生 shajisei	copist scribe
山羊皮 shānyángpí	山羊皮 yagigawa	goatskin morocco
设计 shèjì	設計　　設計図 sekkei　　sekkeizu	design
设计图 shèjìtú	設計図 sekkeizu	design
审查 shěnchá	審査　　検閲 shinsa　　ken'etsu	censorship
圣诞节赠书 shèngdànjiézèngshū	クリスマスに贈る本 kurisumasu ni okuru hon	Christmas book
升降机 shēngjiàngjī	エレベーター erebeta	elevator
圣经 shèngjīng	聖書 seisho	Holy Bible
神话 shénhuà	神話　　寓話 shinwa　　guwa	fable myth
深棕色印刷 shēnzōngsèyìnshuā	セピア印刷 sepia insatsu	sepia print
石版 shíbǎn	石版 sekihan	lithography
时差 shíchā	時差 jisa	time lag
时代 shídài	時代 jidai	age　era　time
时代表 shídàibiǎo	タイム・テーブル　　時間表 taimu teburu　　jikan hyo	timetable
时代区分 shídàiqūfēn	時代区分 jidai kubun	time division
诗歌 shīgē	詩歌 shiika	poetry

饰花字头 shìhuāzìtóu	飾り頭文字 kazari kashiramoji	ornamental initial
时间 shíjiān	タイム taimu	time
时间表 shíjiānbiǎo	タイム・スケジュール taimu sukejuru	time schedule
世界地图集 shìjièdìtújí	世界地図帳 sekai chizucho	world atlas
世界数据中心 shìjièshùjùzhōngxīn	世界データセンター sekai deta senta	WDC[World Data Center]
世界文学 shìjièwénxué	世界文学 sekai bungaku	world literature
世界语 shìjièyǔ	エスペラント語 esuperantogo	Esperanto
十进图书分类法 shíjìntúshūfēnlèifǎ	十進図書分類法 jusshin tosho bunruiho	decimal classification
十进制的 shíjìnzhìde	十進法の jusshinho no	decimal
视觉资料 shìjuézīliào	視覚資料 shikaku shiryo	visual aids
蚀刻 shíkè	エッチング 蝕刻銅版 etchingu	etching
蚀刻底版 shíkèdǐbǎn	エッチング・グラウンド etchingu guraundo	etching ground
石刻文献 shíkèwénxiàn	石刻文献 sekkoku bunken	inscription on stone
蚀刻针 shíkèzhēn	エッチング・ニードル etchingu nidoru	etching needle
市立图书馆 shìlìtúshūguǎn	市立図書館 shiritsu toshokan	municipal library
湿气 shīqì	湿気 shikke	humidity moisture damp
视听图书馆 shìtīngtúshūguǎn	視聴覚ライブラリー shichokaku raiburari	audiovisual library
视听资料 shìtīngzīliào	視聴覚資料 shichokaku shiryo	audiovisual materials
视听资料联机数据库 shìtīngzīliàoliánjīshùjùkù	視聴覚資料データベース shichokaku shiryo detabesu	AVLIN[audio visuals on-line]

事务处理 shìwùchǔlǐ	事務処理 jimu shori	transaction
事务计算机 shìwùjìsuànjī	オフィス・コンピュータ ofisu kompyuta	office computer
事务系统 shìwùxìtǒng	オフィス・システム ofisu shisutemu	office system
饰线 shìxiàn	飾り罫線 kazari keisen	fillet
视象资料 shìxiàngzīliào	映像資料 eizo shiryo	visual material
试销 shìxiāo	見計らい本 mihakaraibon	on approval
试行版 shìxíngbǎn	試作版 shisakuban	test edition trial edition
实验室 shíyànshì	実験室 jikkenshitsu	laboratory
时装式样图 shízhuāngshìyàngtú	ファッション画集 fasshon gashu	fashion plate
时装杂志 shízhuāngzázhì	流行雑誌 ryuko zasshi	fashion magazine
收藏 shōucáng	収蔵　収蔵品 shuzo shuzohin	storage collection
收藏者 shōucángzhě	収蔵者　収集家 shuzosha shushuka	collector
手册 shǒucè	案内　入門書 annai nyumonsho	manual handbook
手抄本 shǒuchāoběn	写本 shahon	manuscript
手稿 shǒugǎo	自筆 jihitsu	autograph
手工纸 shǒugōngzhǐ	手漉き紙 tesukigami	handmade paper
售后服务 shòuhòufúwù	アフター・サービス afuta sabisu	after service
收集家 shōujíjiā	収集家　愛書家 shushuka aishoka	collector
售书目录 shòushūmùlù	販売目録 hanbai mokuroku	sale catalog

手写本 shǒuxiěběn	手写本　マニュスクリプト shushabon　manyusukuriputo	manuscript copy
首字母 shǒuzìmǔ	頭文字　イニシャル kashira moji　inisharu	initial　initial letter
书 shū	ブック　本 bukku　hon	book
双月刊 shuāngyuèkān	隔月刊 kakugekkan	bimonthly
双周刊 shuāngzhōukān	隔週刊 kakushukan	fortnightly　biweekly
书本式目录 shūběnshìmùlù	台帳式目録 daichoshiki mokuroku	ledger catalog
书边 shūbiān	小口 koguchi	edge
书标夹 shūbiāojiā	ラベル挟み raberu hasami	label holder
输出 shūchū	出力　アウトプット shutsuryoku　autoputto	output
输出打印机 shūchūdǎyìnjī	アウトプット・プリンター autoputto purinta	output printer
输出范围 shūchūfànwéi	アウトプット・エリア autoputto eria	output area
输出格式 shūchūgéshì	アウトプット・フォーマット autoputto fomatto	output format
输出机 shūchūjī	アウトプット・ユニット autoputto yunitto	output unit
输出数据 shūchūshùjù	アウトプット・データ autoputto deta	output data
输出文件 shūchūwénjiàn	アウトプット・ファイル autoputto fairu	output file
输出信息 shūchūxìnxī	アウトプット・インフォメーション autoputto infomeshon	output information
书次号 shūcìhào	図書番号 tosho bango	accession number book number
书店 shūdiàn	書店　ブック・ストア shoten　bukku sutoa	bookstore　bookshop bookseller
书店目录 shūdiànmùlù	書店目録 shoten mokuroku	bookseller's catalog

书法 shūfǎ	書法 shoho	calligraphy
书柜 shūguì	ブック・ケース bukku kesu	book case
书画刻印艺术 shūhuàkèyìnyìshù	グラフィック・アート gurafikku ato	graphic art
水彩画 shuǐcǎihuà	水彩画 suisaiga	water color
水墨画 shuǐmòhuà	水墨画 suibokuga	drawing in Indian ink
水纹纸 shuǐwénzhǐ	透かし文様入りの紙 sukashimon'yoiri no kami	watermarked paper
水印 shuǐyìn	透かし sukashi	watermark
水印纸 shuǐyìnzhǐ	透かし入りの紙 sukashiiri no kami	watermarked paper
水渍本 shuǐzìběn	水染み本 mizu shimi bon	damp spotted book
书脊 shūjǐ	背 se	back
书价 shūjià	定価 teika	price
书架 shūjià	書架 ブック・スタンド shoka bukku sutando	book rack
书籍爱好者 shūjí'àihàozhě	愛書家 aishoka	bibliophile
书架间通道 shūjiàjiāntōngdào	書架間通路 shokakan tsuro	aisle between stacks
书角 shūjiǎo	角 表紙のかど kado	corner
书夹子 shūjiāzi	止め金 tomegane	clasp
书籍边饰 shūjíbiānshì	飾り枠 縁飾り kazari waku fuchikazari	border
书籍槽 shūjícáo	溝のつぎ目 mizo no tsugime	joint
书籍的右页 shūjídeyòuyè	右ページ 洋書の場合 migi peji	recto

书籍末页题署 shūjímòyètíshǔ	奥付 okuzuke	colophon
书脊书名 shūjǐshūmíng	背文字 semoji	back title
书脊衬纸 shūjǐchènzhǐ	背紙 segami	back lining paper
数据处理 shùjùchǔlǐ	データ処理 deta shori	data processing
数据存取系统 shùjùcúnqǔxìtǒng	データ・アクセス・システム deta akusesu shisutemu	data access system
数据代码 shùjùdàimǎ	データ・コード deta kodo	data code
数据库 shùjùkù	データ・バンク　データ・ベース deta banku　deta besu	data bank　data base
数据区 shùjùqū	データ・フィールド deta firudo	data field
数据手册 shùjùshǒucè	データ・ブック deta bukku	data book
数据通信系统 shùjùtōngxìnxìtǒng	データ通信システム deta tsushin shisutemu	data communication system
数据文档 shùjùwéndàng	データ・ファイル deta fairu	data file
数据元 shùjùyuán	データ・エレメント deta eremento	data element
数据资料卡 shùjùzīliàokǎ	データ・カード deta kado	data card
书卡 shūkǎ	ブック・カード bukku kado	book card
书卡袋 shūkǎdài	ブック・ポケット bukku poketto	book pocket
书库内通道 shūkùnèitōngdào	書庫内通路 shokonai tsuro	aisle in stack
书眉 shūméi	柱　　欄外の見出し hashira　rangai no midashi	running title
书面包皮纸 shūmiànbāopízhǐ	ジャケット jaketto	book jacket
署名 shǔmíng	署名　　自筆 shomei　jihitsu	signature　autograph

书名卡 shūmíngkǎ	書名カード　タイトル・カード shomei kado　taitoru kado	title card
书名目录 shūmíngmùlù	書名目録 shomei mokuroku	title catalog
书名索引 shūmíngsuǒyǐn	書名索引 shomei sakuin	title index
书名页 shūmíngyè	標題紙 hyodaishi	title page
书名资料 shūmíngzīliào	タイトル・インフォメーション taitoru infomeshon	title information
书目解题 shūmùjiětí	書誌解題 shoshi kaidai	annotation of bibliography
书目信息系统 shūmùxìnxīxìtǒng	書誌情報システム shoshi joho shisutemu	bibliographic information
书目研究中心 shūmùyánjiūzhōngxīn	書誌情報研究センター shoshi joho kenkyu senta	BCR[Bibliographic Center for Research]
书目总记录 shūmùzǒngjìlù	完全目録　簡略目録に対する kanzen mokuroku	FBR[full bibliographic record]
说明 shuōmíng	説明 setsumei	explanatory note explanation
说明书 shuōmíngshū	説明書 setsumeisho	manual
书评 shūpíng	書評 shohyo	book review
书签 shūqiān	しおり shiori	book-mark
输入 shūrù	インプット　入力 imputto　nyuryoku	input
输入情报 shūrùqíngbào	インプット・インフォメーション imputto infomeshon	input information
输入输出 shūrùshūchū	インプット・アウトプット imputto autoputto	input output
输入数据 shūrùshùjù	インプット・データ imputto deta	input data
输入装置 shūrùzhuāngzhì	インプット・ユニット imputto yunitto	input unit
书套 shūtào	外箱 sotobako	slip case

书箱 shūxiāng	ブック・ケース bukku kesu	book case
书页的天头 shūyèdetiāntóu	ページの上部 peji no jobu	head of the page
书页的底边 shūyèdedǐbiān	ページの下部 peji no kabu	foot of the page
书页卷角 shūyèjuǎnjiǎo	耳折れ mimiore	dog's ear
书志学 shūzhìxué	書誌学　図書学 shoshigaku　toshogaku	bibliography　bibliology
书蛀 shūzhù	紙魚 shimi	bookworm
数字 shùzì	数字 suji	number
数字计算机 shùzìjìsuànjī	ディジタル・コンピュータ dijitaru compyuta	digital computer
数字(式)的 shùzìshìde	ディジタル dijitaru	digital
数字(式)的网络 shùzìshìdewǎngluò	ディジタルネットワーク dijitaru nettowaku	digital network
私家本 sījiāběn	私家本 shikabon	privately printed book
四开本 sìkāiběn	四ツ折本　クォート判 yotsuoribon　kuotoban	quarto
私立图书馆 sīlìtúshūguǎn	私立図書館 shiritsu toshokan	private library
私人版 sīrénbǎn	私家版 shikaban	private edition
四色印刷 sìsèyìnshuā	四色刷り yonshokuzuri	full color process
斯坦福大学大型图书馆书目自动化分时系统 Sītǎnfúdàxuédàxíngtúshūguǎn shūmùzìdònghuàfēnshíxìtǒng	[スタンフォード大学] 大規模図書館自動化書誌情報システム [sutanfodo daigaku]daikibo toshokan jidoka shoshi joho sisutemu	BALLOTS[Bibliographic Automation of Large Library Operations using a Time-sharing System]
私营印刷所 sīyíngyìnshuāsuǒ	私家版印刷所 shikaban insatsujo	private press
算法 suànfǎ	アルゴリズム　計算法 arugorizumu　keisanho	algorithm

算法语言 suànfǎyǔyán	アルゴリズム言語 arugorizumu gengo		algorithmic language
素封面 sùfēngmiàn	簡易表紙 kan'ihyoshi	無地の表紙 muji no hyoshi	plain cover
随机存取存贮器 suíjīcúnqǔcúnzhùqì	記憶装置 kiokusochi		RAM[random access memory]
速记法 sùjìfǎ	速記法 sokkiho		stenography
素描 sùmiáo	スケッチ suketchi		sketch
损伤 sǔnshāng	損傷 sonsho		rubbed
锁藏图书 suǒcángtúshū	鎖付き本 kusaritsukibon		chained book
缩称代码 suōchēngdàimǎ	コードナンバー kodo namba		CODEN[code number]
缩略语词典 suōlüèyǔcídiǎn	略語辞典 ryakugo jiten		abbreviations dictionary
索书号 suǒshūhào	請求記号 seikyu kigo		call number
缩微本 suōwēiběn	マイクロフィルム・コピー maikuro firumu kopi		microfilm copy
缩微胶卷 suōwēijiāojuǎn	マイクロフィルム maikuro firumu		microfilm
缩微胶卷阅读器 suōwēijiāojuǎnyuèdúqì	マイクロフィルム・リーダー maikuro firumu rida		microfilm reader
缩微胶卷贮存柜 suōwēijiāojuǎnzhùcúnguì	マイクロフィルム・キャビネット maikuro firumu kyabinetto		microfilm cabinet
缩微胶片 suōwēijiāopiàn	マイクロフィッシュ maikuro fisshu		microfiche
缩微胶片卷 suōwēijiāopiànjuǎn	ロール・マイクロフィルム roru maikurofirumu		roll microfilm
缩微胶片贮存柜 suōwēijiāopiànzhùcúnguì	マイクロフィッシュ・キャビネット maikuro fisshu kyabinetto		microfiche cabinet
缩微印刷品阅读器 suōwēiyìnshuāpǐnyuèdúqì	マイクロプリント・リーダー maikuropurinto rida		microprint reader
锁线 suǒxiàn	糸綴じ itotoji		sewing stitching

索引 suǒyǐn	索引 sakuin	index
缩印版 suōyìnbǎn	縮刷版 shukusatsuban	reduced size edition
索引标记 suǒyǐnbiāojì	インデックス・マーク indekkusu maku	index mark
索引名 suǒyǐnmíng	インデックス・ネーム indekkusu nemu	index name
索引手册 suǒyǐnshǒucè	インデックス・マニュアル indekkusu manyuaru	index manual
索引文件 suǒyǐnwénjiàn	インデックス・ファイル indekkusu fairu	index file

T

拓本 tàběn	拓本 takuhon	rubbing of the inscription rubbing edition
套色版 tàosèbǎn	多色版 tashokuban	multicolored plates
套色木版 tàosèmùbǎn	彩色木版 saishiki mokuhan	colored woodcut
套色木版画 tàosèmùbǎnhuà	彩色木版画 saishiki mokuhanga	colored wood engraving
特别版 tèbiébǎn	特別版 tokubetsuban	special edition
特征 tèzhēng	タグ データ(文字、数字、符号)識別表示 tagu	tag
特征记号 tèzhēngjìhào	タグ・マーク tagu maku	tag mark
特征卡片 tèzhēngkǎpiàn	タグ・カード tagu kado	tag card
天边 tiānbiān	天 頂部小口 ten chobu koguchi	top edge
天金 tiānjīn	天金 tenkin	gilt tops

天头 tiāntóu	天 ten	top
条 tiáo	アイテム aitemu	item
条件 tiáojiàn	条件 joken	condition
条形码 tiáoxíngmǎ	バー・コード ba kodo	bar code
调整 tiáozhěng	調整 chosei	justification
题跋 tíbá	説明書き 挿画・写真の説明書き setsumeigaki	legend
题辞 tící	題辞 daiji	inscription epigraph
铁笔 tiěbǐ	鉄筆 teppitsu	stencil pen
提纲 tígāng	要約 概要 yoyaku gaiyo	summary
题录 tílù	標題 タイトル hyodai taitoru	title
题录检索系统 tílùjiǎnsuǒxìtǒng	レファレンス検索システム refarensu kensaku shisutemu	reference retrieval system
题名为 tímíngwéi	標題 hyodai	entitled
题目 tímù	見出し語 標題 midashigo hyodai	caption
停刊 tíngkān	休刊 kyukan	ceased publication
提问 tíwèn	質問 shitsumon	question
提要 tíyào	抄録 shoroku	abstract
梯子 tīzi	梯子 hashigo	ladder
铜版 tóngbǎn	銅版 doban	copper plate
铜版雕刻 tóngbǎndiāokè	銅版彫刻 doban chokoku	dry point

铜版画 tóngbǎnhuà	銅版術 doban jutsu	chalcography
铜版印刷 tóngbǎnyìnshuā	銅版印刷 doban insatsu	copper plate printing
铜版纸 tóngbǎnzhǐ	光沢紙　アート紙 kotakushi　atoshi	art paper
通草纸 tōngcǎozhǐ	薄葉紙　ライスペーパー usubagami	rice paper
通道 tōngdào	通路 tsuro	aisle
通风 tōngfēng	通風 tsufu	air duct
同上 tóngshàng	同上 dojo	ditto
同音词典 tóngyīncídiǎn	同音異義語辞典 doon igigo jiten	dictionary of homonyms
通用的 tōngyòngde	ポピュラー popyura	popular
投稿 tóugǎo	投稿 toko	contribution
透明纸 tòumíngzhǐ	透明紙 tomeishi	transparent paper
团体 tuántǐ	団体 dantai	organization
凸凹纸 tūāozhǐ	凹凸紙 ototsushi	embossed paper
图版 túbǎn	図版 zuhan	plate
凸版的 tūbǎnde	凸版の toppan no	anastatic
凸版印刷 tūbǎnyìnshuā	凸版印刷 toppan insatsu	anastatic printing relief printing
图表 túbiǎo	図表 zuhyo	table of illustrations table
推荐者 tuījiànzhě	推薦者 suisensha	recommender
图解 tújiě	図解 zukai	figure

途径 tújìng	アプローチ apurochi	approach
脱机 tuōjī	オフ・ライン オン・ラインに対する用語 ofu rain	off line
脱机操作 tuōjīcāozuò	オフ・ライン・オペレーション ofu rain opereshon	off line operation
脱机处理 tuōjīchǔlǐ	オフ・ライン処理 ofu rain shori	off line processing
脱机系统 tuōjīxìtǒng	オフ・ライン・システム ofu rain shisutemu	off line system
脱机应用 tuōjīyìngyòng	オフ・ライン・アプリケーション ofu rain apurikeshon	off line application
脱页 tuōyè	落丁 rakucho	missing page
图书 túshū	図書 tosho	book
图书爱好者 túshūàihàozhě	愛書家 aishoka	book lover bibliophile
图书搬运车 túshūbānyùnchē	トラック torakku	truck
图书博览会 túshūbólǎnhuì	ブック・フェアー bukku fea	book fair
图书博物馆 túshūbówùguǎn	図書博物館 tosho hakubutsukan	book museum
图书采访 túshūcǎifǎng	収集 shushu	acquisition
图书采购 túshūcǎigòu	収書 shusho	acquisition
图书插图 túshūchātú	図書挿絵 tosho sashie	book illustration
图书出版量 túshūchūbǎnliàng	図書出版量 tosho shuppanryo	title output
图书出版业 túshūchūbǎnyè	図書出版業 tosho shuppangyo	publishing business
图书馆 túshūguǎn	図書館 toshokan	library
图书馆报告 túshūguǎnbàogào	ライブラリー・レポート raiburari repoto	library report

图书馆藏书	図書館蔵書	library holdings
túshūguǎncángshū	toshokan zosho	
图书馆藏书目录	図書館蔵書目録	library catalog
túshūguǎncángshūmùlù	toshokan zosho mokuroku	
图书馆参考咨询工作	ライブラリー・レファレンス・ワーク	library reference work
túshūguǎncānkǎozīxúngōngzuò	raiburari refarensu waku	
图书馆法	図書館法	library law
túshūguǎnfǎ	toshokanho	
图书馆管理学	図書館管理学	library management
túshūguǎnguǎnlǐxué	toshokan kanrigaku	
图书馆管理员	図書館管理員	keeper
túshūguǎnguǎnlǐyuán	toshokan kanriin	manager
图书馆建筑	図書館建築	library architecture
túshūguǎnjiànzhù	toshokan kenchiku	
图书馆经费	図書館経費	library costs
túshūguǎnjīngfèi	toshokan keihi	
图书馆经营	図書館経営	library management
túshūguǎnjīngyíng	toshokan keiei	
图书馆计算机化	図書館コンピュータ化	library computerization
túshūguǎnjìsuànjīhuà	toshokan komputaka	
图书馆计算机联机中心	オンライン・コンピュータ図書館情報センター	OCLC[On-line Computer Library Center]
túshūguǎnjìsuànjīliánjīzhōngxīn	onrain kompyuta toshokan joho senta	
图书馆机械化	図書館機械化	library mechanization
túshūguǎnjīxièhuà	toshokan kikaika	mechanization of library
图书馆科学	図書館科学	library science
túshūguǎnkēxué	toshokan kagaku	
图书馆内务处理	ライブラリー・オフィス・ワーク	library office work
túshūguǎnnèiwùchǔlǐ	raiburari ofisu waku	
图书馆情报学促进中心	図書館情報科学促進センター	CALIS[Center for the Advancement of Library and Information Science]
túshūguǎnqíngbàoxuécùjìnzhōngxīn	toshokan joho kagaku sokushin senta	
图书馆设备	図書館設備	library fittings
túshūguǎnshèbèi	toshokan setsubi	
图书馆设计	図書館設計	library planning
túshūguǎnshèjì	toshokan sekkei	
图书馆术语辞典	図書館用語辞典	dictionary of library terms
túshūguǎnshùyǔcídiǎn	toshokan yogo jiten	

图书馆网络 túshūguǎnwǎngluò	ライブラリー・ネットワーク raiburari nettowaku	library network
图书馆委员会 túshūguǎnwěiyuánhuì	図書館委員会 toshokan iinkai	library committee library board
图书馆协会 túshūguǎnxiéhuì	図書館協会 toshokan kyokai	library association
图书馆行政 túshūguǎnxíngzhèng	図書館行政 toshokan gyosei	library administration
图书馆学 túshūguǎnxué	図書館学 toshokangaku	library science
图书馆学教育 túshūguǎnxuéjiàoyù	図書館学教育 toshokangaku kyoiku	library science education
图书馆学课程 túshūguǎnxuékèchéng	図書館学課程 toshokangaku katei	library courses
图书馆业务学 túshūguǎnyèwùxué	図書館マネージメント toshokan manejimento	library management
图书馆员 túshūguǎnyuán	図書館員 toshokan'in	librarian library official
图书馆员教育 túshūguǎnyuánjiàoyù	図書館員教育 toshokan'in kyoiku	education of librarians
图书馆员课程 túshūguǎnyuánkèchéng	司書課程 shisho katei	course for librarian
图书馆运动 túshūguǎnyùndòng	図書館運動 toshokan undo	library campaign
图书馆预算 túshūguǎnyùsuàn	図書館予算 toshokan yosan	library budget
图书馆自动化 túshūguǎnzìdònghuà	図書館自動化 toshokan jidoka	library automation
图书馆自动化网络 túshūguǎnzìdònghuàwǎngluò	図書館オートメーション・ネットワーク toshokan otomeshon nettowaku	library automation network
图书馆自动化系统 túshūguǎnzìdònghuàxìtǒng	図書館オートメーション・システム toshokan otomeshon shisutemu	library automation system
图书馆资料 túshūguǎnzīliào	図書館資料 toshokan shiryo	library materials
图书加工 túshūjiāgōng	整理 seiri	arrangement of books
图书加工业务 túshūjiāgōngyèwù	整理業務 seiri gyomu	technical processing processing

túshūjiāgōng

图书加工用卡片 túshūjiāgōngyòngkǎpiàn	整理カード seiri kado	process slip　copy slip routine slip
图书简介 túshūjiǎnjiè	ブック・ガイド bukku gaido	book guide
图书交换 túshūjiāohuàn	図書交換 tosho kokan	exchange of books
图书俱乐部 tùshūjùlèbù	ブック・クラブ bukku kurabu	book club
图书流通 túshūliútōng	図書流通 toshoryutu	circulation
图书目录 túshūmùlù	図書目録　ブック・リスト tosho mokuroku　bukku risuto	book list
图书批发商 túshūpīfāshāng	書籍卸し業者 shoseki oroshi gyosha	wholesaler
图书设计 túshūshèjì	ブック・デザイン bukku dezain	book design
图书设计者 túshūshèjìzhě	ブック・デザイナー bukku dezaina	book designer
图书升降机 túshūshēngjiàngjī	ブック・リフト　ブック・エレベータ bukku rifuto　bukku erebeta	book lift　book elevator
图书市场 túshūshìchǎng	図書市場 tosho shijo	book market
图书索引 túshūsuǒyǐn	ブック・インデックス bukku indekkusu	book index
图书剔除 túshūtīchú	除籍 joseki	weeding
图书统一分编 túshūtǒngyīfēnbiān	集中整理 shuchu seiri	centralized processing
图书展览 túshūzhǎnlǎn	本の陳列 hon no chinretsu	book display
图书展览会 túshūzhǎnlǎnhuì	図書展示会 tosho tenjikai	book exhibition
图书中心 túshūzhōngxīn	ブック・センター bukku senta	book center
图书装订厂 túshūzhuāngdìngchǎng	ブック・バインダー bukku bainda	book binder
图书装订术 túshūzhuāngdìngshù	製本技術　　　製本 seihon gijutsu　　seihon	book binding art

图书资料 túshūzīliào	図書資料 tosho shiryo	book materials
图像 túxiàng	イコン 図像 ikon zuzo	icon
图形数据处理 túxíngshùjùchǔlǐ	映像データ処理 eizo deta shori	film data processing
图样 túyàng	グラフィック 図案画 gurafikku zuanga	graphic

W

外国文献 wàiguówénxiàn	外国文献 gaikoku bunken	foreign document
外借 wàijiè	館外貸出 kangai kashidashi	circulation
外借册数 wàijiècèshù	貸出冊数 kashidashi sassu	circulation
外借登记 wàijièdēngjì	貸出登録 kashidashi toroku	registration
外借服务 wàijièfúwù	貸出サービス kashidashi sabisu	charging service
外借规则 wàijièguīzé	貸出規則 kashidashi kisoku	loan library rules rules for borrowers
外借记录 wàijièjìlù	貸出記録 kashidashi kiroku	loan register loan record
外借手续 wàijièshǒuxù	貸出手続 kashidashi tetsuzuki	charging system
外借统计 wàijiètǒngjì	貸出統計 kashidashi tokei	loan statistics circulation statistics
外来语 wàiláiyǔ	外来語 gairaigo	foreign adapted word alien word
外切口 wàiqiēkǒu	前小口 maekoguchi	fore-edge
外文图书 wàiwéntúshū	洋書 yosho	foreign books western books

网络 wǎngluò	ネットワーク nettowaku	network
网络系统 wǎngluòxìtǒng	ネットワーク・システム nettowaku shisutemu	network system
网目版 wǎngmùbǎn	網目版 amimeban	halftone
未裁本 wèicáiběn	アンカット本 ankattobon	unopened uncut
未出版 wèichūbǎn	未刊 mikan	unpublished
尾花饰 wěihuāshì	章末のカット shomatsu no katto	tail ornament tail piece
未经订线的 wèijīngdìngxiànde	綴じない かがらない tojinai kagaranai	unstiched
未切齐的 wèiqiēqíde	アンカット ankatto	uncut
未切书边 wèiqiēshūbiān	アンカットの小口 ankatto no koguchi	untrimmed edges
未删节本 wèishānjiéběn	全文版 削除個所のない zembumban	unexpurgated edition
未完成的作品 wèiwánchéngdezuòpǐn	断片 未完遺稿 dampen mikan iko	fragment
伪造版 wěizàobǎn	偽版 niseban	counterfeit edition
伪造本 wěizàoběn	偽造本 gizobon	fake
伪造文件 wěizàowénjiàn	偽造文 gizobun	forgery
未装订本 wèizhuāngdìngběn	未製本 miseihon	unbound
文档 wéndàng	インフォメーション・ファイル infomeshon fairu	information file
文集 wénjí	文集 選集 bunshu senshu	anthology
文件夹 wénjiànjiā	書類ばさみ shoruibasami	folder
文献 wénxiàn	文献 bunken	documentation

文献编辑 wénxiànbiānjí	文献 bunken ドキュメンテーション dokyumenteshon	document documentation
文献查阅室 wénxiàncháyuèshì	サーチ・ルーム sachi rumu	search room
文献的 wénxiànde	文献の bunken no ドキュメンテーションの dokyumenteshon no	documentary
文献工作 wénxiàngōngzuò	ドキュメンテーション dokyumenteshon 文献活動 bunken katsudo	documentation
文献工作中心 wénxiàngōngzuòzhōngxīn	ドキュメンテーション・センター dokyumenteshon senta	documentation center document center
文献收集 wénxiànshōují	文献収集 bunken shushu	acquisition work
文献中心 wénxiànzhōngxīn	文献センター bunken senta	document center
文献资料中心 wénxiànzīliàozhōngxīn	メディア・センター media senta	media center
文选 wénxuǎn	選集 senshu	selected works
文摘 wénzhāi	ダイジェスト daijesuto	digest
纹章图案集 wénzhāngtúànjí	紋章集 monshoshu	book of arms
文章中的漏句 wénzhāngzhōngdelòujù	脱文 datsubun	lacuna
文字 wénzì	文字 moji	letter
文字自动处理机 wénzìzìdòngchǔlǐjī	ワード・プロセッサ wado purosessa	word processor
无编号的页 wúbiānhàodeyè	ページ付けのない pejizuke no nai	unnumbered page
无日期 wúrìqī	刊年不詳 kannen fusho	no date
无书名页的书 wúshūmíngyèdeshū	無標題紙本 muhyodaishibon	work with title page missing
污损的 wūsǔnde	染み付き shimitsuki 古ぼけた furuboketa	spotted soiled
无线装订 wúxiànzhuāngdìng	無線綴じ musentoji	perfect binding

X

献词 xiàncí	献呈 kentei	dedication
现代的 xiàndàide	現代の gendai no	contemporary
限定版 xiàndìngbǎn	限定版 genteiban	limited edition
箱 xiāng	箱　　ボール箱 hako　borubako	box　case
相互参照 xiānghùcānzhào	相互参照 sogo sansho	cross reference
项目 xiàngmù	項目 komoku	item
象形文字 xiàngxíngwénzì	象形文字 shokei moji	pictograph
线装 xiànzhuāng	仮り綴じ　袋綴じ kari toji　fukuro toji	sewing sewn thread-stiching
线装本 xiànzhuāngběn	和綴じ本　袋綴じ本 watojibon　fukurotojibon	double-leaved book
线装机装订 xiànzhuāngjīzhuāngdìng	ミシン綴じ mishin toji	machine sewing
小版书 xiǎobǎnshū	豆本 mamehon	dwarf book
小册子 xiǎocèzi	小冊子 shosasshi	booklet lampoon pamphlet
小册子作者 xiǎocèzizuòzhě	パンフレット発行者 panfuretto hakkosha	pamphleteer
小工具 xiǎogōngjù	小道具 kodogu	small tools
小花饰 xiǎohuāshì	花模様 hana moyo	floral ornament
小牛皮纸 xiǎoniúpízhǐ	牛皮紙　ベラム gyuhishi　beramu	vellum　calf
小牛皮装订 xiǎoniúpízhuāngdìng	子牛皮装丁 koushigawa sotei	calf binding

小品 xiǎopǐn	スケッチ suketchi	短編 tampen	小品 shohin	sketch

小说 xiǎoshuō	小説 shosetsu	novel fiction
肖像 xiàoxiàng	肖像 shozo	portrait
细长字体 xìchángzìtǐ	肉細活字 nikuboso katsuji	light face letter
写入 xiěrù	書写 shosha	writing scribe
楔形文字 xiēxíngwénzì	楔形文字 kusabigata moji	cuneiform writing
写字室 xiězìshì	写字室 shajishitsu	scriptorium
协作 xiézuò	相互協力 sogo kyoryoku	mutual cooperation
吸墨纸 xīmòzhǐ	吸取り紙 suitorigami	blotting paper
细目卡 xìmùkǎ	細目カード saimoku kado	detail card

锌版 xīnbǎn	亜鉛凸版　亜鉛版 aen toppan　aenban	zincograph

新版 xīnbǎn	新版 shimpan	new edition
锌版印刷术 xīnbǎnyìnshuāshù	亜鉛凸版印刷術 aen toppan insatsujutsu	zincography
新出版 xīnchūbǎn	新刊書 shinkansho	new publication
新出版物 xīnchūbǎnwù	新出版物 shinshuppambutsu	new publication
新到图书 xīndàotúshū	新着図書 shinchaku tosho	recent acquisitions
信封 xìnfēng	封筒 futo	envelope
星标 xīngbiāo	星標 seihyo	asterisk
星号 xīnghào	星標 seihyo	asterisk

形式 xíngshì	形式 keishiki	form
形式分类 xíngshìfēnlèi	形式分類 keishiki bunrui	form classification
形式区分 xíngshìqūfēn	形式区分 keishiki kubun	common subdivision form division
形式细目 xíngshìxìmù	形式細目 keishiki saimoku	common subdivision
行体字 xíngtǐzì	アンシャル体 ansharutai	uncial
锌平版 xīnpíngbǎn	亜鉛平版 aen heihan	zincograph
新书编号 xīnshūbiānhào	受入れ番号 ukeire bango	accession number
新书采购记录 xīnshūcǎigòujìlù	受入れ記録 ukeire kiroku	accession record
新书信息 xīnshūxìnxī	ブック・ニュース bukku nyusu	book news
新书预告 xīnshūyùgào	カレント・アウェアネス karento aueanesu	current awareness
信息处理系统 xìnxīchǔlǐxìtǒng	情報処理システム joho shori shisutemu	information processing system
新西兰图书馆协会 Xīnxīlántúshūguǎnxiéhuì	ニュージーランド図書館協会 nyujirando toshokan kyokai	NZLA[New Zealand Library Association]
信用卡 xìnyòngkǎ	クレジット・カード kurejitto kado	credit card
新约全书 Xīnyuēquánshū	新約聖書 shin'yaku seisho	New Testament
新作品 xīnzuòpǐn	新作　書き下ろし shinsaku kakioroshi	new writing
戏曲 xìqǔ	戯曲 gikyoku	drama
系统 xìtǒng	システム shisutemu	system
系统码 xìtǒngmǎ	システム・コード shisutemu kodo	system code
系统设计 xìtǒngshèjì	システム・デザイン shisutemu dezain	system design

修订版 xiūdìngbǎn	改訂版 kaiteiban	revised edition
修订增补版 xiūdìngzēngbǔbǎn	改訂増補版 kaitei zohoban	revised and larged edition
修理 xiūlǐ	修理　修理した shuri　shuri shita	repair　repaired
袖珍版 xiùzhēnbǎn	ポケット版 pokettoban	pocket edition
袖珍本 xiùzhēnběn	豆本 mamehon	miniature book pocket book
袖珍地图集 xiùzhēndìtújí	ポケット版地図帳 pokettoban chizucho	pocket atlas
修正 xiūzhèng	修正 shusei	amend
袖珍字典 xiùzhēnzìdiǎn	ポケット版辞書 pokettoban jisho	pocket dictionary
西文图书编目条例 xīwéntúshūbiānmùtiáolì	洋書目録規則 yosho mokuroku kisoku	cataloging rules for foreign books
西文图书目录 xīwéntúshūmùlù	洋書目録 yosho mokuroku	catalog of foreign books
稀有本 xīyǒuběn	稀覯書 kikosho	rare book　rare issue
稀有的 xīyǒude	珍しい　稀な mezurashii　marena	very rare　rare
稀有图书 xīyǒutúshū	稀覯図書　善本 kikotosho　zempon	scarce　rare book
稀有图书商 xīyǒutúshūshāng	稀覯書店 kikoshoten	rare book dealer
序 xù	まえがき maegaki	foreword
选定版 xuǎndìngbǎn	決定版 ketteiban	definitive edition
选集 xuǎnjí	選集 senshu	anthology　selection selected works
选卡机 xuǎnkǎjī	カード・セレクター kado serekuta	card selector
选书 xuǎnshū	選書 sensho	choice of books

宣纹纸 xuānwénzhǐ	簀の目紙 平行した漉目のある紙 sunomekami	laid paper
宣纸 xuānzhǐ	画仙紙 書画用の上質紙 gasenshi	China paper
叙词表 xùcíbiǎo	シソーラス 用語集 件名標目表 shisorasu yogoshu kemmeihyomokuhyo	thesaurus
续订 xùdìng	予約を更新する yoyaku o koshin suru	renew a subscription
续订期刊 xùdìngqīkān	予約を更新する yoyaku o koshin suru	continue a subscription
学报 xuébào	紀要 kiyo	transaction
学会 xuéhuì	アカデミー akademi	academy
学会会报 xuéhuìhuìbào	会報 報告 kaiho hokoku	proceedings
学术报告会 xuéshùbàogàohuì	シンポジュム shimpojumu	symposium
学术杂志 xuéshùzázhì	学術雑誌 gakujutsu zasshi	scientific journal technical journal
学位论文 xuéwèilùnwén	学位論文 gakui rombun	dissertation thesis
学校图书馆 xuéxiàotúshūguǎn	学校図書館 gakko toshokan	school library
学校图书馆专职教员 xuéxiàotúshūguǎnzhuānzhí jiàoyuán	司書教諭 shisho kyoyu	teacher-librarian
续借 xùjiè	貸出期間更新 kashidashi kikan koshin	to renew a loan to extend a loan
续刊 xùkān	継続 keizoku	continuation
许可证 xǔkězhèng	許可証 kyokasho	licence permission
循环轮排法 xúnhuánlúnpáifǎ	ローテーション roteshon	rotation
序文 xùwén	序文 jobun	preface

序言 xùyán	まえがき maegaki	foreword

Y

羊皮革 yángpígé	羊の皮 hitsuji no kawa	sheepskin
样品 yàngpǐn	見本　サンプル mihon　sampuru	sample　specimen
羊皮纸 yángpízhǐ	羊皮紙　パーチメント yohishi　pachimento	parchment
样式 yàngshì	型 kata	format
样书 yàngshū	見本 mihon	sample　specimen copy
研究阅览室 yánjiūyuèlǎnshì	研究閲覧室　キャレル kenkyu etsuranshitsu　kyareru	carrel
赝品 yànpǐn	偽造　偽物 gizo　nisemono	forgery
压印 yāyìn	押し印 oshiin	stamp
页 yè	ページ peji	page
页边 yèbiān	余白　欄外 yohaku　rangai	margin
页面检验 yèmiànjiǎnyàn	ページ点検 peji tenken	page check
页数 yèshù	ページ数　ページ付け peji su　pejizuke	number of pages page number　pagination
异版 yìbǎn	異版 ihan	different edition variant
异版本 yìbǎnběn	異版本 ihanbon	alternative version
溢出 yìchū	オーバーフロー obafuro	overflow

yícì

一次文献 yícìwénxiàn	一次文献 ichiji bunken	primary document
议定书 yìdìngshū	プロトコル purotokoru　議定書 giteisho	protocol
易读的 yìdúde	読みやすい yomiyasui	legible
遗稿 yígǎo	遺稿 iko	posthumous work
议会图书馆 yìhuìtúshūguǎn	議会図書館 gikai toshokan	Parliamentary Library
一经售出概不退换 yìjīngshòuchūgàibútuìhuàn	買い主責任 kainushi sekinin	with all faults
一览表 yìlǎnbiǎo	一覧表 ichiranhyo　スケジュール sukejuru	synoptic table　schedule synopsis
印本标题页 yìnběnbiāotíyè	印刷標題紙 insatsu hyodaishi	printed title page
应答 yìngdá	応答 oto	answer
硬封面装订的 yìngfēngmiànzhuāngdìngde	ハード・カバー hado kaba	hard cover
英国版权委员会 Yīngguóbǎnquánwěiyuánhuì	英国著作権協議会 eikoku chosakuken kyogikai	BCC[British Copyright Council]
英国国家书目机读目录 Yīngguóguójiāshūmùjīdúmùlù	英国書誌マーク eikoku shoshi maku	BNB MARC[British National Bibliography MARC]
英国科学技术情报咨询委员会 Yīngguókēxuéjìshùqíngbào zīxúnwěiyuánhuì	[英国]科学技術情報諮問委員会 [eikoku] kagaku gijutsu joho shimon iinkai	ACSTI[Advisory Committee for Scientific and Technical Information]
英国图书馆与情报学院协会 Yīngguótúshūguǎnyǔqíngbào xuéyuànxiéhuì	英国図書館情報学校協会 eikoku toshokan joho gakko kyokai	ABLISS[Association of British Library and Information Science Schools]
英国图书馆自动化情报服务系统 Yīngguótúshūguǎnzìdònghuàqíng bàofúwùxìtǒng	英国図書館学術情報オンライン・システム eikoku toshokan gakujutsu joho onrain shisutemu	BLAISE[British Library Automated Information Service]
英国在版书目 Yīngguózàibǎnshūmù	英国出版物総目録 eikoku shuppambutsu somokuroku	BBIP[British Books in Print]
硬脊 yìngjǐ	硬背 kataze	hardback tight back

硬件 yìngjiàn	ハードウェア hadouea	hardware
英美目录条例 Yīngměimùlùtiáolì	英米目録規則 eibei mokuroku kisoku	AACR[Anglo-American Cataloging Rules]
影片图书馆 yǐngpiàntúshūguǎn	フィルム・ライブラリー firumu raiburari	film library
英文版 Yīngwénbǎn	英語版 eigoban	English edition
英译本 Yīngyìběn	英訳本 eiyakubon	English translation
影印版 yǐngyìnbǎn	影印本　影印版 eiinbon　eiinban	facsimile reprint facsimile edition
应用程序 yìngyòngchéngxù	アプリケーション・プログラム apurikeshon puroguramu	application program
隐名的 yǐnmíngde	匿名 tokumei	anonymous
印数 yìnshù	印刷部数 insatsu busu	number of impression run
印刷 yìnshuā	印刷　プリント insatsu　purinto	print printing impression
印刷本 yìnshuāběn	印刷本 insatsubon	printed book
印刷厂商标 yìnshuāchǎngshāngbiāo	印刷所の商標 insatsujo no shohyo	printer's device printer's mark
印刷错误 yìnshuācuòwù	誤植 goshoku	misprint
印刷地 yìnshuādì	印刷地 insatsuchi	place of printing
印刷工人 yìnshuāgōngrén	印刷職人 insatsu shokunin	typographer
印刷机 yìnshuājī	印刷機 insatsuki	printing machine
印刷卡片 yìnshuākǎpiàn	印刷カード insatsu kado	printed card
印刷美术图案 yìnshuāměishùtúàn	グラフィック・デザイン gurafikku dezain	graphic design
印刷年 yìnshuānián	印刷年 insatsunen	date of impression

印刷品 yìnshuāpǐn	印刷物 insatsubutsu	printed matter / printing material
印刷日期 yìnshuārìqī	印刷日 insatsubi	date of printing
印刷术 yìnshuāshù	印刷術 insatsujutsu / 活版印刷術 kappan insatsujutsu	typography / art of printing
印刷数 yìnshuāshù	印刷部数 insatsu busu	number of imprint run
印刷所 yìnshuāsuǒ	印刷所 insatsujo	printing house
印刷体字母 yìnshuātǐzìmǔ	活字母型 katsuji bokei	matrix
印刷用原稿 yìnshuāyòngyuángǎo	印刷用原稿 insatsuyo genko	printer's copy
印刷用纸 yìnshuāyòngzhǐ	印刷用紙 insatsu yoshi	printing paper
印刷油墨 yìnshuāyóumò	印刷インキ insatsu inki	printer's ink
印刷载体 yìnshuāzàitǐ	印刷メディア insatsu media	printing media
印刷者 yìnshuāzhě	印刷者 insatsusha	printer
印刷者名称 yìnshuāzhěmíngchēng	印刷者名 insatsushamei	name of printer
印刷中 yìnshuāzhōng	印刷中 insatsuchu	in press
印刷资料 yìnshuāzīliào	印刷資料 insatsu shiryo	printed material
印台 yìntái	インキ台 inkidai	ink pad
引言 yǐnyán	序論 joron	introduction
引用 yǐnyòng	引用 in'yo	citation
引用索引 yǐnyòngsuǒyǐn	引用索引 in'yo sakuin	citation index
引用文 yǐnyòngwén	引用文 in'yobun	quotation / quoted passage

引用文献 yǐnyòngwénxiàn	引用文献 in'yo bunken	literature cited
印章 yìnzhāng	印 in	stamp
佚书 yìshū	逸書 散逸してしまった書物 issho	lost book
一帖 yìtiě	帖 jo	quire　sheet
译文 yìwén	訳文 yakubun　翻訳 hon'yaku	translation
医学图书馆协会 yīxuétúshūguǎnxiéhuì	医学図書館協会 igaku toshokan kyokai	MLA[Medical Library Association]
意义相反的 yìyìxiāngfǎnde	反意語 han'igo　反意の han'i no	adverse antonym
抑制 yìzhì	抑制 yokusei　抑止 yokushi	suppression
遗著 yízhù	遺作 isaku	posthumous work
遗著版 yízhùbǎn	遺稿版 ikoban　遺作版 isakuban	posthumous edition
用户 yònghù	利用者 riyosha	user　reader
有插图的书籍 yǒuchātúdeshūjí	挿絵入り本 sashie iri bon	illustrated book
邮费 yóufèi	郵便料 yubinryo	postage
邮购 yóugòu	メール・オーダー meru oda	mail order
有光纸 yǒuguāngzhǐ	光沢紙 kotakushi	glazed paper
邮区代号 yóuqūdàihào	ジップ・コード jippu kodo　郵便番号 yubin bango	zip code
油印蜡纸 yóuyìnlàzhǐ	ステンシル sutenshiru	stencil
邮政 yóuzhèng	郵便 yubin	mail
优质纸 yōuzhìzhǐ	コットン・ペーパー kotton pepa　ラグ・ペーパー ragu pepa 古布を原料とした高級上質紙	cotton paper rag paper

油渍的 yóuzìde	油の染み abura no shimi	grease-spotted
原版 yuánbǎn	原版 gemban	original edition
原尺寸 yuánchǐcùn	原寸 gensun	original size
原封皮 yuánfēngpí	オリジナル・ジャケット orijinaru jaketto	original wrapper
原稿 yuángǎo	原稿 genko	original manuscript original paper original
圆脊 yuánjǐ	丸背 maruze	round back
原件 yuánjiàn	オリジナル orijinaru	original
原始资料 yuánshǐzīliào	一次資料 ichiji shiryo	primary source
原书名 yuánshūmíng	原書名 genshomei	original title
原文 yuánwén	原文 gembun	text
原文本 yuánwénběn	原書 gensho	original text original edition
原装 yuánzhuāng	原装 genso	original binding
原装本 yuánzhuāngběn	発行所装丁 hakkosho sotei	publisher's binding
余白 yúbái	余白　欄外 yohaku　rangai	margin　blank
预定 yùdìng	予約する yoyaku suru	subscribe
预订单 yùdìngdān	予約申込書 yoyaku moshikomisho	subscription form
预订者 yùdìngzhě	予約者 yoyakusha	subscriber
月刊 yuèkān	月刊 gekkan	monthly
阅览 yuèlǎn	閲覧 etsuran	reading reference

阅览规则 yuèlǎnguīzé	閲覧規則 etsuran kisoku	reading-room regulation reading-room rules
阅览室 yuèlǎnshì	閲覧室 etsuranshitsu	reading room
阅览证 yuèlǎnzhèng	閲覧証 etsuransho	reader's card reader's ticket
乐谱 yuèpǔ	楽譜 gakufu	score
预付 yùfù	前払い maebarai	prepaid
语汇索引 yǔhuìsuǒyǐn	用語索引 yogo sakuin	concordance
运筹学 yùnchóuxué	オペレーション・リサーチ opereshon risachi	OR[operation research]
运费 yùnfèi	運賃 unchin	carriage
运书车 yùnshūchē	ブック・トラック bukku torakku	book truck
逾期不还者 yúqībùhuánzhě	延滞常習者 entai joshusha	person on the black-list defaulter
预算 yùsuàn	予算 yosan	budget
语言 yǔyán	言語 gengo	language
寓言 yùyán	寓話 guwa	fable
寓言集 yùyánjí	寓話集 guwashu	book of fables fable
语言学 yǔyánxué	言語学 gengogaku	linguistics
预约图书 yùyuētúshū	予約図書 yoyaku tosho	subscription books reserved books
预约阅览图书 yùyuēyuèlǎntúshū	閲覧予約図書 etsuran yoyaku tosho	to reserve a book reserved book

Z

再版 zàibǎn	再版 saihan	republication reprint edition
在版编目 zàibǎnbiānmù	出版目録 shuppan mokuroku	CIP[cataloging in publication]
在版图书 zàibǎntúshū	ブック・イン・プリント bukku in purinto	book in print
杂文集 záwénjí	雑文集 zatsubunshu	miscellaneous works
杂志 zázhì	雑誌 zasshi	periodical journal magazine
杂志陈列架 zázhìchénlièjià	雑誌架 zasshika	magazine display stand magazine rack
杂志夹 zázhìjiā	雑誌挟み zasshibasami	magazine binder
杂志目录 zázhìmùlù	雑誌目録 zasshi mokuroku	periodical catalog
增补版 zēngbǔbǎn	増補版 zohoban	enlarged edition
增订版 zēngdìngbǎn	増訂版 zoteiban	enlarged and revised edition
增加图书 zēngjiātúshū	増加図書 zoka tosho	accessions additions
增刊 zēngkān	増刊号 zokango	special issue extra issue
赠书样本 zèngshūyàngběn	贈呈本 zoteibon	presentation copy
赠书者 zèngshūzhě	寄贈者 kizosha	donator
赠送本 zèngsòngběn	寄贈本 kizobon　寄贈図書 kizo tosho	donation book gift donation
窄型书 zhǎixíngshū	縦長本 tatenagabon	narrow book
摘要 zhāiyào	提要 teiyo　サマリー samari	abridgement sketch excerpt

札记 zhájì	注釈 chushaku　注 chu	note(-s)
张 zhāng	帳 cho　帖 jo	quire sheet
章 zhāng	章 sho	chapter
张挂的地图 zhāngguàdedìtú	掛地図 kakechizu	wall map
章节 zhāngjié	文節 bunsetsu　章 sho	paragraph
章节标题 zhāngjiébiāotí	章題 shodai	chapter heading
章头小花饰 zhāngtóuxiǎohuāshì	唐草模様の飾り karakusa moyo no kazari	vignette
展开式图书分类法 zhǎnkāishìtúshūfēnlèifǎ	カッター展開分類表 katta tenkai bunruihyo	EC[Expansive Classification]
展览 zhǎnlǎn	展示 tenji　陳列 chinretsu	display
展览厅 zhǎnlǎntīng	展示ホール tenji horu	exhibition hall
展书目录 zhǎnshūmùlù	展示目録 tenji mokuroku	book fair catalog
招贴画 zhāotiēhuà	ポスター posuta	poster
照相凹版 zhàoxiàng'āobǎn	写真凹版 shashin ohan　グラビア gurabia	photogravure
照相复制服务 zhàoxiàngfùzhìfúwù	コピー・サービス kopi sabisu	copy service
照相机 zhàoxiàngjī	カメラ kamera　写真 shashin	camera photograph
照相平版 zhàoxiàngpíngbǎn	写真平版 shashin heihan	photolithography
照相术 zhàoxiàngshù	写真 shashin　撮影術 satsueijutsu	photography
照相铜版 zhàoxiàngtóngbǎn	網版 amihan	halftone
照相锌版 zhàoxiàngxīnbǎn	亜鉛網版 aen amiban	zinc halftone

照相制版 zhàoxiàngzhìbǎn	写真製版 shashin seihan	photoengraving
折本 zhéběn	折り本 orihon	folding folding book
折叠 zhédié	折り畳み oritatami	fold
折叠式插图 zhédiéshìchātú	折り畳み図版 oritatami zuhan	folding plate
折叠式地图 zhédiéshìdìtú	折り畳み地図 oritatami chizu	folding map
折扣 zhékòu	割引 waribiki 減価 genka	discount
珍本 zhēnběn	珍本 chimpon 稀覯本 kikosho 貴重書 kichosho	rare book scarce book rare printing
珍本图书室 zhēnběntúshūshì	貴重図書室 kichotoshoshitsu	rare book room
政府出版物 zhèngfǔchūbǎnwù	政府刊行物 seifu kankobutsu	government publication
政府出版物服务中心 zhèngfǔchūbǎnwùfúwùzhōngxīn	政府刊行物サービスセンター seifu kankobutsu sabisu senta	government publication service center
政府公报 zhèngfǔgōngbào	官報 kampo	official gazette
整批入藏登记 zhěngpīrùcángdēngjì	一括受入れ ikkatsu ukeire	block accession
征书单 zhēngshūdān	希望図書 kibo tosho	desideratum
正书名 zhèngshūmíng	正書名 seishomei	main title
珍贵图书 zhēnguìtúshū	貴重図書 kicho tosho	rare book
正误表 zhèngwùbiǎo	正誤表 seigohyo	erratum table of errors errata
征询意见 zhēngxúnyìjiàn	アンケート anketo	enquête
整张纸 zhěngzhāngzhǐ	全紙 zenshi	sheet
针体字 zhēntǐzì	イタリック体 itarikkutai	Italic type

折页 zhéyè	折り本　折り丁 orihon　　oricho	folding
折页记号 zhéyèjìhào	折り記号　折り丁 orikigo　　oricho	signature signature line
纸草文献 zhǐcǎowénxiàn	パピルス文献 papirusu bunken	papyrus
纸带 zhǐdài	紙テープ kami tepu	paper tape
指定阅读的图书 zhǐdìngyuèdúdetúshū	指定図書　辞典や参考図書など、 shitei tosho　一般図書と区別される	reserved book
纸夹 zhǐjiā	紙ばさみ kamibasami	portfolio
直接影印机 zhíjiēyǐngyìnjī	フォトスタット　直接複写用カメラ fotosutatto	photostat
纸卷 zhǐjuǎn	巻子本　　巻物 kansubon　makimono	scroll
纸面 zhǐmiàn	紙 kami	paper
纸面书 zhǐmiànshū	紙装丁本 kami soteibon	paper bound paper back
纸面装订 zhǐmiànzhuāngdìng	紙装丁 kami sotei	paper binding
指南 zhǐnán	入門書 nyumonsho	directory　guide
智能的 zhìnéngde	インテリジェント interijento	intelligent
纸莎草 zhǐshācǎo	パピルス草 papirusugusa	papyrus
制铜版术 zhìtóngbǎnshù	銅版技法 doban giho	copper-engraving
植物志 zhíwùzhì	植物誌 shokubutsushi	flora
纸型 zhǐxíng	紙型　　マスター shikei　　masuta	mould　master paper foundry proof　matrix
直译 zhíyì	直訳 chokuyaku	literal translation
纸张 zhǐzhāng	紙葉　　印刷用紙 shiyo　　insatsu yoshi	sheet

终端设备 zhōngduānshèbèi	端末装置 tammatsu sochi	terminal equipment
终端用户 zhōngduānyònghù	端末ユーザー tammatsu yuza	terminal user
中国古籍善本书目 Zhōngguógǔjíshànběnshūmù	中国古籍善本目録 chugoku koseki zempon mokuroku	bibliography of Chinese Ancient Rare Books
中国科学院图书分类法 Zhōngguókēxuéyuàntúshūfēnlèifǎ	中国科学院図書分類法 chugoku kagakuin tosho bunruiho	classification for library of the Chinese Academy of Science
中国图书馆图书分类法 Zhōngguótúshūguǎntúshūfēnlèifǎ	中国図書館図書分類法 chugoku toshokan tosho bunruiho	classification for Chinese Libraries
中国图书馆协会 Zhōngguótúshūguǎnxiéhuì	中国図書館協会 chugoku toshokan kyokai	LAC[Library Association of China]
中心图书馆 zhōngxīntúshūguǎn	中央図書館 chuo toshokan	central library
中央处理机 zhōngyāngchǔlǐjī	中央処理装置 chuo shori sochi	CPU[Central Processing Unit]
周刊 zhōukān	週刊 shukan	weekly
州立图书馆 zhōulìtúshūguǎn	州立図書館 shuritsu toshokan	state library
装订 zhuāngdìng	装丁　製本 sotei　seihon	book binding binding
装订封面用的软羊皮 zhuāngdìngfēngmiànyòngderuǎnyángpí	羊の皮　モロッコ皮代用の柔らかい製本用の羊皮 hitsuji no kawa	roan
装订书本 zhuāngdìngshūběn	装丁本　製本 soteibon　seihon	book binding
装订样式 zhuāngdìngyàngshì	束見本 tsukamihon	dummy
装订用厚麻布 zhuāngdìngyònghòumábù	バックラム　製本用の上質クロス bakkuramu	buckram
装订用羊皮 zhuāngdìngyòngyángpí	バックスキン bakkusukin	buckskin
状况 zhuàngkuàng	状況　状態 jokyo　jotai	condition
装饰 zhuāngshì	装飾 soshoku	decoration　ornament

装饰带 zhuāngshìdài	飾り罫線 kazari keisen	ornamental band
装饰首字母 zhuāngshìshǒuzìmǔ	飾り文字 kazari moji	initial decorated with figures
装饰镶边 zhuāngshìxiāngbiān	飾り枠 kazari waku	ornamental border
传记 zhuànjì	伝記 denki	biography
专刊 zhuānkān	特別号 tokubetsugo	special issue extra issue
转录 zhuǎnlù	転写 tensha	transcription
专题论文 zhuāntílùnwén	専攻論文 senko rombun	monograph
专业图书馆 zhuānyètúshūguǎn	専門図書館 semmon toshokan	special library
转置 zhuǎnzhì	書き換え kakikae	transcription
主编 zhǔbiān	主編者 shuhenja	general editor
主标题 zhǔbiāotí	主標題　件名 shuhyodai kemmei	main heading
筑波大学联机情报服务 Zhùbōdàxuéliánjīqíngbàofúwù	筑波大学オンライン情報サービス tsukuba daigaku onrain joho sabisu	UTOPIA[University of Tsukuba Online Processing of Information]
注册 zhùcè	登録 toroku	register
主带 zhǔdài	マスター・テープ masuta tepu	master tape
注解 zhùjiě	注釈 chushaku	annotation
注解字典 zhùjiězìdiǎn	注釈辞典 chushaku jiten	explanatory dictionary
主卡 zhǔkǎ	マスター・カード masuta kado	master card
助理馆员 zhùlǐguǎnyuán	司書補佐　司書補 shisho hosa　shishoho	library assistant

注释 zhùshì	注釈 説明 chushaku setsumei	commentary explanation adversaria
注释者 zhùshìzhě	注釈者 chushakusha	commentator annotator
著书集子 zhùshūjízi	著作集 chosakushu	collected works
主题分类目录 zhǔtífēnlèimùlù	件名分類目録 kemmei bunrui mokuroku	classed subject catalog
主题卡片 zhǔtíkǎpiàn	件名カード kemmei kado	subject card
主题卡片排列 zhǔtíkǎpiànpáiliè	件名カード配列 kemmei kado hairetsu	filing of cards by subject
主题目录 zhǔtímùlù	件名目録 kemmei mokuroku	subject catalog
主题索引 zhǔtísuǒyǐn	件名索引 kemmei sakuin	subject index
主外存储器 zhǔwàicúnchǔqì	マスター・ファイル masuta fairu	master file
著者 zhùzhě	著者 chosha	author
著者标目 zhùzhěbiāomù	著者標目 chosha hyomoku	author heading
著者号码 zhùzhěhàomǎ	著者記号 chosha kigo	author mark
著者校正 zhùzhějiàozhèng	著者校正 chosha kosei	author's correction
著者目录 zhùzhěmùlù	著者目録 chosha mokuroku	author catalog
著者索引 zhùzhěsuǒyǐn	著者索引 chosha sakuin	author index
著者赠本 zhùzhězèngběn	著者への献本 chosha eno kempon	author's copy (given free of charge to the author)
铸字厂 zhùzìchǎng	活字製造所 katsuji seizosho	type foundry
渍斑 zìbān	染み shimi	waterstain
自动化及机助编制索引 zìdònghuàjíjīzhùbiānzhìsuǒyǐn	機械可読目録 kikai kadoku mokuroku	MARC[machine-readable catalog]

自动数据处理 zìdòngshùjùchǔlǐ	自動データ処理 jido deta shori	ADP[automatic data processing]
自费版 zìfèibǎn	私家版 shikaban	private press private
自费出版物 zìfèichūbǎnwù	自費出版物 jihi shuppambutsu	privately printed published by the author
字符 zìfú	文字　字体 moji　jitai	character
资料 zīliào	資料 shiryo	data　document
资料交换 zīliàojiāohuàn	資料交換 shiryo kokan	exchange publication exchange
资料盘 zīliàopán	インフォメーション・ファイル infomeshon fairu	information file
资料文件归档制度 zīliàowénjiànguīdàngzhìdù	ファイリング・システム fairingu shisutemu	filing system
字母编码 zìmǔbiānmǎ	アルファベット・ファイリング・コーディング arufabetto fairingu kodingu	alphabetic coding
字母表 zìmǔbiǎo	アルファベット arufabetto	alphabet
字母的 zìmǔde	アルファベティカル arufabetikaru	alphabetical
字母码 zìmǔmǎ	アルファベット・コード arufabetto kodo	alphabetic code
字幕片放映机 zìmùpiànfàngyìngjī	オーバーヘッド・プロジェクター obaheddo purojekuta	overhead projector
字母数据码 zìmǔshùjùmǎ	アルファベット・データ・コード arufabetto deta kodo	alphabetic data code
字母置换法 zìmǔzhìhuànfǎ	字謎　語句のつづり換え遊び jinazo	anagram
字顺地名索引 zìshùndìmíngsuǒyǐn	アルファベット順地名索引 arufabettojun chimei sakuin	alphabetical index of　places
字顺分类目录 zìshùnfēnlèimùlù	アルファベット順分類目録 arufabettojun bunrui mokuroku	alphabetically classed catalog
字顺分类索引 zìshùnfēnlèisuǒyǐn	アルファベット順分類索引 arufabettojun bunrui sakuin	alphabetically classed index

字顺目录 zìshùnmùlù	アルファベット順リスト arufabettojun risuto	alphabetical list / alphabetic catalog
字顺排列 zìshùnpáiliè	アルファベット順配列 arufabettojun hairetsu	alphabetic arrangement / alphabetical location
字顺索引 zìshùnsuǒyǐn	アルファベット順索引 arufabettojun sakuin	alphabetical index
字顺叙词表 zìshùnxùcíbiǎo	アルファベティカル・シソーラス arufabetikaru shisorasu	alphabetical thesaurus
字顺主题目录 zìshùnzhǔtímùlù	アルファベット順件名目録 arufabettojun kemmei mokuroku	alphabetic subject catalog
字顺主题索引 zìshùnzhǔtísuǒyǐn	アルファベット順件名索引 arufabettojun kemmei sakuin	alphabetical subject index
字顺著者号码表 zìshùnzhùzhěhàomǎbiǎo	アルファベット順著者記号表 arufabettojun chosha kigohyo	alphabetical order table
字顺著者排列 zìshùnzhùzhěpáiliè	アルファベット順著者配列 arufabettojun chosha hairetsu	alphabetic author arrangement
字体 zìtǐ	字体 jitai	kind of letter
字体样本 zìtǐyàngběn	活字見本帳 katsuji mihoncho	type specimen
自习室 zìxíshì	自習室 jishushitsu	study room
咨询服务工作者 zīxúnfúwùgōngzuòzhě	レファレンス・ライブラリアン refarensu raiburarian	reference librarian
咨询室 zīxúnshì	レファレンス・ルーム refarensu rumu	reference room
咨询中心 zīxúnzhōngxīn	レファレンス・センター refarensu senta	reference center
自传 zìzhuàn	自伝 jiden	autobiography
综合参考文献 zōnghécānkǎowénxiàn	総合参考文献 sogo sanko bunken	general bibliography
综合索引 zōnghésuǒyǐn	総合索引 sogo sakuin	collective index
综合性图书馆 zōnghéxìngtúshūguǎn	総合図書館 sogo toshokan	general library
总结 zǒngjié	概要 要約 結論 gaiyo yoyaku ketsuron	summary

总论 zǒnglùn	総論 soron	general remarks
总目次 zǒngmùcì	総目次 somokuji	union catalog
总书名 zǒngshūmíng	総合書名 sogo shomei	general title collective title
总索引 zǒngsuǒyǐn	総索引 sosakuin	general index
总系统 zǒngxìtǒng	トータル・システム totaru shisutemu	total system
最新资料 zuìxīnzīliào	最新資料 saishin shiryo	current literature
最新资料报导 zuìxīnzīliàobàodǎo	カレント・アウェアネス・サービス karento aueanesu sabisu	current awareness service
最终校订 zuìzhōngjiàodìng	最終校正 saishu kosei	final revise final proof
座标纸 zuòbiāozhǐ	罫紙 keishi	ruled paper
作圣诞节礼品用的图书 zuòshèngdànjiélǐpǐnyòngdetúshū	クリスマスに贈る本 kurisumasu ni okuru hon	Christmas book
左页 zuǒyè	左ページ 洋書の場合 hidari peji	verso
组织 zǔzhī	組織 soshiki	organization
组织目录 zǔzhīmùlù	目録編成 mokuroku hensei	incorporation in a catalog of entries

Glossary of Library Terms
in
Japanese – Chinese – English

英　語　編

A

AACOBS[Australian Advisory Council on Bibliographical Service]
オーストラリア書誌情報源諮問委員会
osutoraria shoshi johogen shimon iinkai
澳大利亚文献目录业务理事会
Àodàlìyàwénxiànmùlùyèwùlǐshìhuì

AACR[Anglo-American Cataloging Rules]
英米目録規則
eibei mokuroku kisoku
英美目录条例
Yīngměimùlùtiáolì

AALS[Association of American Library School]
米国図書館学校協会
beikoku toshokan gakko kyokai
美国图书馆学院协会
Měiguótúshūguǎnxuéyuànxiéhuì

AAP[Association of American Publishers]
米国出版者協会
beikoku shuppansha kyokai
美国出版商协会
Měiguóchūbǎnshāngxiéhuì

AASL[American Association of School Librarians]
米国学校図書館員協会
beikoku gakko toshokan'in kyokai
美国学校图书馆协会
Měiguóxuéxiàotúshūguǎnxiéhuì

AAUP[Association of American University Presses]
米国大学出版社協会
beikoku daigaku shuppansha kyokai
美国大学出版社协会
Měiguódàxuéchūbǎnshèxiéhuì

ABA[American Booksellers Association]
米国書籍商協会
beikoku shosekisho kyokai
美国书商协会
Měiguóshūshāngxiéhuì

ABAA[Antiquarian Booksellers Association of America]
米国古書籍商協会
beikoku koshosekisho kyokai
美国古旧书商协会
Měiguógǔjiùshūshāngxiéhuì

ABAJ[Antiquarian Booksellers Association of Japan]
日本古書籍商協会
nippon koshosekisho kyokai
日本古旧书商协会
Rìběngǔjiùshūshāngxiéhuì

abbreviation
簡略　略語
kanryaku ryakugo
简略
jiǎnlüè

abbreviations dictionary
略語辞典
ryakugo jiten
缩略语词典
suōlüèyǔcídiǎn

ABC book
入門書
nyumonsho
入门书
rùménshū

ABLISS[Association of British Library and Information Science Schools]
英国図書館情報学校協会
eikoku toshokan joho gakko kyokai
英国图书馆与情报学院协会
Yīngguótúshūguǎnyǔqíngbào xuéyuànxiéhuì

ABN[Australian Bibliographic Network]
オーストラリア国立図書館書誌情報ネットワーク
osutoraria kokuritsu toshokan shoshi joho nettowaku
澳大利亚书目网络
Àodàlìyàshūmùwǎngluò

abridgement
提要　サマリー
teiyo samari
摘要
zhāiyào

abstract	抄録 shoroku	提要 tíyào
academy	アカデミー akademi	学会 xuéhuì
ACCESS[Automated Catalog of Computer Equipment and Software Systems]	機械化目録システム kikaika mokuroku shisutemu	计算机设备和软件系统自动目录 jìsuànjīshèbèihéruǎnjiàn xìtǒngzìdòngmùlù
access	アクセス akusesu	查索　　存取 chásuǒ　　cúnqǔ
access control	アクセス制御 akusesu seigyo	存取控制 cúnqǔkòngzhì
access mode	アクセス・モード akusesu modo	存取方式 cúnqǔfāngshì
access point	アクセス・ポイント akusesu pointo	服务点 fúwùdiǎn
access speed	アクセス・スピード akusesu supido	存取速度 cúnqǔsùdù
access time	アクセス・タイム akusesu taimu	查索时间 chásuǒshíjiān
accession	受入れ ukeire	登记　　登录工作 dēngjì　　dēnglùgōngzuò
accession arrangement	受入れ順配置 ukeirejun haichi	按登录顺序排列 àndēnglùshùnxùpáiliè
accession book	登録簿 torokubo	登录簿 dēnglùbù
accession catalog	受入れ順目録 ukeirejun mokuroku	登录顺序目录 dēnglùshùnxùmùlù
accession number	受入れ番号 ukeire bango	新书编号 xīnshūbiānhào
accession record	受入れ記録 ukeire kiroku	新书采购记录 xīnshūcǎigòujìlù
accession stamp	受入れ印 ukeire in	登录号码章 dēnglùhàomǎzhāng
accessions	増加図書 zoka tosho	增加图书 zēngjiātúshū
account	計算 keisan	计算 jìsuàn

accounting	会計 kaikei	会计 kuàijì
acquisition	収集 shushu / 収書 shosho	图书采访 túshūcǎifǎng / 图书采购 túshūcǎigòu
acquisition work	文献収集 bunken shushu	文献收集 wénxiànshōují
ACRL[Association of College and Research Libraries]	[米国] 大学研究図書館協会 [beikoku] daigaku kenkyu toshokan kyokai	美国大学和学术研究图书馆协会 Měiguódàxuéhéxuéshùyánjiū túshūguǎnxiéhuì
ACSTI[Advisory Committee for Scientific and Technical Information]	[英国] 科学技術情報諮問委員会 [eikoku] kagaku gijutsu joho shimon iinkai	英国科学技术情报咨询委员会 Yīngguókēxuéjìshùqíngbào zīxúnwěiyuánhuì
adaptation	改作 kaisaku / 翻案 hon'an	改编 gǎibiān
additional catalog	補充目録 hoju mokuroku	补充目录 bǔchōngmùlù
address	アドレス adoresu / 住所 jusho	地址 dìzhǐ
address code	アドレス・コード adoresu kodo	地址代码 dìzhǐdàimǎ
address error	アドレス・エラー adoresu era	地址错误 dìzhǐcuòwù
address information	アドレス・インフォメーション adoresu infomeshon	地址信息 dìzhǐxìnxī
ADI[American Documentation Institute]	米国ドキュメンテーション協会 beikoku dokyumenteshon kyokai	美国文献学会 Měiguówénxiànxuéhuì
adjustable shelves	可動式書棚 kadoshiki shodana	活动式书架 huódòngshìshūjià
admission of readers	入館 nyukan	入馆 rùguǎn
admission record	入館記録 nyukan kiroku	读者登记 dúzhědēngjì
admission slip	入館票 nyukanhyo	入馆票 rùguǎnpiào
admission ticket	入館券 nyukanken	入馆券 rùguǎnquàn
ADP[automatic data processing]	自動データ処理 jido deta shori	自动数据处理 zìdòngshùjùchǔlǐ

adult		
adult books	成人用図書 seijin yo tosho	成人读物 chéngréndúwù
adversative	反対語　　反意語 hantaigo　　han'igo	反义词　　意义相反的 fǎnyìcí　　yìyìxiāngfǎnde
advertise	宣伝する senden suru	登广告 dēngguǎnggào
advertisement	広告　　宣伝　　広報 kokoku　senden　koho	广告 guǎnggào
advertising agency	広告会社 kokokugaisha	广告公司 guǎnggàogōngsī
advertising journal	商業雑誌 shogyo zasshi	广告杂志 guǎnggàozázhì
after service	アフター・サービス afuta sabisu	售后服务 shòuhòufúwù
afterword	あとがき　　跋 atogaki　　batsu	跋　　后记 bá　　hòujì
age	時代 jidai	时代 shídài
agent	代理人 dairinin	代理人 dàilǐrén
aide-memoire	覚書 oboegaki	备忘录　　节录 bèiwànglù　　jiélù
air brush	エアー・ブラシ ea burashi	气刷 qìshuā
air cargo	航空貨物 koku kamotsu	空运货物 kōngyùnhuòwù
air conditioner	空気調節装置 kuki chosetsu sochi	空气调节器 kōngqìtiáojiéqì
air conditioning	空気調節 kuki chosetsu	空气调节 kōngqìtiáojié
air duct	通風 tsufu	通风 tōngfēng
air shooter	エアー・シューター ea shuta	气体输送管 qìtǐshūsòngguǎn
airmail	航空便 kokubin	航空邮件 hángkōngyóujiàn
airway bill	航空貨物証書 koku kamotsu shosho	航空货物证书 hángkōnghuòwùzhèngshū

aisle	通路 tsuro	通道 tōngdào
aisle between stacks	書架間通路 shokakan tsuro	书架间通道 shūjiàjiāntōngdào
aisle in stack	書庫内通路 shokonai tsuro	书库内通道 shūkùnèitōngdào
ALA[American Library Association]	米国図書館協会 beikoku toshokan kyokai	美国图书馆协会 Měiguótúshūguǎnxiéhuì
alcove system	アルコープ式排架 arukopushiki haika	凹室式阅览室 āoshìshìyuèlǎnshì
algorithm	アルゴリズム　計算法 arugorizumu　　keisanho	算法 suànfǎ
algorithmic language	アルゴリズム言語 arugorizumu gengo	算法语言 suànfǎyǔyán
all published	刊行分全部　既刊分全部 kankobun zembu	全套出版 quántàochūbǎn
allonym	偽名　　筆名 gimei　　hitsumei	笔名 bǐmíng
almanac	年鑑 nenkan	年鉴 niánjiàn
alphabet	アルファベット arufabetto	字母表 zìmǔbiǎo
alphabetic	アルファベット順 arufabettojun	罗马字母顺序 luómǎzìmǔshùnxù
alphabetic arrangement	アルファベット順配列 arufabettojun hairetsu	字顺排列 zìshùnpáiliè
alphabetic author arrangement	アルファベット順著者配列 arufabettojun chosha hairetsu	字顺著者排列 zìshùnzhùzhěpáiliè
alphabetic code	アルファベット・コード arufabetto kodo	字母码 zìmǔmǎ
alphabetic coding	アルファベット・コーディング arufabetto kodingu	字母编码 zìmǔbiānmǎ
alphabetic data code	アルファベット・データ・コード arufabetto deta kodo	字母数据码 zìmǔshùjùmǎ
alphabetical	アルファベティカル arufabetikaru	字母的 zìmǔde
alphabetical index	アルファベット順索引 arufabettojun sakuin	字顺索引 zìshùnsuǒyǐn

alphabetical index of places	アルファベット順地名索引 arufabettojun chimei sakuin	字顺地名索引 zìshùndìmíngsuǒyǐn
alphabetical list	アルファベット順リスト arufabettojun risuto	字顺目录 zìshùnmùlù
alphabetical order table	アルファベット順著者記号表 arufabettojun chosha kigohyo	字顺著者号码表 zìshùnzhùzhěhàomǎbiǎo
alphabetical subject catalog	アルファベット順件名目録 arufabettojun kemmei mokuroku	字顺主题目录 zìshùnzhǔtímùlù
alphabetical subject index	アルファベット順件名索引 arufabettojun kemmei sakuin	字顺主题索引 zìshùnzhǔtísuǒyǐn
alphabetical thesaurus	アルファベティカル・シソーラス arufabetikaru shisorasu	字顺叙词表 zìshùnxùcíbiǎo
alphabetically classed catalog	アルファベット順分類目録 arufabettojun bunrui mokuroku	字顺分类目录 zìshùnfēnlèimùlù
alphabetically classed index	アルファベット順分類索引 arufabettojun bunrui sakuin	字顺分类索引 zìshùnfēnlèisuǒyǐn
alternative version	異版本 ihanbon	异版本 yìbǎnběn
amend	修正　　訂正 shusei　　teisei	修正　　订正 xiūzhèng　　dìngzhèng
anagram	字謎　語句のつづり換え遊び jinazo	字母置换法 zìmǔzhìhuànfǎ
analog	アナログ　　相似形 anarogu　　sojikei	模拟 mónǐ
analog data	アナログ・データ anarogu deta	模拟资料 mónǐzīliào
analog information	アナログ・インフォメーション anarogu infomeshon	模拟信息 mónǐxìnxī
analog memory	アナログ・メモリ anarogu memori	模拟存储器 mónǐcúnchǔqì
analog network	アナログ・ネットワーク anarogu nettowaku	模拟网络 mónǐwǎngluò
analog pattern	アナログ・パターン anarogu patan	模拟图像 mónǐtúxiàng
analytical index	分析索引 bunseki sakuin	分析索引 fēnxīsuǒyǐn
anastatic	凸版の toppan no	凸版的 tūbǎnde

English	Japanese	Japanese romaji	Chinese	Chinese pinyin
anastatic printing	凸版印刷	toppan insatsu	凸版印刷	tūbǎnyìnshuā
animation	アニメーション	animeshon	动画片	dònghuàpiàn
annals	年報　歴史記載	nempo　rekishi kisai	年鉴　历史记载	niánjiàn　lìshǐjìzǎi
annotated catalog	解題目録　解題書目	kaidai mokuroku　kaidai shomoku	解题目录　解题书目	jiětímùlù　jiětíshūmù
annotation	注釈　解題	chushaku　kaidai	注解　解题	zhùjiě　jiětí
annotation of bibliography	書誌解題	shoshi kaidai	书目解题	shūmùjiětí
annual	年刊	nenkan	年刊	niánkān
anonymous	匿名	tokumei	隐名的	yǐnmíngde
ANSI[American National Standards Institute]	米国基準学会	beikoku kijun gakkai	美国标准学会	Měiguóbiāozhǔnxuéhuì
answer	応答	oto	应答	yìngdá
anthology	選集　文集	senshu　bunshu	选集　文集	xuǎnjí　wénjí
antiquarian book	古書　古書籍	kosho　koshoseki	古书　古籍	gǔshū　gǔjí
antiquarian bookseller	古書籍商	koshosekisho	古书商　古书店	gǔshūshāng　gǔshūdiàn
aperture card	アパーチャー・カード　マイクロカード	apacha kado	开窗卡片	kāichuāngkǎpiàn
APIF[automated processing information file]	[米国議会図書館] 整理業務機械化ファイル	[beikoku gikai toshokan] seiri gyomu kikaika fairu	美国国家图书馆自动处理资料档	Měiguóguójiātúshūguǎnzìdòng chǔlǐzīliàodàng
application program	アプリケーション・プログラム	apurikeshon puroguramu	应用程序	yìngyòngchéngxù
appraisal	評価　鑑定	hyoka　kantei	评价	píngjià
approach	アプローチ	apurochi	途径	tújìng

aquatint	アクァチント akuachinto	凹版腐蚀制版法 āobǎnfǔshízhìbǎnfǎ
arabesque	アラビア式図案 arabiashiki zuan	阿拉伯式图案 Ālābóshìtúan
Arabic figures	アラビア数字 arabia suji	阿拉伯数字 Ālābóshùzì
Arabic types	アラビア体 arabia tai	阿拉伯字体 Ālābózìtǐ
archive	記録　文書 kiroku　monjo	归档 guīdàng
archives	公文書館　文書館 kobunshokan　monjokan	档案馆 dàng'ànguǎn
arrangement of books	整理 seiri	图书加工 túshūjiāgōng
article	論文 rombun	论文 lùnwén
artist's proof	版画の試し刷り hanga no tameshizuri	雕版的初印稿 diāobǎndechūyìngǎo
art library	アート・ライブラリー ato raiburari	美术图书馆 měishùtúshūguǎn
art paper	光沢紙　アート紙 kotakushi　atoshi	铜版纸 tóngbǎnzhǐ
art print	アート・プリント ato purinto	美术印刷品 měishùyìnshuāpǐn
ASA[American Standards Association]	米国基準協会 beikoku kijun kyokai	美国标准协会 Měiguóbiāozhǔnxiéhuì
ASCII[American Standard Code for Information Interchange]	米国情報交換用標準コード beikoku joho kokan'yo hyojun kodo	美国信息交换标准代码 Měiguóxìnxījiāohuànbiāozhǔn dàimǎ
ASIS[American Society for Information Science]	米国情報学協会 beikoku johogaku kyokai	美国情报科学学会 Měiguóqíngbàokēxuéxuéhuì
asterisk	星標 seihyo	星标　星号 xīngbiāo　xīnghào
atlas	地図帳 chizucho	地图集 dìtújí
auction sale	公売　競売 kobai　kyobai	拍卖 pāimài

auctioneer	公売人　競売人 kobainin　kyobainin	拍卖商 pāimàishāng
audiovisual library	視聴覚ライブラリー shichokaku raiburari	视听图书馆 shìtīngtúshūguǎn
audiovisual materials	視聴覚資料 shichokaku shiryo	视听资料 shìtīngzīliào
author	著者 chosha	著者 zhùzhě
author heading	著者標目 chosha hyomoku	著者标目 zhùzhěbiāomù
author index	著者索引 chosha sakuin	著者索引 zhùzhěsuǒyǐn
author mark	著者記号 chosha kigo	著者号码 zhùzhěhàomǎ
author's copy (given free of charge to the author)	著者への献本 chosha eno kempon	著者赠本 zhùzhězèngběn
author's correction	著者校正 chosha kosei	著者校正 zhùzhějiàozhèng
autobiography	自伝 jiden	自传 zìzhuàn
autograph	自筆 jihitsu	手稿 shǒugǎo
autograph letter signed	署名入り自筆書簡 shomeiiri jihitsu shokan	亲笔签名 qīnbǐqiānmíng
available	入手可能な nyushu kano na	可得到的 kědédàode
AVLIN[audio visuals on-line]	視聴覚資料データベース shichokaku shiryo detabesu	视听资料联机数据库 shìtīngzīliàoliánjīshùjùkù

B

back	背 se	书脊 shūjǐ
back cover	裏表紙 urabyoshi	底封面 dǐfēngmiàn

back lining paper	背紙 segami	书脊衬纸 shūjǐchènzhǐ
back margin	のど nodo	里边 lǐbiān
back title	背文字 semoji	书脊书名 shūjǐshūmíng
BALLOTS[Bibliographic Automation of Large Library Operations using a Time-sharing System]	［スタンフォード大学］大規模図書館自動化書誌情報システム [sutanfodo daigaku]daikibo toshokan jidoka shoshi joho shisutemu	斯坦福大学大型图书馆书目自动化分时系统 Sītǎnfúdàxuédàxíngtúshūguǎn shūmùzìdònghuàfēnshíxìtǒng
bamboo and wooden slips document	簡牘文献 kantoku bunken	简牍文献 jiǎndúwénxiàn
bar code	バー・コード ba kodo	条形码 tiáoxíngmǎ
batch processing	バッチ処理　一括処理 batchi shori　ikkatsu shori	成批处理　批量处理 chéngpīchǔlǐ　pīliàngchǔlǐ
BBIP[British Books in Print]	英国出版物総目録 eikoku shuppambutsu somokuroku	英国在版书目 Yīngguózàibǎnshūmù
BCC[British Copyright Council]	英国著作権協議会 eikoku chosakuken kyogikai	英国版权委员会 Yīngguóbǎnquánwěiyuánhuì
BCR[Bibliographic Center for Research]	書誌情報研究センター shoshi joho kenkyu senta	书目研究中心 shūmùyánjiūzhōngxīn
belles lettres	純文学 jumbungaku	纯文学 chúnwénxué
best seller	ベスト・セラー besuto sera	畅销书 chàngxiāoshū
bibliographer	書誌学者 shoshigakusha	目录学家 mùlùxuéjiā
bibliographic description	書誌記述 shoshi kijutsu	目录著录 mùlùzhùlù
bibliographic information	書誌情報システム shoshi joho shisutemu	书目信息系统 shūmùxìnxīxìtǒng
bibliographical reference	参考文献 sanko bunken	参考文献 cānkǎowénxiàn
bibliography	書誌学 shoshigaku	书志学 shūzhìxué
bibliography of Chinese Ancient Rare Books	中国古籍善本目録 chugoku koseki zempon mokuroku	中国古籍善本书目 Zhōngguógǔjíshànběnshūmù

English	Japanese	Japanese romaji	Chinese	Chinese pinyin
bibliography of forbidden books	禁書目録	kinsho mokuroku	禁书目录	jìnshūmùlù
bibliophile	愛書家	aishoka	爱书家 / 书籍爱好者	àishūjiā / shūjí'àihàozhě
bimonthly	隔月刊	kakugekkan	隔月刊 / 双月刊	géyuèkān / shuāngyuèkān
binding	装丁 / 製本	sotei / seihon	装订	zhuāngdìng
biography	伝記	denki	传记	zhuànjì
BIP[books in print]	米国出版物総目録	beikoku shuppambutsu somokuroku	美国在版图书目录	Měiguózàibǎntúshūmùlù
BL[British Library]	英国図書館	eikoku toshokan	不列颠图书馆	Búlièdiāntúshūguǎn
BLAISE[British Library Automated Information Service]	英国図書館学術情報オンライン・システム	eikoku toshokan gakujutsu joho onrain shisutemu	英国图书馆自动化情报服务系统	Yīngguótúshūguǎnzìdònghuàqíngbàofúwùxìtǒng
BLBSD[British Library Bibliographic Service Division]	英国図書館書誌サービス部	eikoku toshokan shoshi sabisubu	不列颠图书馆书目服务部	Búlièdiāntúshūguǎnshūmùfúwùbù
block accession	一括受入れ	ikkatsu ukeire	整批入藏登记	zhěngpīrùcángdēngjì
block book	木版本	mokuhanbon	木整版本	mùzhěngbǎnběn
block copy	版下	hanshita	刻木版的底稿	kèmùbǎndedǐgǎo
block printed document	木版印刷文献	mokuhan insatsu bunken	雕版印刷文献	diāobǎnyìnshuāwénxiàn
blotting paper	吸取り紙	suitorigami	吸墨纸	xīmòzhǐ
BML[British Museum Library]	大英博物館図書館	daiei hakubutsukan toshokan	不列颠博物馆图书馆	Búlièdiānbówùguǎntúshūguǎn
BNB MARC[British National Bibliography MARC]	英国書誌マーク	eikoku shoshi maku	英国国家书目机读目录	Yīngguóguójiāshūmùjīdúmùlù
book	図書 / 単行本 / 本	tosho / tankobon / hon	图书 / 单行本 / 书	túshū / dānxíngběn / shū
book automobile	ブック・オートモービル	bukku otomobiru	汽车图书馆	qìchētúshūguǎn

book binder	ブック・バインダー bukku bainda	图书装订厂 túshūzhuāngdìngchǎng
book binding	装丁本　　製本 soteibon　　seihon	装订书本　　装订 zhuāngdìngshūběn　zhuāngdìng
book binding art	製本技術 seihon gijutsu	图书装订术 túshūzhuāngdìngshù
book car	ブック・カー bukku ka	流动书车 liúdòngshūchē
book card	ブック・カード bukku kado	书卡 shūkǎ
book case	ブック・ケース bukku kesu	书箱　　书柜 shūxiāng　shūguì
book center	ブック・センター bukku senta	图书中心 túshūzhōngxīn
book club	ブック・クラブ bukku kurabu	图书俱乐部 túshūjùlèbù
book collector	書物収集家 shomotsu shushuka	藏书家 cángshūjiā
book design	ブック・デザイン bukku dezain	图书设计 túshūshèjì
book designer	ブック・デザイナー bukku dezaina	图书设计者 túshūshèjìzhě
book display	本の陳列 hon no chinretsu	图书展览 túshūzhǎnlǎn
book end	ブック・エンド　　仕切板 bukku endo　　　　shikiriita	夹书板 jiāshūbǎn
book exhibition	図書展示会 tosho tenjikai	图书展览会 túshūzhǎnlǎnhuì
book fair	ブック・フェアー bukku fea	图书博览会 túshūbólǎnhuì
book fair catalog	展示目録 tenji mokuroku	展书目录 zhǎnshūmùlù
book form	冊子 sasshi	册子 cèzi
book guide	ブック・ガイド bukku gaido	图书简介 túshūjiǎnjiè
book-hunter	ブック・ハンター　　猟書家 bukku hanta　　　　ryoshoka	猎书者 lièshūzhě

English	Japanese (Kanji)	Japanese (Romaji)	Chinese	Pinyin
book illustration	図書挿絵	tosho sashie	图书插图	túshūchātú
book in print	ブック・イン・プリント	bukku in purinto	在版图书	zàibǎntúshū
book index	ブック・インデックス	bukku indekkusu	图书索引	túshūsuǒyǐn
book jacket	ジャケット	jaketto	书面包皮纸 / 护封	shūmiànbāopízhǐ / hùfēng
book lift	ブック・リフト / ブック・エレベータ	bukku rifuto / bukku erebeta	图书升降机	túshūshēngjiàngjī
book list	図書目録 / ブック・リスト	tosho mokuroku / bukku risuto	图书目录	túshūmùlù
book lover	愛書家	aishoka	图书爱好者	túshūàihàozhě
book-mark	しおり	shiori	书签	shūqiān
book market	図書市場	tosho shijo	图书市场	túshūshìchǎng
book materials	図書資料	tosho shiryo	图书资料	túshūzīliào
book mobile	移動図書館	ido toshokan	流动图书馆	liúdòngtúshūguǎn
book museum	図書博物館	tosho hakubutsukan	图书博物馆	túshūbówùguǎn
book news	ブック・ニュース	bukku nyusu	新书信息	xīnshūxìnxī
book number	図書番号	tosho bango	书次号	shūcìhào
book of arms	紋章集	monshoshu	纹章图案集	wénzhāngtúànjí
book of fables	寓話集	guwashu	寓言集	yùyánjí
book plates	蔵書票	zoshohyo	藏书票	cángshūpiào
book pocket	ブック・ポケット	bukku poketto	书卡袋	shūkǎdài
book rack	書架 / ブック・スタンド	shoka / bukku sutando	书架	shūjià

book review	書評 shohyo	书评 shūpíng
book support	ブック・サポート bukku sapoto　本立て hontate	挡书板 dǎngshūbǎn　书立 shūlì
book truck	ブック・トラック bukku torakku	运书车 yùnshūchē
booklet	小冊子 shosasshi	小册子 xiǎocèzi
bookseller's catalog	書店目録 shoten mokuroku	书店目录 shūdiànmùlù
bookstore	書店 shoten　ブック・ストア bukku sutoa	书店 shūdiàn
bookworm	紙魚 shimi	书蛀 shūzhù　蠹鱼 dùyú
border	飾り枠 kazari waku　縁飾り fuchikazari	书籍边饰 shūjíbiānshì　花边 huābiān
borrower's card	貸出者カード kashidashisha kado	借书卡 jièshūkǎ　借书证 jièshūzhèng
bottom note	脚注 kyakuchu	脚注 jiǎozhù
bound in boards	板紙製本 itagami seihon	厚纸装订 hòuzhǐzhuāngdìng
bound volume	精装本 仮綴ではなく本製本、洋装本 seisobon	精装本 jīngzhuāngběn
bowdlerized edition	削除版 sakujoban	删节本 shānjiéběn
box	箱 hako　ボール箱 borubako	箱 xiāng
brace	括弧 kakko	大括弧 dàkuòhú
braille book	点字本 tenjibon	盲文书 mángwénshū
branch library	分館 bunkan	分馆 fēnguǎn
breviary	祈禱書 kitosho	祈祷书 qídǎoshū
broadsheet	一枚刷り ichimaizuri	单面印刷品 dānmiànyìnshuāpǐn

broadside	片面刷り katamenzuri	单面印刷 dānmiànyìnshuā
bronze powder	金粉 製本用 kimpun	金粉 jīnfěn
Brown charging system	ブラウン方式 buraun hoshiki	布朗方式 Bùlǎngfāngshì
Brown's subject classification	ブラウン氏件名分類法 buraunshi kemmei bunruiho	布朗氏主题分类法 Bùlǎngshìzhǔtífēnlèifǎ
Brussels System Universal Decimal Classification	国際十進分類法 kokusai jusshin bunruiho	国际十进分类法 guójìshíjìnfēnlèifǎ
BSH[Basic Subject Heading]	［日本］基本件名表 [nippon] kihon kemmeihyo	日本基本主题词表 Rìběnjīběnzhǔtícíbiǎo
buckram	バックラム 製本用の上質クロス bakkuramu	装订用厚麻布 zhuāngdìngyònghòumábù
buckskin	バックスキン bakkusukin	装订用羊皮 zhuāngdìngyòngyángpí
budget	予算 yosan	预算 yùsuàn
bulletin	報告　会報 hokoku　kaiho	报告　会报 bàogào　huìbào
business school	実務学校　専門学校 jitsumu gakko　semmon gakko	职业教育学校 zhíyèjiàoyùxuéxiào

C

cable	電報 dempo	电报 diànbào
calculator	計算機 keisanki	计算机 jìsuànjī
calendar	カレンダー karenda	日历 rìlì
calf binding	子牛革装丁 koushigawa sotei	小牛皮装订 xiǎoniúpízhuāngdìng

CALIS[Center for the Advancement of Library and Information Science]	図書館情報科学促進センター toshokan joho kagaku sokushin senta	图书馆情报学促进中心 túshūguǎnqíngbàoxuécùjìnzhōngxīn
call number	請求記号 seikyu kigo	索书号 suǒshūhào
calligraphy	書法 shoho	书法 shūfǎ
camera	カメラ　　　写真 kamera　　　shashin	照相机 zhàoxiàngjī
cancel	取消し torikeshi	取消 qǔxiāo
capital letter	大文字 omoji	大写字母 dàxiězìmǔ
caption	見出し語　標題　説明書き midashigo　hyodai　setsumeigaki	题目　　　标题 tímù　　　biāotí
CAR[computer assisted retrieval system]	コンピュータ補助検索システム kompyuta hojo kensaku shisutemu	计算机辅助检索系统 jìsuànjīfǔzhùjiǎnsuǒxìtǒng
carbon paper	カーボン紙 kabonshi	复写纸 fùxiězhǐ
card	カード kado	卡片 kǎpiàn
card box	カード・ボックス kado bokkusu	卡片盒 kǎpiànhé
card cabinet	カード・キャビネット kado kyabinetto	卡片柜 kǎpiànguì
card catalog	カード目録 kado mokuroku	卡片目录 kǎpiànmùlù
card drawer	カード引出 kado hikidashi	卡片屉 kǎpiàntì
card file	カード・ファイル kado fairu	卡片档 kǎpiàndàng
card format	カード・フォーマット kado fomatto	卡片格式 kǎpiàngéshì
card index	カード索引 kado sakuin	卡片索引 kǎpiànsuǒyǐn
card indexing	カード・インデックシング kado indekkushingu	卡片索引编排法 kǎpiànsuǒyǐnbiānpáifǎ

English	Japanese	Romaji	Chinese	Pinyin
card pocket	カード・ポケット	kado poketto	卡片袋	kǎpiàndài
card printer	カード複写機	kado fukushaki	卡片复制机	kǎpiànfùzhìjī
card reader	カード読み取り装置	kado yomitori sochi	卡片阅读机	kǎpiànyuèdújī
card selector	カード・セレクター	kado serekuta	选卡机	xuǎnkǎjī
card sorter	カード仕分器	kado shiwakeki	排卡器	páikǎqì
card system	カード・システム	kado shisutemu	卡片系统	kǎpiànxìtǒng
caricature	風刺画	fushiga	讽刺画	fěngcìhuà
carrel	研究閲覧室　キャレル	kenkyu etsuranshitsu　kyareru	个人研究阅览席	gèrényánjiūyuèlǎnxí
carriage	運賃	unchin	运费	yùnfèi
cartouche	巻軸模様	makijiku moyo	边饰	biānshì
cassette tape	カセット・テープ	kasetto tepu	盒式磁带	héshìcídài
cassette tape recorder	カセット・テープ・レコーダー	kasetto tepu rekoda	盒式磁带录音机	héshìcídàilùyīnjī
catalog	目録	mokuroku	目录	mùlù
catalog card	目録カード	mokuroku kado	目录卡片	mùlùkǎpiàn
catalog case	目録ケース	mokuroku kesu	目录柜	mùlùguì
catalog code	目録規則	mokuroku kisoku	编目规则	biānmùguīzé
catalog of foreign books	洋書目録	yosho mokuroku	西文图书目录	xīwéntúshūmùlù
catalog room	目録室	mokurokushitsu	编目室　目录室	biānmùshì　mùlùshì
catalog slip	目録用紙片	mokurokuyo shihen	目录稿纸	mùlùgǎozhǐ

cataloging	目録法 mokurokuho	编目条例 biānmùtiáolì
cataloging rules for foreign books	洋書目録規則 yosho mokuroku kisoku	西文图书编目条例 xīwéntúshūbiānmùtiáolì
cataloguist	目録編者 mokuroku henja	编目者 biānmùzhě
catchword	眉標 bihyo	眉题 méití
CC[Colon Classification]	コロン分類法 koron bunruiho	冒号分类法 màohàofēnlèifǎ
CEAL[Council on East Asian Libraries](of AAS)	東アジア図書館会議 higashi asia toshokan kaigi	东亚图书馆会议 dōngyàtúshūguǎnhuìyì
ceased publication	休刊 kyukan	停刊 tíngkān
censored	検閲出版物 ken'etsu shuppambutsu	检查过的出版物 jiǎncháguòdechūbǎnwù
censorship	審査　検閲 shinsa　ken'etsu	审查 shěnchá
central library	中央図書館 chuo toshokan	中心图书馆 zhōngxīntúshūguǎn
centralized control	集中制御 shuchu seigyo	集中控制 jízhōngkòngzhì
centralized processing	集中整理 shuchu seiri	图书统一分编 túshūtǒngyīfēnbiān
centralized system	集中システム shuchu shisutemu	集中系统 jízhōngxìtǒng
chained book	鎖付き本 kusaritsukibon	锁藏图书 suǒcángtúshū
chalcography	銅版術 doban jutsu	铜版画 tóngbǎnhuà
chalk drawing	チョーク画 chokuga	粉笔画 fěnbǐhuà
changed title	改名　改題 kaimei　kaidai	改名　更改书名 gǎimíng　gēnggǎishūmíng
chapter	章 sho	章 zhāng
chapter heading	章題 shodai	章节标题 zhāngjiébiāotí

character	文字 字体 moji jitai	字符 字体 zìfú zìtǐ
charcoal drawing	木炭画 mokutanga	木炭画 mùtànhuà
charging service	貸出サービス kashidashi sabisu	外借服务 wàijièfúwù
charging system	貸出手続 kashidashi tetsuzuki	外借手续 wàijièshǒuxù
check digit	チェック・デジット 検査文字 chekku dejitto kensa moji	校验位 jiàoyànwèi
check list	チェック・リスト chekku risuto	校对清单 jiàoduìqīngdān
check point	チェック・ポイント chekku pointo	检查点 jiǎncházdiǎn
children's library	児童図書館 jido toshokan	儿童图书馆 értóngtúshūguǎn
China ink	墨 sumi	墨 mò
China paper	画仙紙 書画用の上質紙 gasenshi	宣纸 xuānzhǐ
Chinese characters information retrieval	漢字情報検索 kanji joho kensaku	汉字情报检索 hànzìqíngbàojiǎnsuǒ
Chinese ideograph	漢字 kanji	汉字 hànzì
choice of books	選書 sensho	选书 xuǎnshū
Christian name	洗礼名 senreimei	教名 jiàomíng
Christmas book	クリスマスに贈る本 kurisumasu ni okuru hon	作圣诞节礼品用的图书 zuòshèngdànjiélǐpǐnyòngdetúshū
chromolithography	着色活版 chakushoku kappan	彩色平版术 cǎisèpíngbǎnshù
chromotypography	着色鉛印刷術 chakushoku namari insatsujutsu	彩色铅印刷 cǎisèqiānyìnshuā
chromoxylography	彩色木版 saishiki mokuhan	木版彩印 mùbǎncǎiyìn
chronicle	年代記 nendaiki	年代史 niándàishǐ

chronogram	年代表示 nendai hyoji	年代标记法 niándàibiāojìfǎ
chronological table	年表 nempyo	年表 niánbiǎo
CIM[computer input microfilm]	コンピュータ・インプット・マイクロフィルム kompyuta imputto maikurofirumu	计算机输入缩微胶卷法 jìsuànjīshūrùsuōwēijiāojuǎnfǎ
CIP[cataloging in publication]	出版目録 shuppan mokuroku	在版编目 zàibǎnbiānmù
circulation	貸出冊数 kashidashi sassu / 館外貸出 kangai kashidashi	外借册数 wàijiècèshù / 外借 wàijiè
circulation desk	貸出台 kashidashidai	借书处 jièshūchù
circulation work	貸出業務 kashidashi gyomu	出纳业务 chūnayèwù
citation	引用 in'yo	引用 yǐnyòng
citation index	引用索引 in'yo sakuin	引用索引 yǐnyòngsuǒyǐn
CLA[Canadian Library Association]	カナダ図書館協会 kanada toshokan kyokai	加拿大图书馆协会 Jiānádàtúshūguǎnxiéhuì
clandestine literature	秘密出版物 himitsu shuppambutsu	秘密出版物 mìmìchūbǎnwù
clasp	止め金 tomegane	书夹子 shūjiāzi
class code	分類コード bunrui kodo	分类符号 fēnlèifúhào
class heading	分類標題 bunrui hyodai	分类标题 fēnlèibiāotí
classed catalog	分類目録 bunrui mokuroku	分类目录 fēnlèimùlù
classed subject catalog	件名分類目録 kemmei bunrui mokuroku	主题分类目录 zhǔtífēnlèimùlù
classics	古典文学 koten bungaku	古典文学 gǔdiǎnwénxué
classification	分類 bunrui	分类 fēnlèi

English	Japanese	Pinyin/Chinese
classification card	分類カード bunrui kado	分类卡 fēnlèikǎ
classification code	分類規則 bunrui kisoku	分类规则 fēnlèiguīzé
classification for Chinese Libraries	中国図書館図書分類法 chugoku toshokan tosho bunruiho	中国图书馆图书分类法 Zhōngguótúshūguǎntúshūfēnlèifǎ
classification for library of the Chinese Academy of Science	中国科学院図書分類法 chugoku kagakuin tosho bunruiho	中国科学院图书分类法 Zhōngguókēxuéyuàntúshūfēnlèifǎ
classification table	分類表 bunruihyo	分类表 fēnlèibiǎo
classified arrangement	分類配架 bunrui haika	分类排架 fēnlèipáijià
classroom library	学級文庫 gakkyu bunko	年级图书馆 niánjítúshūguǎn
clay tablet	粘土板 nendoban	粘土书板 niántǔshūbǎn
clipping file	切抜き資料 kirinuki shiryo	剪辑资料 jiǎnjízīliào
closed period	閉館 heikan	闭馆 bìguǎn
closed shelves	閉架 heika	闭架 bìjià
cloth binding	クロス装丁 kurosu sotei	布面装订 bùmiànzhuāngdìng
coated paper	光沢紙 kotakushi	蜡光纸 làguāngzhǐ
code telegram	電信暗号 denshin ango	密电码 mìdiànmǎ
CODEN[code number]	コードナンバー kodo namba	缩称代码 suōchēngdàimǎ
codex	古写本 koshahon	古代经典手稿本 gǔdàijīngdiǎnshǒugǎoběn
collation	校合 kogo	校对 jiàoduì
collected works	著作集 chosakushu	著书集子 zhùshūjízi

English	Japanese	Pinyin/Chinese
collection	蔵書 zosho	藏书 cángshū
collection development	蔵書構成 zosho kosei	藏书结构 cángshūjiégòu
collective index	総合索引 sogo sakuin	综合索引 zōnghésuǒyǐn
collective work	共同創作 kyodo sosaku	集体创作 jítǐchuàngzuò
collector	収蔵者 shuzosha / 収集家 shushuka	收藏者 shōucángzhě / 收集家 shōujíjiā
college bookshop	大学書店 daigaku shoten	大学书店 dàxuéshūdiàn
college library	大学図書館 daigaku toshokan	大学图书馆 dàxuétúshūguǎn
college publication	大学出版物 daigaku shuppambutsu	大学出版物 dàxuéchūbǎnwù
collotype	コロタイプ korotaipu	珂罗版 kēluóbǎn
colophon	奥付 okuzuke / コロフォン korofon	书籍末页题署 shūjímòyètíshǔ / 版权事项 bǎnquánshìxiàng
color film	カラー・フィルム kara firumu	彩色软片 cǎisèruǎnpiān
color print	カラー・プリント kara purinto	彩色图片 cǎisètúpiān
color process	色刷印刷 irozuri insatsu	彩色套印 cǎisètàoyìn
colored edge	絵小口 ekoguchi / 色小口 irokoguchi	彩色书边 cǎisèshūbiān / 绘饰书口 huìshìshūkǒu
colored paper	色紙 irogami	色纸 sèzhǐ
colored woodcut	彩色木版 saishiki mokuhan	套色木版 tàosèmùbǎn
colored wood engraving	彩色木版画 saishiki mokuhanga	套色木版画 tàosèmùbǎnhuà
column	欄 ran / 段 dan	栏 lán / 段 duàn
comic book	漫画 manga	漫画 mànhuà

command	コマンド / komando	命令 / mìnglìng
commentary	注釈 説明 / chushaku setsumei	注释 / zhùshì
commentator	注釈者 / chushakusha	注释者 / zhùshìzhě
common subdivision	形式区分 / keishiki kubun	形式区分 / xíngshìqūfēn
compact disc read only memory	シー・ディー・ロム CD-Rom / shidiromu	光碟系统 / guāngdiéxìtǒng
comparative library science	比較図書館学 / hikaku toshokangaku	比较图书馆学 / bǐjiàotúshūguǎnxué
compatibility	互換性 / gokansei	互换性 / hùhuànxìng
compilation	編纂 編集 / hensan henshu	编纂 编辑 / biānzuǎn biānjí
compiler	編者 / henja	编者 / biānzhě
complete set	完全揃い / kanzenzoroi	全套 全组 / quántào quánzǔ
complete works	全集 / zenshu	全集 / quánjí
composing stick	植字架 / shokujika	排字盘 / páizìpán
composition	植字 組版 / shokuji kumihan	排字 / páizì
computer	コンピュータ / kompyuta	计算机 / jìsuànjī
computer application	コンピュータ・アプリケーション 応用ソフト / kompyuta apurikeshon	计算机应用 / jìsuànjīyìngyòng
computer based library	コンピュータ図書館 / kompyuta toshokan	计算机化图书馆 / jìsuànjīhuàtúshūguǎn
computer center	コンピュータ・センター / kompyuta senta	计算机中心 / jìsuànjīzhōngxīn
computer code	コンピュータ・コード / kompyuta kodo	计算机代码 / jìsuànjīdàimǎ
computer control	コンピュータ制御 / kompyuta seigyo	计算机控制 / jìsuànjīkòngzhì

computer language	コンピュータ・ランゲージ kompyuta rangeji	计算机语言 jìsuànjīyǔyán
computer network	コンピュータ・ネットワーク kompyuta nettowaku	计算机网络 jìsuànjīwǎngluò
computer operation	コンピュータ・オペレーション kompyuta opereshon	计算机操作 jìsuànjīcāozuò
computer operator	コンピュータ・オペレータ kompyuta opereta	计算机算子 jìsuànjīsuànzǐ
computer program	コンピュータ・プログラム kompyuta puroguramu	计算机程序 jìsuànjīchéngxù
computer room	コンピュータ・ルーム kompyuta rumu	计算机室 jìsuànjīshì
computer science	コンピュータ・サイエンス kompyuta saiensu	计算机科学 jìsuànjīkēxué
computer search	コンピュータ・サーチ kompyuta sachi	计算机检索 jìsuànjījiǎnsuǒ
computer system	コンピュータ・システム kompyuta shisutemu	计算机系统 jìsuànjīxìtǒng
computerization	コンピュータ化 kompyutaka	计算机化 jìsuànjīhuà
computerized data base	コンピュータ・データ・ベース kompyuta deta besu	计算机化数据库 jìsuànjīhuàshùjùkù
computerized information system	コンピュータ情報システム kompyuta joho shisutemu	计算机化情报系列 jìsuànjīhuàqíngbàoxìliè
concordance	用語索引 yogo sakuin	语汇索引 yǔhuìsuǒyǐn
condition	条件　　状況　　状態 joken　　jokyo　　jotai	条件　　状况 tiáojiàn　zhuàngkuàng
conference	会議　　コンベンション kaigi　　kombenshon	会议 huìyì
confiscation	没収 bosshu	没收 mòshōu
Congress Report	議会報告書 gikai hokokusho	国会报告书 guóhuìbàogàoshū
CONSAL[Conference of Southeast Asian Librarians]	東南アジア図書館員会議 tonan ajia toshokan'in kaigi	东南亚图书馆员会议 Dōngnányàtúshūguǎnyuánhuìyì
consecutive numbering of pages	ページ付け pejizuke	连续页数 liánxùyèshù

contemporary	現代の gendai no	现代的 xiàndàide
contents	内容 naiyo	内容 nèiróng
contents card	内容細目カード naiyo saimoku kado	内容提要卡 nèiróngtíyàokǎ
contents copy service	コンテンツ・コピー・サービス kontentsu kopi sabis	目次页服务 mùcìyèfúwù
continuations	継続出版物 コント keizoku shuppambutsu konto	连续的 续刊 liánxùde xùkān
continue a subscription	予約を更新する yoyaku o koshin suru	续订期刊 xùdìngqīkān
contribution	投稿 寄稿 toko kiko	投稿 tóugǎo
control	制御 seigyo	控制 kòngzhì
convention	会議 大会 kaigi taikai	会议 大会 huìyì dàhuì
cooperative acquisition	分担収集 buntan shushu	馆际协调采购 guǎnjìxiétiáocǎigòu
copist	写字生 shajisei	缮写员 shànxiěyuán
copper-engraving	銅版技法 doban giho	制铜版术 zhìtóngbǎnshù
copper plate	銅版 doban	铜版 tóngbǎn
copper plate printing	銅版印刷 doban insatsu	铜版印刷 tóngbǎnyìnshuā
copy	コピー 冊 kopi satsu	复写 册 fùxiě cè
copy service	コピー・サービス kopi sabisu	照相复制服务 zhàoxiàngfùzhìfúwù
copyright	版権 著作権 hanken chosakuken	版权 bǎnquán
corner	角 表紙のかど kado	书角 shūjiǎo
corporation library	企業図書館 kigyo toshokan	企业图书馆 qǐyètúshūguǎn

corpus	全書 集成 zensho shusei	大全 集成 dàquán jíchéng
corrected edition	訂正版 teiseiban	订正版 dìngzhèngbǎn
corrected proof	校正刷り koseizuri	校样 jiàoyàng
correction	校正 kosei	校正 jiàozhèng
corrigenda	正誤表 seigohyo	勘误表 kānwùbiǎo
cost	原価 コスト genka kosuto	成本 chéngběn
cotton paper	コットン・ペーパー ラグ・ペーパー kotton pepa ragu pepa 古布を原料とした高級上質紙	优质纸 yōuzhìzhǐ
counter	出納台 suitodai	出纳台 chūnàtái
counterfeit edition	偽版 niseban	伪造版 wěizàobǎn
course for librarian	司書課程 shisho katei	图书馆员课程 túshūguǎnyuánkèchéng
cover	表紙 表表紙 hyoshi omotebyoshi	封面 fēngmiàn
cowhide	牛皮 gyuhi	牛皮 niúpí
CPU [Central Processing Unit]	中央処理装置 chuo shori sochi	中央处理机 zhōngyāngchǔlǐjī
credit card	クレジット・カード kurejitto kado	信用卡 xìnyòngkǎ
credit system service	クレジット・システム・サービス kurejitto shisutemu sabisu	记帐制业务 jìzhàngzhìyèwù
cropped	裁つ 断ち切る tatsu tachikiru	切边过多 qiēbiānguòduō
cross reference	相互参照 sogo sansho	相互参照 xiānghùcānzhào
crushed morocco	艶出しモロッコ革 tsuyadashi morokkogawa	光泽摩洛哥皮革 guāngzémóluògēpígé

cumulative index	累積索引 ruisekisakuin	积累索引 jīlěisuǒyǐn	
cuneiform writing	楔形文字 kusabigata moji	楔形文字 xiēxíngwénzì	
current awareness	カレント・アウェアネス karento aueanesu	定题情报提供 dìngtíqíngbàotígōng	新书预告 xīnshūyùgào
current awareness service	カレント・アウェアネス・サービス karento aueanesu sabisu	最新资料报导 zuìxīnzīliàobàodǎo	
current literature	最新資料 saishin shiryo	最新资料 zuìxīnzīliào	
cursor	カーソル kasoru	光标 guāngbiāo	
cutting	切抜き kirinuki	剪报 jiǎnbào	
cylinder press	輪転印刷 rinten insatsu	轮转印刷 lúnzhuǎnyìnshuā	

D

daily	日刊 nikkan	日刊 rìkān
damaged	破損した hason shita	破损的 pòsǔnde
damp spotted book	水染み本 mizushimibon	水渍本 shuǐzìběn
dark-room	暗室 anshitsu	暗室 ànshì
dash	ダッシュ dasshu	破折号 pòzhéhào
data	資料　データ shiryo　deta	资料 zīliào
data access system	データ・アクセス・システム deta akusesu shisutemu	数据存取系统 shùjùcúnqǔxìtǒng
data bank	データ・バンク deta banku	数据库 shùjùkù

data book	データ・ブック deta bukku	数据手册 shùjùshǒucè
data card	データ・カード deta kado	数据资料卡 shùjùzīliàokǎ
data code	データ・コード deta kodo	数据代码 shùjùdàimǎ
data communication system	データ通信システム deta tsushin shisutemu	数据通信系统 shùjùtōngxìnxìtǒng
data element	データ・エレメント deta eremento	数据元 shùjùyuán
data field	データ・フィールド deta firudo	数据区 shùjùqū
data file	データ・ファイル deta fairu	数据文档 shùjùwéndàng
data processing	データ処理 deta shori	数据处理 shùjùchǔlǐ
date	日付 hizuke	日期 rìqī
date label	返却期日票 henkyaku kijitsuhyo	还书期限条 huánshūqīxiàntiáo
date of impression	印刷年 insatsunen	印刷年 yìnshuānián
date of printing	印刷日 insatsubi	印刷日期 yìnshuārìqī
date of publication	出版日 shuppambi	出版日期 chūbǎnrìqī
DDC[Dewey Decimal Classification]	デューイ十進分類法 dui jusshin bunruiho	杜威十进分类法 Dùwēishíjìnfēnlèifǎ
dead copy	廃稿 haiko	废稿 fèigǎo
decimal	十進法の jusshinho no	十进制的 shíjìnzhìde
decimal classification	十進図書分類法 jusshin tosho bunruiho	十进图书分类法 shíjìntúshūfēnlèifǎ
decoration	装飾 soshoku	装饰 zhuāngshì
dedication	献呈 kentei	献词 xiàncí

English	Japanese	Pinyin/Chinese
defaulter	延滞常習者 entai joshusha	逾期不还者 yúqībùhuánzhě
definitive edition	決定版 ketteiban	选定版 xuǎndìngbǎn
deposit	寄託 kitaku	寄托 jìtuō
deposit collection	寄託図書 kitaku tosho	寄托图书 jìtuōtúshū
deposit copy	納本 nohon	呈交样书 chéngjiāoyàngshū
deposit library	保存図書館 hozon toshokan	保存图书馆 bǎocúntúshūguǎn
deposit stack	保存書庫 hozon shoko	保存书库 bǎocúnshūkù
desideratum	希望図書 kibo tosho	征书单 zhēngshūdān
design	設計　設計図 sekkei　sekkeizu	设计　设计图 shèjì　shèjìtú
detail card	細目カード saimoku kado	细目卡 xìmùkǎ
detection	検定 kentei	检定　检测 jiǎndìng　jiǎncè
DIANE[Direct Information Access Network for Europe]	欧州オンライン学術情報サービスネットワーク oshu onrain gakujutsu joho sabisu nettowaku	欧州情报直接检索网络 Ōuzhōuqíngbàozhíjiējiǎnsuǒwǎngluò
dictionary	辞典 jiten	词典 cídiǎn
dictionary catalog	辞書式目録 jishoshiki mokuroku	词典式目录 cídiǎnshìmùlù
dictionary index	辞書式索引 jishoshiki sakuin	词典式索引 cídiǎnshìsuǒyǐn
dictionary of antonyms	反意語辞典 han'igo jiten	反义词词典 fǎnyìcícídiǎn
dictionary of biography	人名辞典 jimmei jiten	人名词典 rénmíngcídiǎn
dictionary of homonyms	同音異義語辞典 doon igigo jiten	同音词典 tóngyīncídiǎn

dictionary of idioms	熟語辞典 jukugo jiten	成语词典 chéngyǔcídiǎn
dictionary of library terms	図書館用語辞典 toshokan yogo jiten	图书馆术语词典 túshūguǎnshùyǔcídiǎn
dictionary of usage	慣用語辞典 kan'yogo jiten	惯用语词典 guànyòngyǔcídiǎn
different edition	異版　　異版本 ihan　　ihambon	不同版本　　异版 bùtóngbǎnběn　yìbǎn
digest	ダイジェスト daijesuto	文摘 wénzhāi
digital	ディジタル dijitaru	数字(式)的 shùzìshìde
digital computer	ディジタル・コンピュータ dijitaru compyuta	数字计算机 shùzìjìsuànjī
digital network	ディジタルネットワーク dijitaru nettowaku	数字(式)的网络 shùzìshìdewǎngluò
diplomatic edition	原形複写版 genkei fukushaban	仿真本 fǎngzhēnběn
director	館長 kancho	馆长 guǎnzhǎng
directory	入門書 nyumonsho	指南 zhǐnán
directory catalog	参考書目録 sankosho mokuroku	参考书目录 cānkǎoshūmùlù
discount	割引　　減価 waribiki　genka	折扣　　减价 zhékòu　jiǎnjià
disk	ディスク disuku	磁盘 cípán
display	展示　　陳列 tenji　chinretsu	展览　　陈列 zhǎnlǎn　chénliè
dissertation	学位論文 gakui rombun	学位论文 xuéwèilùnwén
ditto	同上 dojo	同上 tóngshàng
division	部門 bumon	部门 bùmén
doctor	博士 hakase	博士 bóshì

document(-s)	文献 bunken / 文書 monjo	文献编辑 wénxiànbiānjí / 档案 dàng'àn
document center	文献センター bunken senta	文献中心 wénxiànzhōngxīn
documentary	文献の bunken no	文献的 wénxiànde
documentation	ドキュメンテーション dokyumenteshon / 文献活動 bunken katsudo	文献工作 wénxiàngōngzuò
documentation center	ドキュメンテーション・センター dokyumenteshon senta	文献工作中心 wénxiàngōngzuòzhōngxīn
dog's ear	耳折れ mimiore	书页卷角 shūyèjuǎnjiǎo
donation book	寄贈本 kizobon / 寄贈図書 kizo tosho	赠送本 zèngsòngběn
donator	寄贈者 kizosha	赠书者 zèngshūzhě
double-leaved book	和綴じ本 watojibon / 袋綴じ本 fukurotojibon	线装本 xiànzhuāngběn / 线装 xiànzhuāng
draft	草稿 soko	草稿 cǎogǎo
drama	戯曲 gikyoku / 脚本 kyakuhon / ドラマ dorama	戏曲 xìqǔ / 脚本 jiǎoběn
drawing	素描 sobyo	绘图 huìtú
drawing in Indian ink	水墨画 suibokuga	水墨画 shuǐmòhuà
drawing paper	画紙 gashi	绘图纸 huìtúzhǐ
drill	穿孔器 senkoki / 穴あけ器 anaakeki	穿孔器 chuānkǒngqì
dry lithography	乾式平板 kanshiki heiban	干式平板 gānshìpíngbǎn
dry point	銅版彫刻 doban chokoku	铜版雕刻 tóngbǎndiāokè
dubbing	ダビング dabingu	翻印 fānyìn
dummy	束見本 tsukamihon / 代本板 daihonban	装订样式 zhuāngdìngyàngshì / 代书板 dàishūbǎn

duplicate copy	副本 fukuhon		复本 fùběn	
duplication of catalog cards	カード複写 kado fukusha		复制卡片 fùzhìkǎpiàn	
dust cover	ジャケット jaketto		封面纸套 fēngmiànzhǐtào	
dust wrapper	ジャケット jaketto	カバー kaba	防尘护封 fángchénhùfēng	封面纸套 fēngmiànzhǐtào
dwarf book	豆本 mamehon		小版书 xiǎobǎnshū	

E

EB[Encyclopedia Britannica]	大英百科辞典 daiei hyakkajiten		大英百科全书 dàyīngbǎikēquánshū
EC[Expansive Classification]	カッター展開分類表 katta tenkai bunruihyo		展开式图书分类法 zhǎnkāishìtúshūfēnlèifǎ
EDC[European Documentation Center]	ヨーロッパ・ドキュメンテーション・センター yoroppa dokyumenteshon senta		欧州文献中心 Ōuzhōuwénxiànzhōngxīn
early printed books	古版本 kohanbon	初期印刷本 shoki insatsubon	古版本 gǔbǎnběn
edge	小口 koguchi		边 书边 biān shūbiān
edition	版 han		版 bǎn
edition de luxe	豪華版 gokaban		豪华版 háohuábǎn
editions of block printed books	木版印刷古籍本 mokuhan insatsu kosekibon		雕版印刷古籍版本类型 diāobǎnyìnshuāgǔjíbǎnběnlèixíng
editor	編集者 henshusha		编辑者 biānjízhě
editor card	編者カード henja kado		编者卡 biānzhěkǎ

English	Japanese	Chinese
EDPS[electronic data processing system]	電子データ処理 denshi deta shori	电子情报处理装置 diànzǐqíngbàochǔlǐzhuāngzhì
education	教育 kyoiku	教育 jiàoyù
education of librarians	図書館員教育 toshokan'in kyoiku	图书馆员教育 túshūguǎnyuánjiàoyù
education system	教育機構 kyoiku kiko	教育机构 jiàoyùjīgòu
educational publication	教育出版物 kyoiku shuppambutsu	教育出版物 jiàoyùchūbǎnwù
electronic library	電子図書館 denshi toshokan	电子图书馆 diànzǐtúshūguǎn
electronic mail	電子メール denshi meru	电子邮政 diànzǐyóuzhèng
electronic mail network	電子メール・ネットワーク denshi meru nettowaku	电子邮政网络 diànzǐyóuzhèngwǎngluò
electronic publishing system	電子編集システム denshi henshu sisutemu	电子编辑机系统 diànzǐbiānjíjīxìtǒng
elevator	エレベーター erebeta	升降机　电梯 shēngjiàngjī　diàntī
embossed book	点字図書 tenji tosho	点字图书 diǎnzǐtúshū
embossed paper	凹凸紙 ototsushi	凹凸纸 āotūzhǐ
embroidered binding	刺繍装丁 shishu sotei	刺绣装订 cìxiùzhuāngdìng
emendation	校訂 kotei	校订 jiàodìng
enamel binding	エナメル装丁 enameru sotei	彩饰装帧 cǎishìzhuāngzhēng
enamel paper	エナメル紙 enamerushi	上光纸 shàngguāngzhǐ
encyclopedia	百科事典　百科全書 hyakka jiten　hyakka zensho	百科词典 bǎikēcídiǎn
end paper	見返し mikaeshi	衬页 chènyè
English edition	英語版 eigoban	英文版 Yīngwénbǎn

English				
English translation	英訳本 eiyakubon		英译本 Yīngyìběn	
engraved title	銅版刷り標題紙 dobanzuri hyodaishi		雕刻铜版书名页 diāokètóngbǎnshūmíngyè	
engraver	彫刻師 chokokushi		雕刻师 diāokèshī	
engraving	彫刻 chokoku	銅版画 dohanga	雕刻 diāokè	铜版画 tóngbǎnhuà
enlarge	拡大 kakudai		放大 fàngdà	
enlarged and revised edition	増訂版 zoteiban		增订版 zēngdìngbǎn	
enlarged edition	増補版 zohoban		增补版 zēngbǔbǎn	
enquête	アンケート anketo		征询意见 zhēngxúnyìjiàn	
entitled	標題 hyodai		题名为 tímíngwéi	
entrance	入口 iriguchi		入口 rùkǒu	进口 jìnkǒu
envelope	包み紙 tsutsumigami	封筒 futo	封套 fēngtào	信封 xìnfēng
epigraph	碑文 hibun	題辞 daiji	碑文 bēiwén	题辞 tící
epilogue	あとがき atogaki	跋 後記 batsu koki	后记 hòujì	跋文 báwén
errata (erratum)	正誤表 seigohyo		正误表 zhèngwùbiǎo	
Esperanto	エスペラント語 esuperantogo		世界语 shìjièyǔ	
essay	エッセイ essei		笔记 bǐjì	
estimate	鑑定 kantei	評価 hyoka	估计 gūjì	评价 píngjià
etching	エッチング 蝕刻銅版 etchingu		蚀刻 shíkè	
etching ground	エッチング・グラウンド etchingu guraundo		蚀刻底版 shíkèdǐbǎn	

etching needle	エッチング・ニードル etchingu nidoru	蚀刻针 shíkèzhēn
EURONET[European Information Network]	ヨーロッパ情報ネットワーク yoroppa joho nettowaku	欧州科技情报网络 Ōuzhōukējìqíngbàowǎngluò
EUSIDIC[European Association of Scientific Information Dissemination Center]	ヨーロッパ科学情報協会 yoroppa kagaku joho kyokai	欧州科学情报传播中心协会 Ōuzhōukēxuéqíngbàochuánbō zhōngxīnxiéhuì
exchange	交換　資料交換 kokan　shiryo kokan	交换　资料交换 jiāohuàn　zīliàojiāohuàn
exchange material	交換資料 kokan shiryo	交换资料 jiāohuànzīliào
exchange of books	図書交換 tosho kokan	图书交换 túshūjiāohuàn
exchange of publication	出版物交換 shuppambutsu kokan	出版物交换 chūbǎnwùjiāohuàn
exhibition hall	展示ホール tenji horu	展览厅 zhǎnlǎntīng
exit	出口 deguchi	出口 chūkǒu
ex-libris	エキス・リブリス ekisu riburisu	藏书印记 cángshūyìnjì
expiry	期限 kigen	期限 qīxiàn
explanation	説明　解釈 setsumei　kaishaku	说明　解释 shuōmíng　jiěshì
explanatory dictionary	注釈辞典 chushaku jiten	注解字典 zhùjiězìdiǎn
explanatory note	注　注釈 chu　chushaku	附注 fùzhù
expurgate edition	削除版 sakujoban	删节本 shānjiéběn
extra copy	副本 fukuhon	重本 chóngběn
extra issue	増刊号 zokango	増刊 zēngkān
extra edition	号外 gogai	号外 hàowài

extra　　　　　　　　　　　　　　　238

| extra illustrated edition | 別冊の挿絵入り本
bessatsu no sashie iri bon | 別附插图本
biéfùchātúběn |

F

fable	神話　　寓話 shinwa　　guwa	神话　　寓言 shénhuà　yùyán
facsimile book	復刻本 fukkokubon	复刻本 fùkèběn
facsimile edition	影印本　　影印版 eiinbon　　eiinban	影印版 yǐngyìnbǎn
facsimile reproduction	複製　　影写本　　コピー fukusei　eishabon　kopi	复制 fùzhì
fake	偽造本 gizobon	伪造本 wěizàoběn
false bands	擬帯　革装の背の隆起をレーズド・バンド風に gitai　装飾目的として隆起をつけたもの	假线条 jiǎxiàntiáo
fashion	流行 ryuko	流行 liúxíng
fashion magazine	流行雑誌 ryuko zasshi	时装杂志 shízhuāngzázhì
fashion plate	ファッション画集 fasshon gashu	时装式样图 shízhuāngshìyàngtú
fauna	動物誌 dobutsushi	动物志 dòngwùzhì
fax	ファックス fakkusu	传真 chuánzhēn
FBR[full bibliographic record]	完全目録　簡略目録に対する kanzen mokuroku	书目总记录 shūmùzǒngjìlù
feather-weight paper	軽量紙 keiryoshi	轻磅纸 qīngbàngzhǐ
FEDLINK[Federal Library and Information Network]	[米国]連邦図書館情報ネットワーク [beikoku]renpo toshokan joho nettowaku	美国联邦图书馆和情报网络 Měiguóliánbāngtúshūguǎnhéqíngbào wǎngluò

English	Japanese			Chinese
figure	図解 zukai	画像 gazo		图解 tújiě
file	文書 monjo	ファイル fairu	書類 shorui	档案 dàng'àn
filing of cards by subject	件名カード配列 kemmei kado hairetsu			主题卡片排列 zhǔtíkǎpiànpáiliè
filing system	ファイリング・システム fairingu shisutemu			资料文件归档制度 zīliàowénjiànguīdàngzhìdù
fillet	飾り罫線 kazari keisen			饰线 shìxiàn
film	フィルム firumu	映画フィルム eiga firumu		胶卷 jiāojuǎn 电影胶卷 diànyǐngjiāojuǎn
film catalog	映画フィルム目録 eiga firumu mokuroku			电影片目录 diànyǐngpiānmùlù
film data processing	映像データ処理 eizo deta shori			图形数据处理 túxíngshùjùchǔlǐ
film library	フィルム・ライブラリー firumu raiburari			影片图书馆 yǐngpiāntúshūguǎn
film negative	ネガフィルム nega firumu			胶片负片 jiāopiànfùpiàn
film positive	ポジフィルム poji firumu			胶片正片 jiāopiànzhèngpiàn
final proof	校了 koryo	清刷り kiyozuri		清样 qīngyàng
final revise	最終校正 saishu kosei			最终校订 zuìzhōngjiàodìng
fine arts	美術 bijutsu			美术 měishù
fine edition	精装版 seisoban			精装版 jīngzhuāngbǎn
first copy	初稿 shoko			初稿 chūgǎo
first draft	初稿 shoko			草案初稿 cǎo'ànchūgǎo
first edition	初版 shohan			初版 chūbǎn
first impression	初刷り shozuri			第一次印刷 dìyīcìyìnshuā

first number (of)	創刊号 sokango	创刊号 chuàngkānhào
first proof	初校 shoko	初校样 chūjiàoyàng
fixed shelves	固定書架 kotei shoka	固定书架 gùdìngshūjià
flat back	角背 kakuze	方脊　角脊 fāngjǐ　jiǎojǐ
flexible binding	柔軟装丁　辞典、便覧に多い junan sotei	软脊装订 ruǎnjǐzhuāngdìng
floor stack	独立書架 dokuritsu shoka	独立书架 dúlìshūjià
floppy disk	フロッピー・ディスク furoppi disuku	软磁盘 ruǎncípán
flora	植物誌 shokubutsushi	植物志 zhíwùzhì
floral ornament	花模様 hana moyo	小花饰 xiǎohuāshì
fly-leaf	遊び紙 asobigami	衬页 chènyè
fold	折り畳み oritatami	折叠 zhédié
folder	書類ばさみ shoruibasami	文件夹 wénjiànjiā
folding	折り本　折り丁 orihon　oricho	折页　折本 zhéyè　zhéběn
folding book	折り本 orihon	对折 duìzhé
folding map	折り畳み地図 oritatami chizu	折叠式地图 zhédiéshìdìtú
folding plate	折り畳み図版 oritatami zuhan	折叠式插图 zhédiéshìchātú
foliated	ページ付けした　丁付けした pejizuke shita　chozuke shita	标页数的 biāoyèshùde
folio	フォリオ forio	对开纸 duìkāizhǐ
folio edition	フォリオ判　二ツ折判 forioban	对开版 duìkāibǎn

foot note	脚注 kyakuchu	脚注 jiǎozhù
foot of the page	ページの下部 peji no kabu	书页的底边 shūyèdedǐbiān
fore-edge	前小口 maekoguchi	外切口 wàiqiēkǒu
foreign adapted word	外来語 gairaigo	外来语 wàiláiyǔ
foreign books	洋書 yosho	外文图书 wàiwéntúshū
foreign document	外国文献 gaikoku bunken	外国文献 wàiguówénxiàn
foreword	まえがき maegaki	序　序言 xù　xùyán
forgery	偽造　偽造文 gizo　gizobun	赝品　伪造文件 yànpǐn　wěizàowénjiàn
form	形式 keishiki	形式 xíngshì
form classification	形式分類 keishiki bunrui	形式分类 xíngshìfēnlèi
format	寸法　判型 sumpo　hankei	格式　样式 géshì　yàngshì
fortnightly	隔週刊 kakushukan	双周刊 shuāngzhōukān
foundary proof	紙型 shikei	纸型 zhǐxíng
foundation	財団 zaidan	财团 cáituán
foxing	黄色の染み kiiro no shimi	变色 biànsè
fragment	断片　未完遺稿 dampen　mikan iko	未完成的作品 wèiwánchéngdezuòpǐn
frame	枠　縁 waku　fuchi	边　缘　框 biān　yuán　kuàng
free access	開架 kaika	开架 kāijià
free access library	開架式図書館 kaikashiki toshokan	开架图书馆 kāijiàtúshūguǎn

free access system	開架式閲覧室 kaikashiki etsuranshitsu	开架阅览室 kāijiàyuèlǎnshì
free entry	オープン・エントリー opun entori	不完全著录 bùwánquánzhùlù
front cover	表紙 hyoshi	封面 fēngmiàn
front-page	標題紙 hyodaishi	标题页 biāotíyè
frontispiece	口絵 kuchie	卷首插图 juànshǒuchātú
full binding	総革装丁 sogawa sotei	全革装订 quángézhuāngdìng
full color process	四色刷り yonshokuzuri	四色印刷 sìsèyìnshuā
full face	ゴシック字体 goshikku jitai	黑体字 hēitǐzì
full leather binding	総革装丁本 sogawa soteibon	全皮面装订本 quánpímiànzhuāngdìngběn
full page illustration	ページ大の挿絵 peji dai no sashie	全页插图 quányèchātú
full text	全文 zembun	全文 quánwén
full title	フルタイトル　全書名 furutaitoru　　　zenshomei	全书名 quánshūmíng

G

galley proofs	ゲラ刷り　　校正刷り gerazuri　　　koseizuri	校样 jiàoyàng
gap card	欠本カード keppon kado	缺本卡片 quēběnkǎpiàn
gauffered edges	小口装飾模様　押し型付き小口 koguchi soshoku moyo　oshigatatsuki koguchi	凹凸花纹书边 āotūhuāwénshūbiān
general bibliography	総合参考文献 sogo sanko bunken	综合参考文献 zōnghécānkǎowénxiàn

English	Japanese	Japanese reading	Chinese	Pinyin
general editor	主編者	shuhenja	主编	zhǔbiān
general index	総索引	sosakuin	总索引	zǒngsuǒyǐn
general library	総合図書館	sogo toshokan	综合性图书馆	zōnghéxìngtúshūguǎn
general remarks	総論	soron	总论	zǒnglùn
general title	総合書名	sogo shomei	总书名	zǒngshūmíng
geographical catalog	地名目録	chimei mokuroku	地名目录	dìmíngmùlù
geographical dictionary	地名辞典	chimei jiten	地名词典	dìmíngcídiǎn
gilt edge	金縁の小口	kimbuchi no koguchi	金边	jīnbiān
gilt tops	天金	tenkin	天金	tiānjīn
glazed paper	光沢紙	kotakushi	有光纸	yǒuguāngzhǐ
goatskin	山羊皮	yagigawa	山羊皮	shānyángpí
Gothic	ゴシック字体の	goshikku jitai no	粗体字的 / 黑体字的	cūtǐzìde / hēitǐzìde
Gothic type	ゴシック字体	goshikku jitai	粗体字 / 黑体字	cūtǐzì / hēitǐzì
government publication	政府刊行物	seifu kankobutsu	政府出版物	zhèngfǔchūbǎnwù
government publication service center	政府刊行物サービスセンター	seifu kankobutsu sabisu senta	政府出版物服务中心	zhèngfǔchūbǎnwùfúwùzhōngxīn
grain of leather	皮のしぼ	kawa no shibo	皮革粗糙面	pígécūcāomiàn
graphic	グラフィック / 図案画	gurafikku / zuanga	图样	túyàng
graphic art	グラフィック・アート	gurafikku ato	书画刻印艺术	shūhuàkèyìnyìshù
graphic design	グラフィック・デザイン	gurafikku dezain	印刷美术图案	yìnshuāměishùtúàn

grease-spotted	油の染み abura no shimi	油渍的 yóuzìde
group	群　　集団 gun　　shudan	群 qún
guard-sheet	間紙　図版等の前に入れる保護紙　ライス・ペーパー aigami	衬纸 chènzhǐ
guide	入門　　ガイド・ブック nyumon　gaido bukku	入门 rùmén

H

half binding	背革装 segawaso	半皮精装 bànpíjīngzhuāng
half cloth	背クロス sekurosu	半布面装订 bànbùmiànzhuāngdìng
half leather	背子牛革 sekoushigawa	半皮面装订 bànpímiànzhuāngdìng
half-leather binding	背革 segawa	皮书脊 píshūjǐ
half morocco binding	ハーフ・モロッコ本 hafu morokkobon	半摩洛哥皮面装订本 bànmóluògēpímiànzhuāngdìngběn
half title	前扉　　簡略標題 maetobira　kanryaku hyodai	简略书名 jiǎnlüèshūmíng
half title page	簡略表題紙 kanryaku hyodaishi	简略书名页 jiǎnlüèshūmíngyè
halftone	網目版 amimeban	网目版 wǎngmùbǎn
handbook	便覧　　概論 binran　　gairon	便览 biànlǎn
handmade paper	手漉き紙 tesukigami	手工纸 shǒugōngzhǐ
hard cover	ハード・カバー hado kaba	硬封面装订的 yìngfēngmiànzhuāngdìngde
hardback	硬背 kataze	硬脊 yìngjǐ

hardboard	板紙 itagami	马粪纸 mǎfènzhǐ	
hardware	ハードウェア hadouea	硬件 yìngjiàn	
head of the page	ページの上部 peji no jobu	书页的天头 shūyèdetiāntóu	
heading	見出し midashi	标目 biāomù	标题 biāotí
height	高さ takasa	高度 gāodù	
historian	歴史家 rekishika	历史学家 lìshǐxuéjiā	
history	歴史 rekishi	历史 lìshǐ	
Holy Bible	聖書 seisho	圣经 shèngjīng	
home computer	家庭用計算機 kateiyo keisanki	家用计算器 jiāyòngjìsuànqì	
humidity	湿気 shikke	湿气 shīqì	
hyphen	ハイフン haifun	连字符 liánzìfú	

I

IBBY[International Board on Books for Young People]	国際児童図書評議会 kokusai jido tosho hyogikai	国际少年儿童读物委员会 guójìshàoniánértóngdúwùwěiyuánhuì
ICCP[International Conference on Cataloging Principles]	国際目録原則会議 kokusai mokuroku gensoku kaigi	国际编目原则会议 guójìbiānmùyuánzéhuìyì
ICOM[International Council of Museums]	国際博物館協会 kokusai hakubutsukan kyokai	国际社会科学文献委员会 guójìshèhuìkēxuéwénxiànwěiyuánhuì
icon	イコン　　図像 ikon　　　zuzo	图像 túxiàng

IDEAS[Interactive Data Basic Easy Accessing System]	オンライン・データベース検索システム onrain detabesu kensaku shisutemu	人机对话数据库简易存取系统 rénjīduìhuàshùjùkùjiǎnyìcúnqǔ xìtǒng
IFLA[International Federation of Library Associations and Institutions]	国際図書館協会連盟 kokusai toshokan kyokai remmei	国际图书馆协会联合会 guójìtúshūguǎnxiéhuìliánhéhuì
ILL[inter-library loan]	図書館間相互貸借 toshokankan sogo taishaku	馆际互借 guǎnjìhùjiè
illuminated book	彩色絵入り本 saishiki eiribon	精印插图本 jīngyìnchātúběn
illustrated book	挿絵入り本 sashie iri bon	有插图的书籍 yǒuchātúdeshūjí
illustrated cover	絵表紙 ebyoshi	绘图封面 huìtúfēngmiàn
illustrated edition	挿絵入り本 sashie iri bon	插图本 chātúběn
illustration	挿絵　　図版 sashie　　zuhan	插图 chātú
illustrator	挿絵画家 sashie gaka	插图作者 chātúzuòzhě
IMIC[International Medical Information Center]	国際医学情報センター kokusai igaku joho senta	国际医学情报中心 guójìyīxuéqíngbàozhōngxīn
imitation leather	人造革 jinzogawa	人造革 rénzàogé
imprimatur	出版許可　　印刷許可 shuppan kyoka　insatsu kyoka	出版证 chūbǎnzhèng
imprint	出版事項　　奥付 shuppan jiko　okuzuke	出版事项 chūbǎnshìxiàng
imprint date	出版年 shuppannen	出版年 chūbǎnnián
incorporation	目録編成 mokuroku hensei	组织目录 zǔzhīmùlù
incunabula	インキュナブラ　　揺籃期本 inkyunabura　　yorankibon	古版本 gǔbǎnběn
incunabulogy	古版本学 kohanbongaku	古版本学 gǔbǎnběnxué
index (indexing)	索引 sakuin	索引　　标引 suǒyǐn　　biāoyǐn

index file	インデックス・ファイル indekkusu fairu	索引文件 suǒyǐnwénjiàn
index manual	インデックス・マニュアル indekkusu manyuaru	索引手册 suǒyǐnshǒucè
index mark	インデックス・マーク indekkusu maku	索引标记 suǒyǐnbiāojì
index name	インデックス・ネーム indekkusu nemu	索引名 suǒyǐnmíng
Indian ink	墨 sumi	墨汁 mòzhī
Indian paper	インディアン・ペーパー indian pepa	薄叶纸 báoyèzhǐ
information	情報 インフォメーション joho infomeshon	情报 qíngbào
information file	インフォメーション・ファイル infomeshon fairu	文档 资料盘 wéndàng zīliàopán
information management	情報管理 joho kanri	情报管理 qíngbàoguǎnlǐ
information network	情報ネットワーク joho nettowaku	情报网络 qíngbàowǎngluò
information organization	情報機構 joho kiko	情报机构 qíngbàojīgòu
information processing	情報処理 joho shori	情报处理 qíngbàochǔlǐ
information processing system	情報処理システム joho shori shisutemu	情报处理系统 qíngbàochǔlǐxìtǒng
information retrieval system	情報検索システム joho kensaku shisutemu	情报检索系统 qíngbàojiǎnsuǒxìtǒng
information science	情報科学 joho kagaku	情报科学 qíngbàokēxué
information service	情報サービス joho sabisu	情报服务 qíngbàofúwù
initial	頭文字 イニシャル kashira moji inisharu	首字母 shǒuzìmǔ
initial decorated with figures	飾り文字 kazari moji	装饰首字母 zhuāngshìshǒuzìmǔ
ink pad	インキ台 inkidai	印台 yìntái

inner margin	のどの余白 / nodo no yohaku	内页边 / nèiyèbiān
INPADOC[International Patent Documentation Center]	国際特許情報センター / kokusai tokkyo joho senta	国际专利文献中心 / guójìzhuānlìwénxiànzhōngxīn
input	インプット　入力 / imputto　nyuryoku	输入 / shūrù
input data	インプット・データ / imputto deta	输入数据 / shūrùshùjù
input information	インプット・インフォメーション / imputto infomeshon	输入情报 / shūrùqíngbào
input output	インプット・アウトプット / imputto autoputto	输入输出 / shūrùshūchū
input unit	インプット・ユニット / imputto yunitto	输入装置 / shūrùzhuāngzhì
inscription	題辞 / daiji	题辞 / tící
inscription on bones or tortoise shells	甲骨文献 / kokotsu bunken	甲骨文献 / jiǎgǔwénxiàn
inscription on bronze	金石文献 / kinseki bunken	金石文献 / jīnshíwénxiàn
inscription on silk fablic	帛書　絹布に書かれた書物 / hakusho	帛书 / bóshū
inscription on stone	石刻文献 / sekkoku bunken	石刻文献 / shíkèwénxiàn
insertion	差込み / sashikomi	插入 / chārù
inset map	差込みの地図 / sashikomi no chizu	插页地图 / chāyèdìtú
intaglio printing	凹版印刷 / ohan insatsu	凹版印刷 / āobǎnyìnshuā
integrated processing	集中処理 / shuchu shori	集中处理 / jízhōngchǔlǐ
intelligent	インテリジェント / interijento	智能的 / zhìnéngde
interface	インターフェース　二つ以上の電算機器間の接続の役を果たすための共用部分 / intafesu	接口连接装置 / jiēkǒuliánjiēzhuāngzhì
interface message	インターフェース・メッセージ / intafesu messeji	接口信息 / jiēkǒuxìnxī

interface program	インターフェース・プログラム intafesu puroguramu	接口程序 jiēkǒuchéngxù
interface software	インターフェース・ソフトウェア intafesu sofutouea	接口软件 jiēkǒuruǎnjiàn
interim binding	仮製本 kariseihon	临时装订 línshízhuāngdìng
interlibrary loan	相互貸借 sogo taishaku	互借 hùjiè
interlingua	国際語 kokusaigo	国际语 guójìyǔ
interpolation	書き入れ kakiire	内插 nèichā
INTREX[information transfer experiments (of MIT)]	図書館機械化計画(MIT) toshokan kikaika keikaku	情报传递试验(麻省理工学院) qíngbàochuándìshìyàn
introduction	紹介　　序論 shokai　joron	介绍　　简介　　引言 jièshào　jiǎnjiè　yǐnyán
inventory	蔵書点検 zosho tenken	藏书清查 cángshūqīngchá
inverted file	インバーテッド・ファイル 複数索引編成法 inbateddo fairu	逆排文档 nìpáiwéndàng
IR[information retrieval]	情報検索 joho kensaku	情报检索　　情报探求 qíngbàojiǎnsuǒ　qíngbàotànqiú
ISBN [International Standard Book Number]	国際標準図書番号 kokusai hyojun tosho bango	国际标准书号 guójìbiāozhǔnshūhào
ISO[International Standardization Organization]	国際標準化機構 kokusai hyojunka kiko	国际标准化组织 guójìbiāozhǔnhuàzǔzhī
ISORID[International Information System on Research in Documentation Unesco]	ドキュメンテーション調査研究 　国際情報システム(ユネスコ) dokyumenteshon chosa kenkyu kokusai joho shisutemu	国际标准工作研究情报系统 guójìbiāozhǔngōngzuòyánjiū qíngbàoxìtǒng
ISSN [International Standard Serial Number]	国際標準逐次刊行物番号 kokusai hyojun chikuji kankobutsu bango	国际标准联续出版物编号 guójìbiāozhǔnliánxùchūbǎnwù biānhào
issue	版次 hanji	版次 bǎncì
Italic type	イタリック体 itarIkkutai	针体字 zhēntǐzì
item	項目　　アイテム komoku　aitemu	项目　　条 xiàngmù　tiáo

item counter	アイテム・カウンター aitemu kaunta	计算项目计算器 jìsuànxiàngmùjìsuànqì
item file	アイテム・ファイル aitemu fairu	备用存贮档 bèiyòngcúnzhùdàng
itinerary	旅行案内書 ryoko annaisho	旅行指南 lǚxíngzhǐnán
ivory board	アイボリー紙　書籍用表紙紙材 aiborishi	厚光纸 hòuguāngzhǐ

J

Japanese book	和書 washo	日文书籍 Rìwénshūjí
Japanese National Bibliography	全国出版物総目録 zenkoku shuppanbutsu somokuroku	全国出版物总目录 quánguóchūbǎnwùzǒngmùlù
Japanese paper	和紙 washi	日本纸 Rìběnzhǐ
Japanese vellum	局紙 kyokushi	日本牛皮纸 Rìběnniúpízhǐ
Japan MARC	ジャパン・マーク japan maku	日本国立国会图书馆机读目录 Rìběnguólìguóhuìtúshūguǎn jīdúmùlù
JAVIC[Japan Audio-Visual Information Center]	日本視聴覚情報センター nippon shichokaku joho senta	日本视听情报中心 Rìběnshìtīngqíngbàozhōngxīn
JICST[Japan Information Center of Science and Technology]	日本科学技術情報センター nippon kagaku gijutsu joho senta	日本科技情报中心 Rìběnkējìqíngbàozhōngxīn
JIPDEC[Japan Information Processing Development Center]	日本情報処理開発センター nippon joho shori kaihatsu senta	日本情报处理开发中心 Rìběnqíngbàochǔlǐkāifāzhōngxīn
JIS[Japanese Industrial Standard]	日本工業規格 nippon kogyo kikaku	日本工业标准 Rìběngōngyèbiāozhǔn
JLA[Japan Library Association]	日本図書館協会 nippon toshokan kyokai	日本图书馆协会 Rìběntúshūguǎnxiéhuì
joint	溝のつぎ目 mizo no tsugime	书籍槽 shūjícáo

joint author	共著者 kyochosha	合著者 hézhùzhě
joint editor	共編者 kyohensha	合编者 hébiānzhě
JOIS[JICST On-line Information Retrieval Service]	ジクストオンライン情報検索サービス jikusuto onrain joho kensaku sabisu	日本科技情报中心联机情报检索服务 Rìběnkējìqíngbàozhōngxīnliánjī qíngbàojiǎnsuǒfúwù
journal	雑誌 zasshi	杂志 zázhì
just published	最新刊 saishinkan	刚出版的书 gāngchūbǎndeshū
justification	調整 chosei	调整 tiáozhěng

K

keeper	図書館管理員 toshokan kanriin	图书馆管理员 túshūguǎnguǎnlǐyuán
kind of letter	字体 jitai	字体 zìtǐ
Koran (the)	コーラン koran	可兰经 kělánjīng
kraft paper	クラフト・ペーパー 牛皮紙 kurafuto pepa gyuhishi	牛皮纸 niúpízhǐ

L

label holder	ラベル挟み raberu hasami	书标夹 shūbiāojiā
laboratory	実験室 jikkenshitsu	实验室 shíyànshì

LAC[Library Association of China]	中国図書館協会 chugoku toshokan kyokai	中国图书馆协会 Zhōngguótúshūguǎnxiéhuì
lace-work border	レース模様 resu moyo	花边围框 huābiānwéikuàng
lace-work tooling	レース模様 resu moyo	花饰加工 huāshìjiāgōng
lacking(lacking number)	欠号　不足 ketsugo　fusoku	期刊缺号 qīkānquēhào
lacuna	脱文 datsubun	漏句　文章中的漏句 lòujù　wénzhāngzhōngdelòujù
ladder	梯子 hashigo	梯子 tīzi
laid paper	簀の目紙　平行した漉目のある紙 sunomekami	宣纹纸 xuānwénzhǐ
lampoon	風刺文 fushibun	讽刺 fěngcì
language	言語 gengo	语言 yǔyán
large book	大型本 ogatabon	大型图书 dàxíngtúshū
large paper	大判紙 obanshi	大张纸 dàzhāngzhǐ
large paper edition	大判紙版　限定版・豪華本に用いる obanshiban	大型本 dàxíngběn
large print book	弱視者用図書 jakushishayo tosho	弱视者用图书 ruòshìzhěyòngtúshū
large print edition	大型印刷本 ogata insatsubon	大型印本 dàxíngyìnběn
laser color display	レーザー・カラー・ディスプレー reza kara disupure	激光彩色显示 jīguāngcǎisèxiǎnshì
laser computer	レーザー・コンピュータ reza kompyuta	激光计算机 jīguāngjìsuànjī
laser printer	レーザー・プリンター reza purinta	激光打印机 jīguāngdǎyìnjī
laser recorder	レーザー・レコーダー reza rekoda	激光记录器 jīguāngjìlùqì
law library	法律図書館 horitsu toshokan	法律图书馆 fǎlǜtúshūguǎn

law of copyright	著作権法 chosakukenho	版权法 bǎnquánfǎ
layout	割り付け waritsuke	版面设计 bǎnmiànshèjì
LC[Library of Congress]	米国議会図書館 beikoku gikai toshokan	美国国会图书馆 Měiguóguóhuìtúshūguǎn
LC MARC[Library of Congress, Machine Readable Catalog]	米国議会図書館マーク beikoku gikai toshokan maku	美国国会图书馆机读目录 Měiguóguóhuìtúshūguǎnjīdúmùlù
leather back	革背 kawase	皮脊 píjǐ
leather binding	革装丁 kawa sotei	全革装 quángézhuāng
leather cloth	レザー・クロス 合成皮革 reza kurosu	漆布 qībù
leather cloth binding	レザー・クロス装 reza kurosuso	漆布面装订 qībùmiànzhuāngdìng
ledger	分類帳 bunruicho	分类帐 fēnlèizhàng
ledger catalog	台帳式目録 daichoshiki mokuroku	书本式目录 shūběnshìmùlù
legend	説明書き 挿画・写真の説明書き setsumeigaki	题跋 tíbá
legend	伝説 densetsu	传说 chuánshuō
legible	読みやすい yomiyasui	易读的 yìdúde
lending library	貸出文庫 kashidashi bunko	出借图书馆 chūjiètúshūguǎn
letter	文字 moji	文字 wénzì
letterpress	活版印刷 kappan insatsu	活版印刷 huóbǎnyìnshuā
lexicography	辞書編集 jisho henshu	词典编纂法 cídiǎnbiānzuǎnfǎ
lexicon	辞書 辞典 jisho jiten	辞典 cídiǎn
librarian	図書館員 toshokan'in	图书馆员 túshūguǎnyuán

library	図書館 toshokan	图书馆 túshūguǎn
library administration	図書館行政 toshokan gyosei	图书馆行政 túshūguǎnxíngzhèng
library architecture	図書館建築 toshokan kenchiku	图书馆建筑 túshūguǎnjiànzhù
library assistant	司書補佐　司書補 shisho hosa　shishoho	助理馆员 zhùlǐguǎnyuán
library association	図書館協会 toshokan kyokai	图书馆协会 túshūguǎnxiéhuì
library automation	図書館自動化 toshokan jidoka	图书馆自动化 túshūguǎnzìdònghuà
library automation network	図書館オートメーション・ネットワーク toshokan otomeshon nettowaku	图书馆自动化网络 túshūguǎnzìdònghuàwǎngluò
library automation system	図書館オートメーション・システム toshokan otomeshon shisutemu	图书馆自动化系统 túshūguǎnzìdònghuàxìtǒng
library budget	図書館予算 toshokan yosan	图书馆预算 túshūguǎnyùsuàn
library bulletin	館報 kampo	馆报 guǎnbào
library campaign	図書館運動 toshokan undo	图书馆运动 túshūguǎnyùndòng
library catalog	図書館蔵書目録 toshokan zosho mokuroku	图书馆藏书目录 túshūguǎncángshūmùlù
library committee	図書館委員会 toshokan iinkai	图书馆委员会 túshūguǎnwěiyuánhuì
library computerization	図書館コンピュータ化 toshokan komputaka	图书馆计算机化 túshūguǎnjìsuànjīhuà
library costs	図書館経費 toshokan keihi	图书馆经费 túshūguǎnjīngfèi
library courses	図書館学課程 toshokangaku katei	图书馆学课程 túshūguǎnxuékèchéng
library fittings	図書館設備 toshokan setsubi	图书馆设备 túshūguǎnshèbèi
library for the blind	盲人図書館 mojin toshokan	盲人图书馆 mángréntúshūguǎn
library holdings	図書館蔵書 toshokan zosho	图书馆藏书 túshūguǎncángshū

library law	図書館法 toshokanho		图书馆法 túshūguǎnfǎ
library management	図書館経営 toshokan keiei	図書館マネージメント toshokan manejimento	图书馆经营　　图书馆业务学 túshūguǎnjīngyíng　túshūguǎnyèwùxué
library materials	図書館資料 toshokan shiryo		图书馆资料 túshūguǎnzīliào
library mechanization	図書館機械化 toshokan kikaika		图书馆机械化 túshūguǎnjīxièhuà
library network	ライブラリー・ネットワーク raiburari nettowaku		图书馆网络 túshūguǎnwǎngluò
Library of Congress card	米国議会図書館印刷カード beikoku gikai toshokan insatsu kado		美国国会图书馆印刷卡片 Měiguóguóhuìtúshūguǎnyìnshuākǎpiàn
library office work	ライブラリー・オフィス・ワーク raiburari ofisu waku		图书馆内务处理 túshūguǎnnèiwùchǔlǐ
library planning	図書館設計 toshokan sekkei		图书馆设计 túshūguǎnshèjì
library reference work	ライブラリー・レファレンス・ワーク raiburari refarensu waku		图书馆参考咨询工作 túshūguǎncānkǎozīxúngōngzuò
library report	ライブラリー・レポート raiburari repoto		图书馆报告 túshūguǎnbàogào
library science	図書館学 toshokangaku		图书馆学 túshūguǎnxué
library science education	図書館学教育 toshokangaku kyoiku		图书馆学教育 túshūguǎnxuéjiàoyù
library-use instruction	利用指導 riyo shido		利用指导 lìyòngzhǐdǎo
library user education	読者教育 dokusha kyoiku		读者教育 dúzhějiàoyù
libretto	歌劇台本 kageki daihon		歌剧脚本 gējùjiǎoběn
licence	入館証　　許可証 nyukansho　kyokasho		入馆证　　许可证 rùguǎnzhèng　xǔkězhèng
LICS[Library Information Control System]	大阪大学図書館情報機械化システム Osaka daigaku toshokan joho kikaika shisutemu		大阪大学图书馆情报机械化系统 Dàbǎndàxuétúshūguǎnqíngbàojīxièhuàxìtǒng
ligature	連字　　ダブル・レター renji　daburu reta		连字 liánzì

light face letter	肉細活字 nikuboso katsuji	细长字体 xìchángzìtǐ
limited edition	限定版 genteiban	限定版 xiàndìngbǎn
limp binding	柔軟装丁 junan sotei	软面装订 ruǎnmiànzhuāngdìng
line	行 gyo	行 háng
linguistic	言語学 gengogaku	语言学 yǔyánxué
lining	裏打ち urauchi	衬里　内裱衬 chènlǐ　nèibiǎochèn
LINKIT[Library Information System of Kanazawa Institute of Technology]	金沢工業大学図書館情報システム Kanazawa kogyo daigaku toshokan joho shisutemu	金泽工业大学图书馆情报系统 Jīnzégōngyèdàxuétúshūguǎnqíng bàoxìtǒng
list	リスト　　目録 risuto　　mokuroku	目录 mùlù
literal translation	直訳 chokuyaku	直译 zhíyì
literature cited	引用文献 in'yo bunken	引用文献 yǐnyòngwénxiàn
lithography	石版 sekihan	石版 shíbǎn
loan library rules	貸出規則 kashidashi kisoku	外借规则 wàijièguīzé
loan period	貸出期間 kashidashi kikan	借阅期限 jièyuèqīxiàn
loan register	貸出記録 kashidashi kiroku	外借记录 wàijièjìlù
loan statistics	貸出統計 kashidashi tokei	借书统计　外借统计 jièshūtǒng　jìwàijiètǒngjì
local news	ローカル・ニュース rokaru nyusu	地方消息 dìfāngxiāoxi
long seller	ロング・セラー rongu sera	长期畅销书 chángqīchàngxiāoshū
lost book	逸書　散逸してしまった書物 issho	佚书 yìshū

lost books	遺失図書 ishitsutosho	丢失图书 diūshitúshū
lyric drama	歌劇 kageki	歌剧 gējù

M

machine composition	機械植字 kikai shokuji	机器排版 jīqìpáibǎn
machine language	機械言語 kikai gengo	机器语言 jīqìyǔyán
machine paper	機械漉き紙 kikaizukigami	机制纸 jīzhìzhǐ
machine proof	機械校正 kikai kosei	机器校样 jīqìjiàoyàng
machine readable	機械可読 kikai kadoku	机读的 jīdúde
machine readable data	機械可読データ kikai kadoku deta	机读数据 jīdúshùjù
machine searching	機械検索 kikai kensaku	机器检索 jīqìjiǎnsuǒ
machine sewing	機械綴じ　ミシン綴じ kikai toji　mishin toji	机器锁线　线装机装订 jīqìsuǒxiàn　xiànzhuāngjīzhuāngdìng
machine translation	機械翻訳 kikaihon'yaku	翻译机 fānyìjī
magazine	雑誌 zasshi	杂志 zázhì
magazine binder	雑誌挟み zasshibasami	杂志夹 zázhìjiā
magazine display stand	雑誌架 zasshika	杂志陈列架 zázhìchénlièjià
magnetic tape	磁気テープ jiki tepu	磁带 cídài
mail	郵便 yubin	邮政 yóuzhèng

mail order	メール・オーダー meru oda	邮购 yóugòu
main card catalog	基本カード目録 kihon kado mokuroku	基本卡片目录 jīběnkǎpiànmùlù
main catalog	基本目録 kihon mokuroku	基本目录 jīběnmùlù
main heading	主標題　件名 shuhyodai　kemmei	主标题 zhǔbiāotí
main title	正書名 seishomei	正书名 zhèngshūmíng
Manila paper	マニラ紙 manirashi	马尼拉纸 Mǎnílāzhǐ
manual	説明書　入門書 setsumeisho　nyumonsho	说明书　手册 shuōmíngshū　shǒucè
manuscript	写本　手写本 shahon　shushabon	手抄本　手写本 shǒuchāoběn　shǒuxiěběn
map	地図 chizu	地图 dìtú
marbled edge	マーブル小口 maburu koguchi	大理石花纹书边 dàlǐshíhuāwénshūbiān
marbled paper	マーブル紙 maburushi	大理石花纹纸 dàlǐshíhuāwénzhǐ
marbling	マーブル maburu	大理石花纹 dàlǐshíhuāwén
MARC[machine readable catalog]	機械可読目録 kikai kadoku mokuroku	自动化及机助编制索引 zìdònghuàjíjīzhùbiānzhìsuǒyǐn 机读目录 jīdúmùlù
margin	余白　欄外 yohaku　rangai	页边　余白 yèbiān　yúbái
margin note	傍注 bochu	旁注 pángzhù
mark	マーク maku	标记 biāojì
mark card reader	マーク・カード・リーダー maku kado rida	标记卡片阅读器 biāojìkǎpiànyuèdúqì
mark sheet	マーク・シート maku shito	符号图表 fúhàotúbiǎo

mark sheet reader	マーク・シート・リーダー maku shito rida	符号图表阅读器 fúhàotúbiǎoyuèdúqì
mass comunication	マス・コミュニケーション masu komyunikeshon	公众通信 gōngzhòngtōngxìn
mass media	マス・メディア masu media	公众传播手段 gōngzhòngchuánbōshǒuduàn
master	マスター　写真・印刷等の原板 masuta	母片 mǔpiàn
master card	マスター・カード masuta kado	导片　主卡 dǎopiàn　zhǔkǎ
master data	マスター・データ masuta deta	基本数据 jīběnshùjù
master data base	マスター・データ・ベース masuta deta besu	基本数据库 jīběnshùjùkù
master data sheet	マスター・データ・シート masuta deta shito	基本数据记录纸 jīběnshùjùjìlùzhǐ
master file	マスター・ファイル masuta fairu	主外存储器 zhǔwàicúnchǔqì
master film	マスター・フィルム masuta firumu	底片 dǐpiàn
master tape	マスター・テープ masuta tepu	主带 zhǔdài
matrix	活字母型 katsuji bokei	印刷体字母 yìnshuātǐzìmǔ
media center	メディア・センター media senta	文献资料中心 wénxiànzīliàozhōngxīn
MEDLINE[Medical Literature Analysis and Retrieval System on line]	医学文献分析検索システム igaku bunken bunseki kensaku shisutemu	联机医学文献分析和检索系统 liánjīyīxuéwénxiànfēnxīhéjiǎnsuǒ xìtǒng
Mercator projection	メルカトール投影法 merukatoru toeiho	麦克托投影法 Màikètuōtóuyǐngfǎ
mezzotint	メゾチント　金属板による特殊凹版 mezochinto	雕刻铜版法 diāokètóngbǎnfǎ
microfiche	マイクロフィッシュ maikuro fisshu	缩微胶片 suōwēijiāopiàn
microfiche cabinet	マイクロフィッシュ・キャビネット maikuro fisshu kyabinetto	缩微胶片贮存柜 suōwēijiāopiànzhùcúnguì

microfilm	マイクロフィルム maikuro firumu	缩微胶卷 suōwēijiāojuǎn
microfilm cabinet	マイクロフィルム・キャビネット maikuro firumu kyabinetto	缩微胶卷贮存柜 suōwēijiāojuǎnzhùcúnguì
microfilm copy	マイクロフィルム・コピー maikuro firumu kopi	缩微本 suōwēiběn
microfilm reader	マイクロフィルム・リーダー maikuro firumu rida	缩微胶卷阅读器 suōwēijiāojuǎnyuèdúqì
microprint reader	マイクロプリント・リーダー maikuropurinto rida	缩微印刷品阅读器 suōwēiyìnshuāpǐnyuèdúqì
miniature	微細画 bisaiga	超缩微品 chāosuōwēipǐn
miniature book	豆本 mamehon	袖珍本 xiùzhēnběn
mint (mint copy)	善本 zempon	善本 shànběn
miscellaneous works	雑文集 zatsubunshu	杂文集 záwénjí
misprint	誤植 goshoku	印刷错误 yìnshuācuòwù
missing page	落丁 rakucho	脱页 tuōyè
MLA[Medical Library Association]	医学図書館協会 igaku toshokan kyokai	医学图书馆协会 yīxuétúshūguǎnxiéhuì
moisture	湿気 shikke	湿气 shīqì
monastic library	僧院図書館 soin toshokan	僧院图书馆 sēngyuàntúshūguǎn
monogram	組み合わせ文字 kumiawase moji	花押字 huāyāzì
monograph	専攻論文 senko rombun	专题论文 zhuāntílùnwén
monthly	月刊 gekkan	月刊 yuèkān
morocco	モロッコ革 morokkogawa	摩洛哥皮 móluògēpí
morocco binding	モロッコ革装丁 morokkogawa sotei	摩洛哥皮装订 móluògēpízhuāngdìng

mosaic binding	モザイク装丁 mozaiku sotei	剪嵌细工装订 jiǎnqiànxìgōngzhuāngdìng
motion pictures	映画 movie	电影 eigadiànyǐng
mottled calf	まだら子牛皮 madara koushigawa	斑纹牛皮 bānwénniúpí
motto	格言　モットー kakugen　motto	格言 géyán
mould	紙型　マスター shikei　masuta	纸型 zhǐxíng
movable printing types	活字 katsuji	铅字 qiānzì
movable shelves	移動書架 ido shoka	活动书架 huódòngshūjià
multi-tier stack	積層書架 sekiso shoka	积层书架 jīcéngshūjià
multicolored plates	多色版 tashokuban	套色版 tàosèbǎn
municipal library	市立図書館 shiritsu toshokan	市立图书馆 shìlìtúshūguǎn
mutual cooperation	相互協力 sogo kyoryoku	协作 xiézuò
myth	神話 shinwa	神话 shénhuà

N

NACSIS[National Center for Science Information System]	日本学術情報センター nippon gakujutsu joho senta	日本学术情报中心 Rìběnxuéshùqíngbàozhōngxīn
name	名前 namae	名称 míngchēng
name index	人名索引 jimmei sakuin	人名索引 rénmíngsuǒyǐn
name of printer	印刷者名 insatsushamei	印刷者名称 yìnshuāzhěmíngchēng

narrow book	縦長本 tatenagabon	窄型书 zhǎixíngshū
national bibliography	全国総目録 zenkoku somokuroku	全国总目录 quánguózǒngmùlù
national library	国立図書館 kokuritsu toshokan	国家图书馆 guójiātúshūguǎn
national network	ナショナル・ネットワーク nashonaru nettowaku	全国网络 quánguówǎngluò
natural history	博物学 hakubutsugaku	博物学 bówùxué
nautical chart	海図 kaizu	海图 hǎitú
navigational chart	航海図 kokaizu	航海图 hánghǎitú
NCR[Nippon Cataloging Rules]	日本目録規則 nippon mokuroku kisoku	日本编目条例 Rìběnbiānmùtiáolì
NDC[Nippon Decimal Classification]	日本十進分類法 nippon jusshin bunruiho	日本十进分类法 Rìběnshíjìnfēnlèifǎ
NDL[National Diet Library]	国立国会図書館 kokuritsu kokkai toshokan	日本国会图书馆 Rìběnguóhuìtúshūguǎn
network	ネットワーク nettowaku	电视网　网络 diànshìwǎng wǎngluò
network system	ネットワーク・システム nettowaku shisutemu	网络系统 wǎngluòxìtǒng
new edition	新版 shimpan	新版 xīnbǎn
new publication	新刊書　新出版物 shinkansho shinshuppambutsu	新出版　新出版物 xīnchūbǎn xīnchūbǎnwù
New Testament	新約聖書 shin'yaku seisho	新约全书 Xīnyuēquánshū
new writing	新作　書き下ろし shinsaku kakioroshi	新作品 xīnzuòpǐn
news index	新聞記事索引 shimbun kiji sakuin	报纸篇名索引 bàozhǐpiānmíngsuǒyǐn
newspaper	新聞 shimbun	报纸 bàozhǐ
newspaper file	新聞挟み shimbunbasami	报夹 bàojiā

newspaper rack	新聞架 shimbunka	报架 bàojià
newspaper stand	新聞閲覧台 shimbun etsurandai	报纸阅览台 bàozhǐyuèlǎntái
newspaper room	新聞閲覧室 shimbun etsuranshitsu	报纸阅览室 bàozhǐyuèlǎnshì
nickname	愛称　ニック・ネーム aisho　nikku nemu	爱称 àichēng
Nippon author mark	日本著者記号 nippon chosha kigo	日本著者号码 Rìběnzhùzhěhàomǎ
NIST[National Information System for Science and Technology]	[日本]科学技術情報全国流通システム [nippon] kagaku gijutsu joho zenkoku ryutsu shisutemu	日本科技情报系统 Rìběnkējìqíngbàoxìtǒng
no date	刊年不詳 kannen fusho	无日期 wúrìqī
no imprint	出版事項不詳 shuppan jiko fusho	出版事项不明 chūbǎnshìxiàngbùmíng
no place	出版地不詳 shuppanchi fusho	出版地不明 chūbǎndìbùmíng
nonbook materials	図書以外の資料 tosho igai no shiryo	非书资料 fēishūzīliào
not for sale	非売品 hibaihin	非卖品 fēimàipǐn
not open to public	閉架 heika	闭架 bìjià
notation of class	分類標記 bunrui hyoki	分类标记 fēnlèibiāojì
note(-s)	注釈　注 chushaku　chu	札记 zhájì
notebook	ノートブック notobukku	笔记本 bǐjìběn
novel	小説 shosetsu	小说 xiǎoshuō
NPAC[National Program for Acquisitions and Cataloging]	全国収書整理計画 zenkoku shusho seiri keikaku	全国采购和编目规则 quánguócǎigòuhébiānmùguīzé
NUC[National Union Catalog]	ナショナル・ユニオン・カタログ nashonaru yunion katarogu	全国联合目录 quánguóliánhémùlù

NUCOM[National Union Catalog of Monographs]	オーストラリア全国総合目録 osutoraria zenkoku sogo mokuroku	澳大利亚全国专著联合目录 Àodàlìyàquánguózhuānzhùliánhémùlù
number	数字　　号数 suji　　gosu	数字　　期数 shùzì　　qīshù
number of edition	版次 hanji	版次 bǎncì
number of impression	印刷部数 insatsu busu	印数 yìnshù
number of pages	ページ数　　ページ付け peji su　　pejizuke	页数 yèshù
numbered copy	番号付き本　限定番号入本 bangotsukibon	加号码本 jiāhàomǎběn
NZLA[New Zealand Library Association]	ニュージーランド図書館協会 nyujirando toshokan kyokai	新西兰图书馆协会 Xīnxīlántúshūguǎnxiéhuì

O

obituary	訃告 fukoku	讣告　　讣闻 fùgào　　fùwén
object computer	オブジェクト・コンピュータ obujekuto kompyuta	目标计算机 mùbiāojìsuànjī
object language	オブジェクト・ランゲージ obujekuto rangeji	结果语言 jiéguǒyǔyán
object program	オブジェクト・プログラム　実行用プログラム obujekuto puroguramu	结果程序 jiéguǒchéngxù
OCLC[On-line Computer Library Center]	オンライン・コンピュータ図書館情報センター onrain kompyuta toshokan joho senta	图书馆计算机联机中心 túshūguǎnjìsuànjīliánjīzhōngxīn
OCR[optical character reader]	光学文字読取装置 kogaku moji yomitori sochi	光学字符阅读器 guāngxuézìfúyuèdúqì
octavo	八ツ折本　　オクタボ yatsuoribon　　okutabo	八开本 bākāiběn
off end-paper	裏見返し uramikaeshi	里衬页 lǐchènyè

off line	オフ・ライン オン・ラインに対する用語 ofu rain	脱机 tuōjī
off line application	オフ・ライン・アプリケーション ofu rain apurikeshon	脱机应用 tuōjīyìngyòng
off line operation	オフ・ライン・オペレーション ofu rain opereshon	脱机操作 tuōjīcāozuò
off line processing	オフ・ライン処理 ofu rain shori	脱机处理 tuōjīchǔlǐ
off line system	オフ・ライン・システム ofu rain shisutemu	脱机系统 tuōjīxìtǒng
office computer	オフィス・コンピュータ ofisu kompyuta	事务计算机 shìwùjìsuànjī
office system	オフィス・システム ofisu shisutemu	事务系统 shìwùxìtǒng
official gazette	官報 kampo	政府公报 zhèngfǔgōngbào
offprint	抜き刷り nukizuri	抽印本 chōuyìnběn
offset	オフセット印刷 ofusetto insatsu	胶印 jiāoyìn
offset paper	オフセット・ペーパー ofusetto pepa	胶版纸 jiāobǎnzhǐ
old book	古本　古書籍 furuhon　koshoseki	古本 gǔběn
old book catalog	古書目録 kosho mokuroku	古书目录 gǔshūmùlù
old map	古地図 kochizu	古地图 gǔdìtú
Old Testament	旧約聖書 kyuyaku seisho	旧约全书 jiùyuēquánshū
on approval	見計らい本 mihakaraibon	试销 shìxiāo
on line	オン・ライン on rain	联机 liánjī
on line catalog	オン・ライン・カタログ on rain katarogu	联机目录 liánjīmùlù
on line control	オン・ライン制御 on rain seigyo	联机控制 liánjīkòngzhì

on line deta base	オン・ライン・データ・ベース on rain deta besu	联机数据库 liánjīshùjùkù
on line information retrieval system	オン・ライン情報検索システム on rain joho kensaku shisutemu	联机情报检索系统 liánjīqíngbàojiǎnsuǒxìtǒng
on line input	オン・ライン・インプット on rain imputto	联机输入 liánjīshūrù
on line mode	オン・ライン・モード on rain modo	联机方式 liánjīfāngshì
on line operation	オン・ライン・オペレーション on rain opereshon	联机操作 liánjīcāozuò
on line program	オン・ライン・プログラム on rain puroguramu	联机程序 liánjīchéngxù
on line search	オン・ライン検索 on rain kensaku	联机检索 liánjījiǎnsuǒ
on line service	オン・ライン・サービス on rain sabisu	联机服务 liánjīfúwù
on line storage	オン・ライン記憶装置 on rain kioku sochi	联机存储器 liánjīcúnchǔqì
on line system	オン・ライン・システム on rain shisutemu	联机系统 liánjīxìtǒng
on line union catalog	オン・ライン総合目録 on rain sogo mokuroku	联机联合目录 liánjīliánhémùlù
on sale	販売中 hanbaichu	上市 shàngshì
open access	開架 kaika	开架 kāijià
open access collection	開架式図書 kaikashiki tosho	开架图书 kāijiàtúshū
open shelf system	開架式 kaikashiki	开架式 kāijiàshì
opera	歌劇 kageki	歌剧 gējù
operation	オペレーション opereshon	操作 cāozuò
operation system	オペレーション・システム opereshon shisutemu	操作系统 cāozuòxìtǒng
OR[operation research]	オペレーション・リサーチ opereshon risachi	运筹学 yùnchóuxué

order	注文 chumon		订单 dìngdān	
organization	団体 dantai	組織 soshiki	团体 tuántǐ	组织 zǔzhī
original	オリジナル orijinaru		原件 yuánjiàn	
original binding	原装 genso		原装 yuánzhuāng	
original edition	原版 gemban		原版 yuánbǎn	
original paper	原稿 genko		原稿 yuángǎo	
original size	原寸 gensun		原尺寸 yuánchǐcùn	
original text	原書 gensho		原文本 yuánwénběn	
original title	原書名 genshomei		原书名 yuánshūmíng	
original wrapper	オリジナル・ジャケット orijinaru jaketto		原封皮 yuánfēngpí	
ornament	装飾 soshoku		装饰 zhuāngshì	
ornamental band	飾り罫線 kazari keisen		装饰带 zhuāngshìdài	
ornamental border	飾り枠 kazari waku		装饰镶边 zhuāngshìxiāngbiān	
ornamental initial	飾り頭文字 kazari kashiramoji		饰花字头 shìhuāzìtóu	
out of print	絶版 zeppan		绝版 juébǎn	
outline	アウトライン autorain		概要 gàiyào	
outline map	略図 ryakuzu		略图 lüètú	
output	出力 shutsuryoku	アウトプット autoputto	输出 shūchū	
output area	アウトプット・エリア autoputto eria		输出范围 shūchūfànwéi	

output data	アウトプット・データ	输出数据
	autoputto deta	shūchūshùjù
output file	アウトプット・ファイル	输出文件
	autoputto fairu	shūchūwénjiàn
output format	アウトプット・フォーマット	输出格式
	autoputto fomatto	shūchūgéshì
output information	アウトプット・インフォメーション	输出信息
	autoputto infomeshon	shūchūxìnxī
output printer	アウトプット・プリンター	输出打印机
	autoputto purinta	shūchūdǎyìnjī
output unit	アウトプット・ユニット	输出机
	autoputto yunitto	shūchūjī
overdue	延滞	过期
	entai	guòqī
overdue book	延滞図書	到期未还的书
	entai tosho	dàoqīwèihuándeshū
overflow	オーバーフロー	溢出
	obafuro	yìchū
overhead projector	オーバーヘッド・プロジェクター	字幕片放映机
	obaheddo purojekuta	zìmùpiànfàngyìngjī
overseas edition	海外版	海外版
	kaigaiban	hǎiwàibǎn
ownership seal	蔵書章　蔵書シール	藏书章
	zoshosho　zosho shiru	cángshūzhāng
ownership stamp	蔵書印	藏书印
	zoshoin	cángshūyìn

P

packing sheet	包装紙	包装纸
	hososhi	bāozhuāngzhǐ
page	ページ	页
	peji	yè
page check	ページ点検	页面检验
	peji tenken	yèmiànjiǎnyàn

pagination	ページ付け pejizuke	页数 yèshù
palaeography	古文書学 komonjogaku	古文书学 gǔwénshūxué
palaeotypography	古代印刷術 kodai insatsujutsu	古代活版术 gǔdàihuóbǎnshù
pamphlet	小冊子 shosasshi	小册子 xiǎocèzi
pamphleteer	パンフレット発行者 panfuretto hakkosha	小册子作者 xiǎocèzizuòzhě
paper	紙 kami	纸面 zhǐmiàn
paper binding	紙装丁 kami sotei	纸面装订 zhǐmiànzhuāngdìng
paper bound	紙装丁本 kami soteibon	纸面书 zhǐmiànshū
paper knife	ペーパー・ナイフ pepa naifu	切纸机的切刀 qiēzhǐjīdeqiēdāo
paper tape	紙テープ kami tepu	纸带 zhǐdài
papyrus	パピルス文献 papirusu bunken / パピルス草 papirusugusa	纸草文献 zhǐcǎowénxiàn / 纸莎草 zhǐshācǎo
papyrus scroll	パピルス巻子本 papirusu kansubon	古本手卷 gǔběnshǒujuàn
paragraph	段落 danraku / 文節 bunsetsu	段落 duànluò / 章节 zhāngjié
parchment	羊皮紙 yohishi / パーチメント pachimento	羊皮纸 yángpízhǐ
Parliamentary Library	議会図書館 gikai toshokan	议会图书馆 yìhuìtúshūguǎn
part(-s)	分冊 bunsatsu	分册 fēncè
pattern	原型 genkei / 模型 mokei	模型 móxíng
pen-name	筆名 hitsumei	笔名 bǐmíng
perfect binding	無線綴じ musentoji	无线装订 wúxiànzhuāngdìng

periodical	定期刊行物　雑誌 teiki kankobutsu　zasshi	期刊杂志 qīkānzázhì	杂志 zázhì
periodical catalog	雑誌目録 zasshi mokuroku	杂志目录 zázhìmùlù	
periodicals room	雑誌閲覧室 zasshi etsuranshitsu	期刊阅览室 qīkānyuèlǎnshì	
person on the black-list	延滞常習者 entai joshusha	逾期不还者 yúqībùhuánzhě	
personal computer	パソコン pasokon	个人计算机 gèrénjìsuànjī	
PERT[Program Evalution and Review Technique]	計画評価システム keikaku hyoka sisutemu	计划评估法 jìhuàpínggūfǎ	
photoengraving	写真製版 shashin seihan	照相制版 zhàoxiàngzhìbǎn	
photograph	写真 shashin	照相机 zhàoxiàngjī	
photography	写真撮影術 shashin satsueijutsu	照相术 zhàoxiàngshù	
photogravure	グラビア印刷　写真凹版 gurabia insatsu　shashin ohan	凹印 āoyìn	照相凹版 zhàoxiàng'āobǎn
photolithography	写真平版 shashin heihan	照相平版 zhàoxiàngpíngbǎn	
photostat	フォトスタット　直接複写用カメラ fotosutatto	直接影印机 zhíjiēyǐngyìnjī	
pictograph	象形文字 shokei moji	象形文字 xiàngxíngwénzì	
picture book	画集 gashu	画帖 huàtiě	
pirated edition	海賊版 kaizokuban	非法翻印版 fēifǎfānyìnbǎn	海盗版 hǎidàobǎn
placard	掲示 keiji	挂图 guàtú	
place division	地域区分 chiiki kubun	地域区分 dìyùqūfēn	
place name	地名 chimei	地名 dìmíng	
place name index	地名索引 chimei sakuin	地名索引 dìmíngsuǒyǐn	

place of printing	印刷地 insatsuchi	印刷地 yìnshuādì
place of publication	出版地 shuppanchi	出版地点 chūbǎndìdiǎn
plain cover	簡易表紙　無地の表紙 kan'ihyoshi　muji no hyoshi	素封面 sùfēngmiàn
PLAN[Public Library Automation Network]	[米国]公共図書館機械化ネットワーク [beikoku]kokyo toshokan kikaika nettowaku	美国公共图书馆自动化网络 Měiguógōnggòngtúshūguǎnzìdòng huàwǎngluò
planographic printing	平版印刷 heihan insatsu	平版印刷 píngbǎnyìnshuā
planography	平版印刷術 heihan insatsujutsu	平版印刷术 píngbǎnyìnshuāshù
plate	図版 zuhan	图版 túbǎn
platen press	平圧印刷機 heiatsu insatsuki	平压印刷机 píngyāyìnshuājī
play	脚本 kyakuhon	剧本 jùběn
pocket atlas	ポケット版地図帳 pokettoban chizucho	袖珍地图集 xiùzhēndìtújí
pocket dictionary	ポケット版辞書 pokettoban jisho	袖珍字典 xiùzhēnzìdiǎn
pocket edition	ポケット版 pokettoban	袖珍版 xiùzhēnbǎn
poetry	詩歌 shiika	诗歌 shīgē
polyglot	多国語対訳図書 takokugo taiyaku tosho	多国语言对照书 duōguóyǔyánduìzhàoshū
polyglot dictionary	多国語辞書　三ケ国語以上 takokugo jisho	多国语辞典 duōguóyǔcídiǎn
popular	ポピュラー popyura	通用的 tōngyòngde
popular edition	普及版　ポピュラー・エディション fukyuban　popyura edishon	普及版 pǔjíbǎn
pop-up book	飛び出す絵本 tobidasu ehon	立体活动图画书 lìtǐhuódòngtúhuàshū

pornographic literature	好色本 koshokubon		色情书 sèqíngshū	
portfolio	紙ばさみ kamibasami		纸夹 zhǐjiā	
portrait	肖像 shozo		肖像 xiàoxiàng	
post free	郵便料不要 yubinryo fuyo		免收邮费 miǎnshōuyóufèi	
postage	郵便料 yubinryo		邮费 yóufèi	
poster	ポスター posuta		招贴画 zhāotiēhuà	
posthumous edition	遺稿版 ikoban	遺作版 isakuban	遗著版 yízhùbǎn	
posthumous work	遺稿 iko	遺作 isaku	遗稿 yígǎo	遗著 yízhù
preface	序文 jobun		序文 xùwén	
prepaid	前払い maebarai		预付 yùfù	
presentation copy	贈呈本 zoteibon		赠书样本 zèngshūyàngběn	
preservation	保存 hozon	保管 hokan	保存 bǎocún	保管 bǎoguǎn
preservation of archives	編集保存 henshu hozon		编档案 biāndàng'àn	
preservation of books	保存図書 hozon tosho		保存图书 bǎocúntúshū	
press	印刷 insatsu	印刷所 insatsujo	印刷機 insatsuki	印刷 yìnshuā	印刷所 yìnshuāsuǒ	印刷机 yìnshuājī
press-cutting	新聞切抜き shimbun kirinuki		剪报资料 jiǎnbàozīliào	
presumed author	推定著者 suitei chosha		判定著者 pàndìngzhùzhě	
price	価格 kakaku	定価 teika	价格 jiàgé	书价 shūjià
price list	定価表 teikahyo		定价表 dìngjiàbiǎo	

primary document	一次文献 ichiji bunken	一次文献 yícìwénxiàn
primary source	一次資料 ichiji shiryo	原始资料 yuánshǐzīliào
print (printing)	印刷　プリント insatsu　purinto	印刷 yìnshuā
print from an aluminium plate	アルミ版 arumiban	铝版 lǚbǎn
printed book	印刷本 insatsubon	印刷本 yìnshuāběn
printed card	印刷カード insatsu kado	印刷卡片 yìnshuākǎpiàn
printed material	印刷資料 insatsu shiryo	印刷资料 yìnshuāzīliào
printed matter	印刷物 insatsubutsu	印刷品 yìnshuāpǐn
printed title page	印刷標題紙 insatsu hyodaishi	印本标题页 yìnběnbiāotíyè
printer	印刷者 insatsusha	印刷者 yìnshuāzhě
printer's copy	印刷用原稿 insatsuyo genko	印刷用原稿 yìnshuāyòngyuángǎo
printer's device (mark)	印刷所の商標 insatsujo no shohyo	印刷厂商标 yìnshuāchǎngshāngbiāo
printer's ink	印刷インキ insatsu inki	印刷油墨 yìnshuāyóumò
printer's types	活字 katsuji	铅字 qiānzì
printing house	印刷所 insatsujo	印刷所 yìnshuāsuǒ
printing machine	印刷機 insatsuki	印刷机 yìnshuājī
printing media	印刷メディア insatsu media	印刷载体 yìnshuāzàitǐ
printing paper	印刷用紙 insatsu yoshi	印刷用纸 yìnshuāyòngzhǐ
private collection	個人蔵書 kojin zosho	个人藏书 gèréncángshū

private edition	私家版	shikaban	私人版	sīrénbǎn
private library	私立図書館	shiritsu toshokan	私立图书馆	sīlìtúshūguǎn
private press	私家版　私家版印刷所	shikaban　shikaban insatsujo	私营印刷所　自费版	sīyíngyìnshuāsuǒ　zìfèibǎn
privately printed	私家版　自費出版物	shikaban　jihi shuppambutsu	个人版　自费出版物	gèrénbǎn　zìfèichūbǎnwù
privately printed book	私家本	shikabon	私家本	sījiāběn
proceedings	会報　議事録	kaiho　gijiroku	学会会报　会议录	xuéhuìhuìbào　huìyìlù
process slip	整理カード	seiri kado	图书加工用卡片	túshūjiāgōngyòngkǎpiàn
professional training	館員再教育	kan'in saikyoiku	馆员再教育	guǎnyuánzàijiàoyù
programmer	プログラマー	purogurama	程序设计员	chéngxùshèjìyuán
programming	プログラミング	puroguramingu	程序设计	chéngxùshèjì
prohibition	禁書	kinsho	禁书	jìnshū
proof (proof sheet)	校正刷り　ゲラ	koseizuri　gera	校样	jiàoyàng
proof-correction marks	校正記号	kosei kigo	校对符号	jiàoduìfúhào
proof in slips	棒組み校正刷り　棒ゲラ	bogumi koseizuri　bogera	分页校印	fēnyèjiàoyìn
prospectus	趣意書	shuisho	旨趣书	zhǐqùshū
protocol	プロトコール　議定書	purotokoru　giteisho	议定书	yìdìngshū
pseudonym	別名	betsumei	別名	biémíng
public catalog	閲覧者用目録	etsuranshayo mokuroku	读者目录	dúzhěmùlù
public documents	公文書	kobunsho	公文	gōngwén

public library	公共図書館 kokyo toshokan	公共图书馆 gōnggòngtúshūguǎn
publication	出版　　発行 shuppan　hakko	出版 chūbǎn
publish	発行　　刊行　　出版 hakko　kanko　shuppan	发行　　刊行 fāxíng　kānxíng
publisher	出版社 shuppansha	出版社 chūbǎnshè
publisher's binding	発行所装丁 hakkosho sotei	原装本 yuánzhuāngběn
publisher's catalog	出版社目録 shuppansha mokuroku	出版社目录 chūbǎnshèmùlù
publisher's reader	愛読者 aidokusha	出版社的读者 chūbǎnshèdedúzhě
publishing business	図書出版業 tosho shuppangyo	图书出版业 túshūchūbǎnyè
punch card	パンチ・カード panchi kado	穿孔卡片 chuānkǒngkǎpiàn
purchased book	購入図書 konyu tosho	购入的图书 gòurùdetúshū

Q

quarter leather	背革装丁 segawa sotei	皮书脊装订 píshūjǐzhuāngdìng
quarterly	季刊 kikan	季刊 jìkān
quarto	四ツ折本　　クォート判 yotsuoribon　kuotoban	四开本 sìkāiběn
question	質問 shitsumon	提问 tíwèn
quick reference	クイック・レファレンス kuikku refarensu	快速咨询 kuàisùzīxún
quire	帖 jo	一帖　　张 yìtiě　zhāng

quotation

| quotation | 引用文
in'yobun | 引用文
yǐnyòngwén |

R

rack	書架 shoka	书架 shūjià
raised bands	レーズト・バンド　背革装丁本の背に rezuto bando　　　できる盛りあがり	缝线棱 féngxiànléng
rag paper	コットン・ペーパー　　ラグ・ペーパー kotton pepa　　　　　ragu pepa 古布を原料とした高級上質紙	优质纸 yōuzhìzhǐ
RAM[random access memory]	記憶装置 kiokusochi	随机存取存贮器 suíjīcúnqǔcúnzhùqì
rare book	貴重図書　　稀覯書 kicho tosho　　kikosho	珍贵图书　　稀有本 zhēnguìtúshū　xīyǒuběn
rare book dealer	稀覯書店 kikoshoten	稀有图书商 xīyǒutúshūshāng
rare book room	貴重図書室 kicho toshoshitsu	珍本图书室 zhēnběntúshūshì
reader	読者　　閲覧者 dokusha　etsuransha	读者 dúzhě
reader's card	閲覧証 etsuransho	阅览证 yuèlǎnzhèng
reader's proof	初校刷り shokozuri	初校样 chūjiàoyàng
reading	閲覧 etsuran	阅览 yuèlǎn
reading ban	禁書 kinsho	禁书 jìnshū
reading book	読本 dokuhon	读本 dúběn
reading for the blind	朗読サービス rodoku sabisu	朗诵服务 lǎngsòngfúwù

reading glass	拡大鏡 kakudaikyo	放大镜 fàngdàjìng
reading room	閲覧室 etsuranshitsu	阅览室 yuèlǎnshì
reading room regulation	閲覧規則 etsuran kisoku	阅览规则 yuèlǎnguīzé
rebacked	修理した背 shuri shita se	重装书脊 chóngzhuāngshūjǐ
recent acquisitions	新着図書 shinchaku tosho	新到图书 xīndàotúshū
recommender	推薦者 suisensha	推荐者 tuījiànzhě
record	記録　レコード kiroku　rekodo	记录 jìlù
record player	レコード・プレヤー rekodo pureya	唱机 chàngjī
recorder	録音機 rokuonki	录音机 lùyīnjī
recording for the blind	録音サービス rokuon sabisu	录音服务 lùyīnfúwù
recording room	録音室 rokuonshitsu	录音室 lùyīnshì
recording studio	記録（録音）装置 kiroku(rokuon)sochi	记录装置 jìlùzhuāngzhì
recording tape	録音テープ rokuon tepu	录音带 lùyīndài
recto	右ページ　洋書の場合 migi peji	书籍的右页 shūjídeyòuyè
recto and verso	両面 ryomen	封面和封底 fēngmiànhéfēngdǐ
reduced	減少した gensho shita	减少的 jiǎnshǎode
reduced size edition	縮刷版 shukusatsuban	缩印版 suōyìnbǎn
reel	リール riru	卷筒 juàntǒng
reference	参照　参考　レファレンス sansho　sanko　refarensu	参考　参照　咨询 cānkǎo　cānzhào　zīxún

reference book	参考図書　レファレンス・ブック sanko tosho　refarensu bukku	参考书 cānkǎoshū
reference catalog	参考図書目録 sanko tosho mokuroku	参考书目 cānkǎoshūmù
reference center	レファレンス・センター refarensu senta	咨询中心 zīxúnzhōngxīn
reference guide	レファレンス・ガイド refarensu gaido	参考书指南 cānkǎoshūzhǐnán
reference librarian	参考係員 sanko kakariin	参考工作人员 cānkǎogōngzuòrényuán 咨询服务工作者 zīxúnfúwùgōngzuòzhě
reference library	レファレンス・ライブラリー refarensu raiburari	参考书阅览室 cānkǎoshūyuèlǎnshì
reference material	レファレンス・マテリアル refarensu materiaru	参考资料 cānkǎozīliào
reference record	レファレンス・レコード refarensu rekodo	参考记录 cānkǎojìlù
reference retrieval system	レファレンス検索システム refarensu kensaku shisutemu	题录检索系统 tílùjiǎnsuǒxìtǒng
reference room	レファレンス・ルーム refarensu rumu	咨询室　参考室 zīxúnshì　cānkǎoshì
reference service	レファレンス・サービス refarensu sabisu	参考咨询服务 cānkǎozīxúnfúwù
reference tool	レファレンス・ツール refarensu tsuru	参考工具书 cānkǎogōngjùshū
reference work	レファレンス・ワーク refarensu waku	参考咨询工作 cānkǎozīxúngōngzuò
register	登録　登録する toroku　toroku suru	登录　注册 dēnglù　zhùcè
registration	貸出登録 kashidashi toroku	外借登记 wàijièdēngjì
regulation	規則 kisoku	规则 guīzé
remainder	売れ残り本 urenokoribon	廉价出售的处理品 liánjiàchūshòudechǔlǐpǐn
remark	備考 biko	备录 bèilù

renew	更新 koshin	更新 gēngxīn
renew a subscription	予約を更新する yoyaku o koshin suru	续订 xùdìng
repair	修理 shuri	修理 xiūlǐ
report	報告 hokoku　会報 kaiho	报告 bàogào
reprint (reprint edition)	再版 saihan　復刻 fukkoku	重印 chóng　复刻 yìnfùkè
republication	再版 saihan	再版 zàibǎn
reserved book	指定図書 shitei tosho　辞典や参考図書など、一般図書と区別される	指定阅读的图书 zhǐdìngyuèdúdetúshū
response time	応答時間 oto jikan	回答时间 huídáshíjiān
restricted book	禁帯出図書 kintaishutsu tosho	禁止带出的图书 jìnzhǐdàichūdetúshū
review	評論 hyoron	评论 pínglùn
revise	校閲 koetsu	校阅 jiàoyuè
revised and larged edition	改訂増補版 kaitei zohoban	修订增补版 xiūdìngzēngbǔbǎn
revised edition	改訂版 kaiteiban	改订版 gǎidìngbǎn　修订版 xiūdìngbǎn
revised proof	再校 saiko	二校 èrjiào
rice paper	薄葉紙 usubagami　ライスペーパー	通草纸 tōngcǎozhǐ
right of reproduction	複製権 fukuseiken	复制权 fùzhìquán
roan	羊の皮 hitsuji no kawa　モロッコ皮代用の柔らかい製本用の羊皮	装订封面用的软羊皮 zhuāngdìngfēngmiànyòngderuǎnyángpí
robot	ロボット robotto	机器人 jīqìrén
roll	巻物 makimono	纸卷 zhǐjuǎn

roll film	ロール・フィルム roru firumu	胶片卷 jiāopiànjuǎn
roll microfilm	ロール・マイクロフィルム roru maikurofirumu	缩微胶片卷 suōwēijiāopiànjuǎn
roll-stamp	型押しルーレット 装丁用 kataoshiruretto	划线轮 huàxiànlún
rotation	ローテーション roteshon	循环轮排法 xúnhuánlúnpáifǎ
round back	丸背 maruze	圆脊 yuánjǐ
routine	ルーチン プログラムの手順 ruchin	例程　　程序 lìchéng　chéngxù
royalty	印税　　著作権使用料 inzei　　chosakukenshiyoryo	版税 bǎnshuì
rubbed	損傷 sonsho	损伤 sǔnshāng
rubbing of the inscription (rubbing edition)	拓本 takuhon	拓本 tàběn
rubric	朱書き　赤色印刷 古版本の赤文字印刷 shugaki　akairo insatsu	红色印刷　　红字 hóngsèyìnshuā　hóngzì
rubricated	赤色印刷　　赤文字 akairo insatsu　akamoji	加红字标题的 jiāhóngzìbiāotíde
ruled paper	罫紙 keishi	座标纸 zuòbiāozhǐ
run	印刷部数 insatsu busu	印刷数 yìnshuāshù
runner	傍注 bochu	旁注 pángzhù
running title	柱　　欄外の見出し hashira　rangai no midashi	书眉 shūméi

S

safe guarded open access system	安全開架式 anzen kaikashiki	防盗开架式 fángdàokāijiàshì

safety film	安全フィルム 難燃性のフィルム anzen firumu	安全软片 ānquánruǎnpiàn
sale catalog	販売目録 hanbai mokuroku	售书目录 shòushūmùlù
sample	見本　　サンプル mihon　　sampuru	样品　　样书 yàngpǐn　　yàngshū
scarce	稀覯図書　　善本 kikotosho　　zempon	稀有图书　　善本 xīyǒutúshū　　shànběn
schedule	スケジュール sukejuru	表 biǎo
school library	学校図書館 gakko toshokan	学校图书馆 xuéxiàotúshūguǎn
science	科学 kagaku	科学 kēxué
scientific journal	学術雑誌 gakujutsu zasshi	学术杂志 xuéshùzázhì
score	楽譜 gakufu	乐谱 yuèpǔ
scrapbook	切抜き帳　スクラップ・ブック kirinukicho　sukurappubukku	剪贴簿 jiǎntiēbù
screen	網目スクリーン　　スクリーン amime sukurin　　sukurin	屏幕 píngmù
scribe	写字生 shajisei	抄写员 chāoxiěyuán
scriptorium	写字室 shajishitsu	写字室　　抄录室 xiězìshì　　chāolùshì
scroll	卷子本　　卷物 kansubon　　makimono	纸卷　　卷轴 zhǐjuǎn　　juànzhóu
seal	封印　　印章 fuin　　insho	封蜡　　封印 fēnglà　　fēngyìn
search	検索 kensaku	检索 jiǎnsuǒ
search file	検索ファイル kensaku fairu	检索档 jiǎnsuǒdàng
search operation	検索オペレーション kensaku opereshon	检索操作 jiǎnsuǒcāozuò
search room	サーチ・ルーム sachi rumu	文献查阅室 wénxiàncháyuèshì

search service	検索サービス / kensaku sabisu	检索服务 / jiǎnsuǒfúwù
search time	検索タイム / kensaku taimu	检索时间 / jiǎnsuǒshíjiān
secondary literature	二次文献 / niji bunken	二次文献 / èrcìwénxiàn
second-hand book	古書 / kosho	古书 / gǔshū
selected works	選集 / senshu	文选 / wénxuǎn
semi-annual	半年刊 半年毎 / hannenkan hantoshigoto	半年刊 / bànniánkān
separate pagination	別建てページ付け / betsudate pejizuke	别编页码 / biébiānyèmǎ
sepia print	セピア印刷 / sepia insatsu	深棕色印刷 / shēnzōngsèyìnshuā
serial	継続出版物 逐次刊行物 / keizoku shuppambutsu chikuji kankobutsu	连续出版物 / liánxùchūbǎnwù
serial story	連載小説 / rensai shosetsu	连载小说 / liánzǎixiǎoshuō
series	叢書 / sosho	丛书 / cóngshū
series catalog	叢書目録 / sosho mokuroku	丛书目录 / cóngshūmùlù
series title	叢書名 / soshomei	丛书名 / cóngshūmíng
service area	サービス・エリア / sabisu eria	服务区域 / fúwùqūyù
service center	サービス・センター / sabisu senta	服务中心 / fúwùzhōngxīn
service for handicapped person	障害者サービス / shogaisha sabisu	残疾人服务设施 / cánjírénfúwùshèshī
service network	サービス・ネットワーク / sabisu nettowaku	服务网 / fúwùwǎng
service system	サービス・システム / sabisu shisutemu	服务系统 / fúwùxìtǒng
sewn (sewing)	仮綴じ / karitoji	粗订 / cūdìng

shagreen	粒起皮 製本用革の一種、シャグリーン ryukigawa	粗面皮革 cūmiànpígé
sheepskin	羊の皮 hitsuji no kawa	羊皮革 yángpígé
sheet	紙葉 印刷用紙 全紙 shiyo insatsu yoshi zenshi	纸张 整张纸 zenshi zhǐzhāngzhěngzhāngzhǐ
short title	簡略標題 kanryaku hyodai	简略书名 jiǎnlüèshūmíng
signature	署名 自筆 shomei jihitsu	署名 shǔmíng
signature (signature line)	折り記号 折り丁 orikigo oricho	折页记号 zhéyèjìhaor
silken document	縑帛文献 帛書 kempaku bunken hakusho	缣帛文献 jiānbówénxiàn
silk-paper	透明な薄紙 tomeina usugami	薄纸 báozhǐ
single-faced book stack	片面書架 katamen shoka	单面书架 dānmiànshūjià
size of book (of paper)	本の大きさ 紙のサイズ hon no okisa kami no saizu	开本大小 kāiběndàxiǎo
sketch	スケッチ 短編 小品 suketchi tampen shohin	素描 小品 sùmiáo xiǎopǐn
sketch book	スケッチ・ブック suketchi bukku	短文集 素描集 duǎnwénjí sùmiáojí
slide	スライド suraido	幻灯片 huàndēngpiān
slip	スリップ surippu	借书条 jièshūtiáo
slip case	外箱 sotobako	书套 shūtào
slip-proof	棒組み校正刷り bogumi koseizuri	长条校样 chángtiáojiàoyàng
small tools	小道具 kodogu	小工具 xiǎogōngjù
smoothed edge	化粧裁ち小口 小端を裁ち落とした小口 keshodachi koguchi koba o tachiotoshita koguchi	平整的切口 píngzhěngdeqiēkǒu

soft copy	ソフト・コピー sofuto kopi	软拷贝 ruǎnkǎobèi
software	ソフトウェア sofutouea	软件 ruǎnjiàn
software library	ソフトウェア・ライブラリー sofutouea raiburari	软件库 ruǎnjiànkù
soiled	古ぼけた furuboketa	污损的 wūsǔnde
song book	歌謡集 kayoshu	歌谣集 gēyáojí
sonosheet	ソノシート sonoshito	录音纸唱片 lùyīnzhǐchàngpiān
sorter	区分器　分類器 kubunki　bunruiki	分类器 fēnlèiqì
sound recording	録音資料　テープ・ビデオ・カセット rokuon shiryo　等の資料	录音资料 lùyīnzīliào
special edition	特別版　特製版 tokubetsuban　tokuseiban	特别版 tèbiébǎn
special issue	特別号 tokubetsugo	专刊 zhuānkān
special library	専門図書館 semmon toshokan	专业图书馆 zhuānyètúshūguǎn
specimen	見本　サンプル mihon　sampuru	样书　样品 yàngshū　yàngpǐn
spiral binding	螺旋式装丁 rasenshiki sotei	螺旋式装订 luóxuánshìzhuāngdìng
spoilage	反古紙　損紙 hogoshi　sonshi	废纸 fèizhǐ
spotted	染み付き　古ぼけた shimitsuki　furuboketa	污损的 wūsǔnde
square	正方形 seihokei	方型书 fāngxíngshū
staff	係員 kakariin	管理员 guǎnlǐyuán
stained edges	霧染小口 kirizome koguchi	喷色花边 pēnsèhuābiān
stamp	押し印　印 oshiin　in	压印　印章 yāyìn　yìnzhāng

standard	スタンダード sutandado	标准 biāozhǔn
standard book catalog	基本図書目録 kihon tosho mokuroku	基本图书目录 jīběntúshūmùlù
state library	州立図書館 shuritsu toshokan	州立图书馆 zhōulìtúshūguǎn
steel engraving	鋼版画 kohanga	钢版印刷 gāngbǎnyìnshuā
stencil	ステンシル sutenshiru	油印蜡纸 yóuyìnlàzhǐ
stencil pen	鉄筆 teppitsu	铁笔 tiěbǐ
stenography	速記法 sokkiho	速记法 sùjìfǎ
stereograph	ステレオ写真 sutereo shashin	立体照相 lìtǐzhàoxiàng
sterotype	ステロ版 suteroban	铅印 qiānyìn
stippled edges	霧染小口 kirizome koguchi	喷色花边 pēnsèhuābiān
stitching	仮とじ karitoji　かがり kagari　簡易製本 kan'i seihon	粗订 cūdìng　简易装订 jiǎnyìzhuāngdìng
stock	在庫 zaiko	库存 kùcún
stock catalog	在庫品目録 zaikohin mokuroku	藏书目录 cángshūmùlù
storage	記憶 kioku　情報貯蔵 joho chozo　収蔵品 shuzohin	存贮 cúnzhù　收藏 shōucáng
storage capacity	記憶容量 kioku yoryo	存储容量 cúnchǔróngliàng
storage medium	記憶媒体 kioku baitai	存贮媒体 cúnzhùméitǐ
story	物語 monogatari	故事 gùshi　传说 chuánshuō
study room	自習室 jishushitsu	自习室 zìxíshì
subject card	件名カード kemmei kado	主题卡片 zhǔtíkǎpiàn

subject catalog	件名目録 kemmei mokuroku	主题目录 zhǔtímùlù
subject index	件名索引 kemmei sakuin	主题索引 zhǔtísuǒyǐn
subscribe	予約する yoyaku suru	预定 yùdìng
subscriber	署名者 shomeisha　予約者 yoyakusha	签名者 qiānmíng　预订者 zhěyùdìngzhě
subscription	署名 shomei	签名 qiānmíng
subscription books	予約図書 yoyaku tosho	预约图书 yùyuētúshū
subscription form	予約申込書 yoyaku moshikomisho	预订单 yùdìngdān
subtitle	副書名 fukushomei	副书名 fùshūmíng
summary	概要 gaiyo　要約 yoyaku　結論 ketsuron	总结 zǒngjié　提纲 tígāng
supervisor	監督者 kantokusha	监督者 jiāndūzhě
supplement	付録 furoku　補遺 hoi	补编 bǔbiān　补充 bǔchōng
suppressed	発行禁止 hakko kinshi	禁止发行 jìnzhǐfāxíng
suppression	抑制 yokusei　抑止 yokushi	抑制 yìzhì
syllabus	シラバス shirabasu　摘要 tekiyo	大网 dàwǎng
symposium	シンポジュム shimpojumu	学术报告会 xuéshùbàogàohuì
synoptic table (synopsis)	一覧表 ichiranhyo	一览表 yìlǎnbiǎo
system	システム shisutemu	系统 xìtǒng
system code	システム・コード shisutemu kodo	系统码 xìtǒngmǎ
system design	システム・デザイン shisutemu dezain	系统设计 xìtǒngshèjì

system of subject headings	標題法 hyodaiho	标题法 biāotífǎ

T

table	図表　　一覧表 zuhyo　ichiranhyo	标 biāo
table of contents	内容目次 naiyo mokuji	目次 mùcì
table of errors	正誤表 seigohyo	正误表 zhèngwùbiǎo
table of illustrations	図表 zuhyo	图表 túbiǎo
tag	タグ　データ（文字、数字、符号）識別表示 tagu	特征 tèzhēng
tag card	タグ・カード tagu kado	特征卡片 tèzhēngkǎpiàn
tag mark	タグ・マーク tagu maku	特征记号 tèzhēngjìhào
tail margin	余白　ページの下部の余白 yohaku	地脚 dìjiǎo
tail ornament	章末のカット shomatsu no katto	尾花饰 wěihuāshì
tail piece	章末のカット shomatsu no katto	补白图饰 bǔbáitúshì
tale	物語 monogatari	传说 chuánshuō
tape	テープ　磁気テープ tepu　jiki tepu	带　　磁带 dài　　cídài
task	任務 nimmu	任务 rènwù
teacher-librarian	司書教諭 shisho kyoyu	学校图书馆专职教员 xuéxiàotúshūguǎnzhuānzhí jiàoyuán

teacher's guide books	教師用参考書 kyoshiyo sankosho	教师参考书 jiàoshīcānkǎoshū
teacher's library	教師用図書館 kyoshiyo toshokan	教师图书馆 jiàoshītúshūguǎn
teaching materials	教材 kyozai	教材 jiàocái
tear	引き裂く hikisaku	磨损的 mósǔnde
technical processing	整理業務 seiri gyomu	图书加工业务 túshūjiāgōngyèwù
temporary assistant	臨時補助員 rinji hojoin	临时助理员 línshízhùlǐyuán
temporary binding	仮装丁 karisotei	临时性装订 línshíxìngzhuāngdìng
temporary card	仮カード karikado / 臨時貸出証 rinji kashidashisho	临时卡片 línshíkǎpiàn / 临时借书证 línshíjièshūzhèng
terminal equipment	端末装置 tammatsu sochi	终端设备 zhōngduānshèbèi
terminal user	端末ユーザー tammatsu yuza	终端用户 zhōngduānyònghù
tertiary literature	三次資料 sanji shiryo	三次文献 sāncìwénxiàn
test pattern	テスト・パターン tesuto patan	测试码组 cèshìmǎzǔ
text	原文 gembun	原文 yuánwén
text book	教科書 kyokasho	教科书 jiàokēshū
thesaurus	シソーラス shisorasu / 件名標目表 kemmeihyomokuhyo	叙词表 xùcíbiǎo
thesis	論文 rombun	论文 lùnwén
thickness copy	代本板 daihonban	代书板 dàishūbǎn
thin paper edition	薄紙版 薄葉紙を用いた本、辞書等に多い usugamiban	薄纸版 báozhǐbǎn
thread stiching	綴じる tojiru / かがる kagaru	线装 xiànzhuāng

English	Japanese	Pinyin/Chinese
three-color printing	三色刷り sanshokuzuri	三色版印刷 sānsèbǎnyìnshuā
tight back	硬背 kataze	硬脊 yìngjǐ
time	タイム taimu	时间 shíjiān
time card	タイム・カード taimu kado	记时卡片 jìshíkǎpiàn
time division	時代区分 jidai kubun	时代区分 shídàiqūfēn
time lag	時差 jisa	时差 shíchā
time limit	期限　タイム・リミット kigen　taimu rimitto	期限 qīxiàn
time record	タイム・レコード taimu rekodo	还书日期记录 huánshūrìqījìlù
time schedule	タイム・スケジュール taimu sukejuru	时间表 shíjiānbiǎo
time service	タイム・サービス taimu sabisu	报时业务 bàoshíyèwù
timetable	タイム・テーブル　時間表 taimu teburu　jikan hyo	时代表　时间表 shídàibiǎo　shíjiānbiǎo
tinted paper	黄色の薄紙 kiiro no usugami	彩色纸 cǎisèzhǐ
TIS[technical information service]	技術情報サービス gijutsu joho sabisu	技术情报系统 jìshùqíngbàoxìtǒng
title	標題　タイトル hyodai　taitoru	题录 tílù
title card	書名カード　タイトル・カード shomei kado　taitoru kado	书名卡 shūmíngkǎ
title catalog	書名目録 shomei mokuroku	书名目录 shūmíngmùlù
title index	書名索引 shomei sakuin	书名索引 shūmíngsuǒyǐn
title information	タイトル・インフォメーション taitoru infomeshon	书名资料 shūmíngzīliào
title output	図書出版量 tosho shuppanryo	图书出版量 túshūchūbǎnliàng

title			
title page	標題紙 hyodaishi	タイトル・ページ taitoru peji	书名页 shūmíngyè / 扉页 fēiyè
top	天 ten		天头 tiāntóu
top edge	天 ten	頂部小口 chobu koguchi	天边 tiānbiān
top edge gilt	天金 tenkin		金天边 jīntiānbiān
total system	トータル・システム totaru shisutemu		总系统 zǒngxìtǒng
township library	町立図書館 choritsu toshokan		区立图书馆 qūlìtúshūguǎn
tracing	透写 tosha	トレース toresu	描图模写 miáotúmóxiě
tracing paper	トレーシング・ペーパー toreshingu pepa		描图纸 miáotúzhǐ
tradition	故事 koji	伝承 densho	故事 gùshi / 传说 chuánshuō
transaction	紀要 kiyo	事務処理 jimu shori	纪要 jìyào / 事务处理 shìwùchǔlǐ
transcription	転写 tensha	書き換え kakikae	转录 zhuǎnlù / 转置 zhuǎnzhì
translation	翻訳 hon'yaku		翻译 fānyì / 译文 yìwén
transparent paper	透明紙 tomeishi		透明纸 tòumíngzhǐ
transposition	置き換え okikae		换位 huànwèi
treatise	論文 ronbun	概説 gaisetsu	论文 lùnwén / 论著 lùnzhù
trial edition	試作版 shisakuban		试行版 shìxíngbǎn
trial proof	試し刷り tameshizuri		毛校样 máojiàoyàng
trimmed edges	化粧裁ち keshodachi		两面光边 liǎngmiànguāngbiān
truck	トラック torakku		图书搬运车 túshūbānyùnchē

turn around time	ターン・アラウンド・タイム tan araundo taimu	换向时间 huànxiàngshíjiān
type	活字　　印刷活字 katsuji　insatsu katsuji	活字　　铅字 huózì　qiānzì
type foundry	活字製造所 katsuji seizosho	铸字厂 zhùzìchǎng
type specimen	活字見本帳 katsuji mihoncho	字体样本 zìtǐyàngběn
typewriter	タイプライター taipuraita	打字机 dǎzìjī
typist	タイピスト taipisuto	打字员 dǎzìyuán
typographer	印刷職人 insatsu shokunin	印刷工人 yìnshuāgōngrén
typography	印刷術　　活版印刷術 insatsujutsu　kappan insatsujutsu	印刷术 yìnshuāshù

U

UAP[Universal Availability of Publications](of IFLA)	出版物万国共有利用(IFLA) shuppambutsu bankoku kyoyu riyo	出版物国际共享 chūbǎnwùguójìgòngxiǎng
unbound	未製本 miseihon	未装订本 wèizhuāngdìngběn
uncial	アンシャル体 ansharutai	行体字 xíngtǐzì
uncut	アンカット ankatto	未切齐的 wèiqiēqíde
uncut edges	アンカットの小口 ankatto no koguchi	毛边 máobiān
uncut edition	アンカット本 ankattobon	毛边书刊 máobiānshūkān
unexpurgated edition	全文版　削除個所のない zembumban	未删节本 wèishānjiéběn
union catalog	ユニオン・カタログ　総合目録 yunion katarogu　sogo mokuroku	联合目录 liánhémùlù

union catalog of periodicals	雑誌総合目録 zasshi sogo mokuroku	期刊联合目录 qīkānliánhémùlù
unit card	基本カード　ユニット・カード kihon kado　yunitto kado	基本卡 jīběnkǎ
unit price	単価 tanka	单价 dānjià
university library	大学図書館 daigaku toshokan	大学图书馆 dàxuétúshūguǎn
unnumbered page	ページ付けのない pejizuke no nai	无编号的页 wúbiānhàodeyè
unopened	アンカット本 ankattobon	未裁本 wèicáiběn
unpublished	未刊 mikan	未出版 wèichūbǎn
unsewn binding	綴じていない装丁 tojiteinai sotei	非线装订 fēixiànzhuāngdìng
unstiched	綴じない　かがらない tojinai　kagaranai	未经订线的 wèijīngdìngxiànde
untrimmed edges	アンカットの小口 ankatto no koguchi	未切书边 wèiqiēshūbiān
USBC[Universal Standard Book Code]	国際標準図書コード kokusai hyojun tosho kodo	国际标准图书代号 guójìbiāozhǔntúshūdàihào
used book	古書 kosho	古书 gǔshū
user	利用者 riyosha	用户 yònghù
UTLAS[University of Toronto Library Automation System]	トロント大学図書館機械化システム toronto daigaku toshokan kikaika shisutemu	多伦多大学图书馆机械化系统 Duōlúnduōdàxuétúshūguǎnjīxiè huàxìtǒng
UTOPIA[University of Tsukuba Online Processing of Information]	筑波大学オンライン情報サービス tsukuba daigaku onrain joho sabisu	筑波大学联机情报服务 Zhùbōdàxuéliánjīqíngbàofúwù

V

variant	異文 ibun　変体字 hentaiji	变体字 biàntǐzì　异文 yìwén
vegetable parchment	硫酸紙 ryusanshi	硫酸纸 liúsuānzhǐ
vellum	ベラム beramu	精制犊皮纸 jīngzhìdúpízhǐ
vellum paper	ベラム様の紙 beramu yo no kami　鳥の子紙 torinokogami	薄小牛皮纸 báoxiǎoniúpízhǐ
verso	左ページ 洋書の場合 hidari peji	左页 zuǒyè
very rare	珍しい mezurashii　稀な marena	稀有的 xīyǒude
vice director	副館長 fukukancho	副馆长 fùguǎnzhǎng
video	ビデオ bideo	电视录象 diànshìlùxiàng
video disc	ビデオ・デスク bideo desuku	录象盘 lùxiàngpán
video system	ビデオ・システム bideo shisutemu	录象系统 lùxiàngxìtǒng
video tape	ビデオ・テープ bideo tepu	录象磁带 lùxiàngcídài
videotape recorder	ビデオコーダー bideokoda	录象机 lùxiàngjī
vignette	唐草模様の飾り karakusa moyo no kazari	章头小花饰 zhāngtóuxiǎohuāshì
visual aids	視覚資料 shikaku shiryo	视觉资料 shìjuézīliào
visual material	映像資料 eizo shiryo	视象资料 shìxiàngzīliào
volume	巻 kan　冊 satsu	卷 juàn　册 cè

W

wall map	掛地図 kakechizu	张挂的地图 zhāngguàdedìtú
waste sheet	ヤレ紙　無駄紙 yaregami	废印张 fèiyìnzhāng
water color	水彩画 suisaiga	水彩画 shuǐcǎihuà
watermark	透かし sukashi	水印 shuǐyìn
watermarked paper	透かし入りの紙 sukashiiri no kami	水纹纸　水印纸 shuǐwénzhǐ　shuǐyìnzhǐ
waterstain	染み shimi	渍斑 zìbān
wax paper	蝋紙 rogami	蜡纸 làzhǐ
WDC[World Data Center]	世界データセンター sekai deta senta	世界数据中心 shìjièshùjùzhōngxīn
weeding	除籍 joseki	图书剔除 túshūtīchú
weekly	週刊 shukan	周刊 zhōukān
western books	洋書 yosho	外文图书 wàiwéntúshū
wholesaler	書籍卸し業者 shoseki oroshi gyosha	图书批发商 túshūpīfāshāng
wire stitching	針金綴じ hariganetoji	钢丝装订 gāngsīzhuāngdìng
with all faults	返送権のない　買い主責任 hensoken no nai　kainushi sekinin	概不退换　一经售出概不退换 gàibútuìhuàn　yìjīngshòuchūgàibútuìhuàn
withdrawal book	除籍図書 joseki tosho	撤消图书 chèxiāotúshū
WLN[Washington Library Network]	ワシントン・ライブラリー・ネットワーク washinton raiburari nettowaku	华盛顿图书馆网络 Huáshèngdùntúshūguǎnwǎngluò
wood engraving	木版 mokuhan	木版式 mùbǎnshì

woodcut	木版画 mokuhanga	木刻 mùkè
woodcut block	木版 mokuhan	木刻版 mùkèbǎn
wooden tablet	木簡 mokkan	木简 mùjiǎn
word processor	ワード・プロセッサ wado purosessa	文字自动处理机 wénzìzìdòngchǔlǐjī
work with title page missing	無標題紙本 muhyodaishibon	无书名页的书 wúshūmíngyèdeshū
working condition	労働条件 rodo joken	工作条件 gōngzuòtiáojiàn
working hour	労働時間 rodo jikan	工作时间 gōngzuòshíjiān
world atlas	世界地図帳 sekai chizucho	世界地图集 shìjièdìtújí
world literature	世界文学 sekai bungaku	世界文学 shìjièwénxué
wormed	虫穴　　虫食い本 mushiana　mushikuibon	虫孔　　虫蛀本 chóngkǒng　chóngzhùběn
worn	傷んだ　古い itanda　furui	陈旧 chénjiù
worn binding	破損本 hasonbon	破损本 pòsǔnběn
wrapping paper	包装紙 hososhi	包装纸 bāozhuāngzhǐ
writing	著作　　書写 chosaku　shosha	著作　　写入 zhùzuò　xiěrù

X

xylograph	板目木版 itame mokuhan	木版 mùbǎn
xylographic book	初期木版印刷本 shoki mokuhan insatsubon	木版印刷的书 mùbǎnyìnshuādeshū

xylography	木版術 mokuhanjutsu	木版术 mùbǎnshù

Y

year book	年鑑 nenkan	年鉴 niánjiàn

Z

zinc halftone	亜鉛網版 aen amiban	照相锌版 zhàoxiàngxīnbǎn
zincograph	亜鉛凸版　　亜鉛版 aen toppan　　aenban	锌版 xīnbǎn
zincography	亜鉛凸版印刷術 aen toppan insatsujutsu	锌版印刷术 xīnbǎnyìnshuāshù
zip code	ジップ・コード　　郵便番号 jippu kodo　　yubin bango	邮区代号 yóuqūdàihào

部 首 別 画 引

(検字表)

中国語〔部首別画引〕

一画

一次文献　184
yícìwénxiàn

一经售出概不退换　184
yìjīngshòuchūgàibútuìhuàn

一览表　184
yìlǎnbiǎo

一帖　187
yìtiě

三次文献　158
sāncìwénxiàn

三色版印刷　158
sānsèbǎnyìnshuā

干式平板　124
gānshìpíngbǎn

上光纸　158
shàngguāngzhǐ

上市　159
shàngshì

开本大小　139
kāiběndàxiǎo

开窗卡片　140
kāichuāngkǎpiàn

开架　140
kāijià

开架式　140
kāijiàshì

开架图书　140
kāijiàtúshū

开架图书馆　140
kāijiàtúshūguǎn

开架阅览室　140
kāijiàyuèlǎnshì

天边　168
tiānbiān

天金　168
tiānjīn

天头　169
tiāntóu

无编号的页　177
wúbiānhàodeyè

无日期　177
wúrìqī

无书名页的书　177
wúshūmíngyèdeshū

无线装订　177
wúxiànzhuāngdìng

不列颠博物馆图书馆　107
Búlièdiānbówùguǎntúshūguǎn

不列颠图书馆　107
Búlièdiāntúshūguǎn

不列颠图书馆书目服务部　107
Búlièdiāntúshūguǎnshūmùfúwùbù

不同版本　107
bùtóngbǎnběn

不完全著录　107
bùwánquánzhùlù

丢失图书　118
diūshītúshū

正书名　192
zhèngshūmíng

正误表　192
zhèngwùbiǎo

世界地图集　160
shìjièdìtújí

世界数据中心　160
shìjièshùjùzhōngxīn

世界文学　160
shìjièwénxué

世界语　160
shìjièyǔ

可得到的　141
kědédàode

可兰经　141
kělánjīng

册　109
cè

册子　109
cèzi

左页　199
zuǒyè

平版印刷　152
píngbǎnyìnshuā

平版印刷术　152
píngbǎnyìnshuāshù

平压印刷机　152
píngyāyìnshuājī

平整的切口　152
píngzhěngdeqiēkǒu

再版　190
zàibǎn

在版编目　190
zàibǎnbiānmù

在版图书 190
zàibǎntúshū

百科词典 102
bǎikēcídiǎn

更改书名 124
gēnggǎishūmíng

更新 124
gēngxīn

两面光边 142
liǎngmiànguāngbiān

表 105
biǎo

事务处理 161
shìwùchǔlǐ

事务计算机 161
shìwùjìsuànjī

事务系统 161
shìwùxìtǒng

画帖 130
huàtiě

中国古籍善本书目 194
Zhōngguógǔjíshànběnshūmù

中国科学院图书分类法 194
Zhōngguókēxuéyuàntúshūfēnlèifǎ

中国图书馆图书分类法 194
Zhōngguótúshūguǎntúshūfēnlèifǎ

中国图书馆协会 194
Zhōngguótúshūguǎnxiéhuì

中心图书馆 194
zhōngxīntúshūguǎn

中央处理机 194
zhōngyāngchǔlǐjī

卡片 140
kǎpiàn

卡片袋 140
kǎpiàndài

卡片档 140
kǎpiàndàng

卡片复制 140
kǎpiànfùzhì

卡片复制机 140
kǎpiànfùzhìjī

卡片格式 140
kǎpiàngéshì

卡片柜 140
kǎpiànguì

卡片盒 140
kǎpiànhé

卡片目录 140
kǎpiànmùlù

卡片目录柜 140
kǎpiànmùlùguì

卡片索引 140
kǎpiànsuǒyǐn

卡片索引编排法 141
kǎpiànsuǒyǐnbiānpáifǎ

卡片屉 141
kǎpiàntì

卡片系统 141
kǎpiànxìtǒng

卡片阅读机 141
kǎpiànyuèdújī

旧约全书 139
jiùyuēquánshū

归档 127
guīdàng

甲骨文献 131
jiǎgǔwénxiàn

出版 111
chūbǎn

出版地不明 112
chūbǎndìbùmíng

出版地点 112
chūbǎndìdiǎn

出版年 112
chūbǎnnián

出版日期 112
chūbǎnrìqī

出版社 112
chūbǎnshè

出版社的读者 112
chūbǎnshèdedúzhě

出版社目录 112
chūbǎnshèmùlù

出版事项 112
chūbǎnshìxiàng

出版事项不明 112
chūbǎnshìxiàngbùmíng

出版物国际共享 112
chūbǎnwùguójìgòngxiǎng

出版物交换 112
chūbǎnwùjiāohuàn

出版证 112
chūbǎnzhèng

出借图书馆 112
chūjiètúshūguǎn

出口 112
chūkǒu

出纳台 112
chūnàtái

凹版腐蚀制版法 101
āobǎnfǔshízhìbǎnfǎ

凹版印刷 101
āobǎnyìnshuā

凹室式阅览室 102
āoshìshìyuèlǎnshì

凹凸花纹书边 102
āotūhuāwénshūbān

凹凸纸 102 āotūzhǐ	反义词 120 fǎnyìcí	复刻 123 fùkè
凹印 102 āoyìn	反义词词典 120 fǎnyìcícídiǎn	复刻本 123 fùkèběn
凸凹纸 170 tūāozhǐ	升降机 159 shēngjiàngjī	复写 123 fùxiě
凸版的 170 tūbǎnde	乐谱 189 yuèpǔ	复写纸 123 fùxiězhǐ
凸版印刷 170 tūbǎnyìnshuā	年表 150 niánbiǎo	复制 123 fùzhì
非法翻印版 121 fēifǎfānyìnbǎn	年代标记法 150 niándàibiāojìfǎ	复制卡 123 fùzhìkǎ
非卖品 121 fēimàipǐn	年代史 150 niándàishǐ	复制卡片 123 fùzhìkǎpiàn
非书资料 121 fēishūzīliào	年鉴 150 niánjiàn	复制权 123 fùzhìquán
非线装订 121 fēixiànzhuāngdìng	年级图书馆 150 niánjítúshūguǎn	主编 195 zhǔbiān
临时借书证 143 línshíjièshūzhèng	年刊 150 niánkān	主标题 195 zhǔbiāotí
临时卡片 144 línshíkǎpiàn	后记 129 hòujì	主带 195 zhǔdài
临时性装订 144 línshíxìngzhuāngdìng	系统 180 xìtǒng	主卡 195 zhǔkǎ
临时装订 144 línshízhuāngdìng	系统码 180 xìtǒngmǎ	主题分类目录 196 zhǔtífēnlèimùlù
临时助理员 144 línshízhùlǐyuán	系统设计 180 xìtǒngshèjì	主题卡片 196 zhǔtíkǎpiàn
畅销书 110 chàngxiāoshū	重本 111 chóngběn	主题卡片排列 196 zhǔtíkǎpiànpáiliè
长期畅销书 109 chángqīchàngxiāoshū	重印 111 chóngyìn	主题目录 196 zhǔtímùlù
长期借阅 109 chángqījièyuè	重装书脊 111 chóngzhuāngshūjǐ	主题索引 196 zhǔtísuǒyǐn
长条校样 109 chángtiáojiàoyàng	复本 122 fùběn	主外存储器 196 zhǔwàicúnchǔqì

半布面装订　102
bànbùmiànzhuāngdìng

半摩洛哥皮面装订本　102
bànmóluògēpímiànzhuāngdìngběn

半年刊　102
bànniánkān

半皮精装　102
bànpíjīngzhuāng

半皮面装订　103
bànpímiànzhuāngdìng

半小牛皮装订本　103
bànxiǎoniúpízhuāngdìngběn

州立图书馆　194
zhōulìtúshūguǎn

卷　139
juàn

卷首插图　139
juànshǒuchātú

卷筒　139
juàntǒng

卷轴　139
juànzhóu

书　162
shū

书本式目录　162
shūběnshìmùlù

书边　162
shūbiān

书标夹　162
shūbiāojiā

书次号　162
shūcìhào

书店　162
shūdiàn

书店目录　162
shūdiànmùlù

书法　163
shūfǎ

书柜　163
shūguì

书画刻印艺术　163
shūhuàkèyìnyìshù

书脊　163
shūjǐ

书价　163
shūjià

书架　163
shūjià

书籍爱好者　163
shūjí'àihàozhě

书架间通道　163
shūjiàjiāntōngdào

书角　163
shūjiǎo

书夹子　163
shūjiāzi

书籍边饰　163
shūjíbiānshì

书籍槽　163
shūjícáo

书籍的右页　163
shūjídeyòuyè

书籍末页题署　164
shūjímòyètíshǔ

书脊书名　164
shūjǐshūmíng

书脊衬纸　164
shūjǐchènzhǐ

书卡　164
shūkǎ

书卡袋　164
shūkǎdài

书库内通道　164
shūkùnèitōngdào

书眉　164
shūméi

书面包皮纸　164
shūmiànbāopízhǐ

书名卡　165
shūmíngkǎ

书名目录　165
shūmíngmùlù

书名索引　165
shūmíngsuǒyǐn

书名页　165
shūmíngyè

书名资料　165
shūmíngzīliào

书目解题　165
shūmùjiětí

书目信息系统　165
shūmùxìnxīxìtǒng

书目研究中心　165
shūmùyánjiūzhōngxīn

书目总记录　165
shūmùzǒngjìlù

书评　165
shūpíng

书签　165
shūqiān

书套　165
shūtào

书箱　166
shūxiāng

书页的天头　166
shūyèdetiāntóu

书页的底边　166
shūyèdedǐbiān

书页卷角 166
shūyèjuǎnjiǎo

书志学 166
shūzhìxué

书蛀 166
shūzhù

二画

二次文献 120
èrcìwénxiàn

二校 120
èrjiào

互换性 130
hùhuànxìng

互借 130
hùjiè

专刊 195
zhuānkān

专题论文 195
zhuāntílùnwén

专业图书馆 195
zhuānyètúshūguǎn

十进图书分类法 160
shíjìntúshūfēnlèifǎ

十进制的 160
shíjìnzhìde

直接影印机 193
zhíjiēyǐngyìnjī

直译 193
zhíyì

古版本 126
gǔbǎnběn

古版本学 126
gǔbǎnběnxué

古本 126
gǔběn

古本手卷 126
gǔběnshǒujuàn

古代活版术 126
gǔdàihuóbǎnshù

古代经典手稿本 126
gǔdàijīngdiǎnshǒugǎoběn

古典文学 126
gǔdiǎnwénxué

古地图 126
gǔdìtú

古籍 127
gǔjí

古书 128
gǔshū

古书店 128
gǔshūdiàn

古书目录 128
gǔshūmùlù

古文书学 128
gǔwénshūxué

协作 179
xiézuò

博士 106
bóshì

博物学 106
bówùxué

历史 144
lìshǐ

历史记载 144
lìshǐjìzǎi

历史学家 144
lìshǐxuéjiā

厚光纸 129
hòuguāngzhǐ

厚纸装订 129
hòuzhǐzhuāngdìng

压印 183
yāyìn

原版 188
yuánbǎn

原尺寸 188
yuánchǐcùn

原封皮 188
yuánfēngpí

原稿 188
yuángǎo

原件 188
yuánjiàn

原始资料 188
yuánshǐzīliào

原书名 188
yuánshūmíng

原文 188
yuánwén

原文本 188
yuánwénběn

原装 188
yuánzhuāng

原装本 188
yuánzhuāngběn

赝品 183
yànpǐn

区立图书馆 155
qūlìtúshūguǎn

医学图书馆协会 187
yīxuétúshūguǎnxiéhuì

刊行 140
kānxíng

划线轮 130	内容 150	华盛顿图书馆网络 130
huàxiànlún	nèiróng	Huáshèngdùntúshūguǎnwǎngluò
刚出版的书 124	内容提要卡 150	仿真本 120
gāngchūbǎndeshū	nèiróngtíyàokǎ	fǎngzhēnběn
别编页码 106	内务处理 150	伪造版 176
biébiānyèmǎ	nèiwùchǔlǐ	wěizàobǎn
别附插图本 106	内页边 150	伪造本 176
biéfùchātúběn	nèiyèbiān	wěizàoběn
别名 106	同上 170	伪造文件 176
biémíng	tóngshàng	wěizàowénjiàn
利用指导 144	同音词典 170	估计 127
lìyòngzhǐdǎo	tóngyīncídiǎn	gūjì
删节本 159	网络 176	佚书 187
shānjiéběn	wǎngluò	yìshū
创刊号 111	网络系统 176	作圣诞节礼品用的图书 199
chuàngkānhào	wǎngluòxìtǒng	zuòshèngdànjiélǐpǐnyòngdetúshū
判定著者 152	网目版 176	例程 143
pàndìngzhùzhě	wǎngmùbǎn	lìchéng
到期未还的书 115	冒号分类法 146	便览 104
dàoqīwèihuándeshū	màohàofēnlèifǎ	biànlǎn
制铜版术 193	代理人 114	保存 103
zhìtóngbǎnshù	dàilǐrén	bǎocún
刻木版的底稿 141	代书板 114	保存书库 103
kèmùbǎndedǐgǎo	dàishūbǎn	bǎocúnshūkù
刺绣装订 113	传记 195	保存图书 103
cìxiùzhuāngdìng	zhuànjì	bǎocúntúshū
剧本 139	传说 111	保存图书馆 103
jùběn	chuánshuō	bǎocúntúshūguǎn
副馆长 123	传真 111	保管 103
fùguǎnzhǎng	chuánzhēn	bǎoguǎn
副书名 123	优质纸 187	修订版 181
fùshūmíng	yōuzhìzhǐ	xiūdìngbǎn
内裱衬 150	价格 131	修订增补版 181
nèibiǎochèn	jiàgé	xiūdìngzēngbǔbǎn
内插 150	任务 156	修理 181
nèichā	rènwù	xiūlǐ

修正 181 xiūzhèng	单面印刷品 115 dānmiànyìnshuāpǐn	人名索引 156 rénmíngsuǒyǐn
信封 179 xìnfēng	单人研究室 115 dānrényánjiūshì	人造革 156 rénzàogé
信息处理系统 180 xìnxīchǔlǐxìtǒng	单行本 115 dānxíngběn	入馆 158 rùguǎn
信用卡 180 xìnyòngkǎ	公共图书馆 125 gōnggòngtúshūguǎn	入馆票 158 rùguǎnpiào
借书处 135 jièshūchù	公立图书馆 125 gōnglìtúshūguǎn	入馆券 158 rùguǎnquàn
借书卡 135 jièshūkǎ	公文 125 gōngwén	入馆证 158 rùguǎnzhèng
借书卡片箱 135 jièshūkǎpiànxiāng	公众传播手段 125 gōngzhòngchuánbōshǒuduàn	入口 158 rùkǒu
借书条 135 jièshūtiáo	公众通信 125 gōngzhòngtōngxìn	入门 158 rùmén
借书统计 135 jièshūtǒngjì	首字母 162 shǒuzìmǔ	入门书 158 rùménshū
借书证 135 jièshūzhèng	总结 198 zǒngjié	个人版 124 gèrénbǎn
借阅期限 136 jièyuèqīxiàn	总论 199 zǒnglùn	个人藏书 124 gèréncángshū
假线条 134 jiǎxiàntiáo	总目次 199 zǒngmùcì	个人计算机 125 gèrénjìsuànjī
停刊 169 tíngkān	总书名 199 zǒngshūmíng	个人研究阅览席 125 gèrényánjiūyuèlǎnxí
僧院图书馆 158 sēngyuàntúshūguǎn	总索引 199 zǒngsuǒyǐn	介绍 135 jièshào
八开本 102 bākāiběn	总系统 199 zǒngxìtǒng	丛书 113 cóngshū
单价 115 dānjià	人机对话数据库简易存取系统 156 rénjīduìhuàshùjùkùjiǎnyìcúnqǔ xìtǒng	丛书名 113 cóngshūmíng
单面书架 115 dānmiànshūjià		丛书目录 113 cóngshūmùlù
单面印刷 115 dānmiànyìnshuā	人名词典 156 rénmíngcídiǎn	全革装 155 quángézhuāng

全革装订　155
quángézhuāngdìng

全国采购和编目规则　155
quánguócǎigòuhébiānmùguīzé

全国出版物总目录　155
quánguóchūbǎnwùzǒngmùlù

全国联合目录　155
quánguóliánhémùlù

全国网络　155
quánguówǎngluò

全国总目录　155
quánguózǒngmùlù

全集　155
quánjí

全皮面装订本　155
quánpímiànzhuāngdìngběn

全书名　155
quánshūmíng

全套　155
quántào

全套出版　155
quántàochūbǎn

全文　155
quánwén

全页插图　155
quányèchātú

全组　155
quánzǔ

会计　141
kuàijì

会议　130
huìyì

会议录　130
huìyìlù

余白　188
yúbái

命令　148
mìnglìng

包装纸　104
bāozhuāngzhǐ

儿童图书馆　120
értóngtúshūguǎn

市立图书馆　160
shìlìtúshūguǎn

交换　133
jiāohuàn

交换资料　133
jiāohuànzīliào

变色　105
biànsè

变体字　105
biàntǐzì

高度　124
gāodù

商业图书馆　159
shāngyètúshūguǎn

豪华版　129
háohuábǎn

减价　132
jiǎnjià

减少的　132
jiǎnshǎode

写入　179
xiěrù

写字室　179
xiězìshì

周刊　194
zhōukān

计划评估法　136
jìhuàpínggūfǎ

计算　137
jìsuàn

计算机　137
jìsuànjī

计算机操作　137
jìsuànjīcāozuò

计算机程序　137
jìsuànjīchéngxù

计算机代码　137
jìsuànjīdàimǎ

计算机辅助检索系统　138
jìsuànjīfǔzhùjiǎnsuǒxìtǒng

计算机化　138
jìsuànjīhuà

计算机化情报系列　138
jìsuànjīhuàqíngbàoxìliè

计算机化数据库　138
jìsuànjīhuàshùjùkù

计算机化图书馆　138
jìsuànjīhuàtúshūguǎn

计算机检索　138
jìsuànjījiǎnsuǒ

计算机科学　138
jìsuànjīkēxué

计算机控制　138
jìsuànjīkòngzhì

计算机设备和软件系统
　自动目录　138
jìsuànjīshèbèihéruǎnjiàn
　xìtǒngzìdòngmùlù

计算机室　138
jìsuànjīshì

计算机输入缩微胶卷法　138
jìsuànjīshūrùsuōwēijiāojuǎnfǎ

计算机算子　138
jìsuànjīsuànzǐ

计算机网络　138
jìsuànjīwǎngluò

计算机系统 138 jìsuànjīxìtǒng	设计 159 shèjì	读者登记 119 dúzhědēngjì
计算机应用 138 jìsuànjīyìngyòng	设计图 159 shèjìtú	读者教育 119 dúzhějiàoyù
计算机语言 138 jìsuànjīyǔyán	许可证 182 xǔkězhèng	读者目录 119 dúzhěmùlù
计算机中心 138 jìsuànjīzhōngxīn	评价 152 píngjià	语汇索引 189 yǔhuìsuǒyǐn
计算项目计算器 138 jìsuànxiàngmùjìsuànqì	评论 152 pínglùn	语言 189 yǔyán
订单 117 dìngdān	词典 113 cídiǎn	语言学 189 yǔyánxué
订正 118 dìngzhèng	词典编纂法 113 cídiǎnbiānzuǎnfǎ	印本标题页 184 yìnběnbiāotíyè
订正版 118 dìngzhèngbǎn	词典式目录 113 cídiǎnshìmùlù	印数 185 yìnshù
议定书 184 yìdìngshū	词典式索引 113 cídiǎnshìsuǒyǐn	印刷 185 yìnshuā
议会图书馆 184 yìhuìtúshūguǎn	译文 187 yìwén	印刷本 185 yìnshuāběn
记录 136 jìlù	诗歌 159 shīgē	印刷厂商标 185 yìnshuāchǎngshāngbiāo
记录装置 136 jìlùzhuāngzhì	试销 161 shìxiāo	印刷错误 185 yìnshuācuòwù
记时卡片 137 jìshíkǎpiàn	试行版 161 shìxíngbǎn	印刷地 185 yìnshuādì
记帐制业务 139 jìzhàngzhìyèwù	说明 165 shuōmíng	印刷工人 185 yìnshuāgōngrén
讽刺 121 fěngcì	说明书 165 shuōmíngshū	印刷机 185 yìnshuājī
讽刺画 121 fěngcìhuà	调整 169 tiáozhěng	印刷卡片 185 yìnshuākǎpiàn
论文 144 lùnwén	读本 119 dúběn	印刷美术图案 185 yìnshuāměishùtúàn
论著 145 lùnzhù	读者 119 dúzhě	印刷年 185 yìnshuānián

印刷品 186 yìnshuāpǐn	阿拉伯式图案 101 Ālābóshìtúàn	分类 122 fēnlèi
印刷日期 186 yìnshuārìqī	阿拉伯数字 101 Ālābóshùzì	分类表 122 fēnlèibiǎo
印刷术 186 yìnshuāshù	阿拉伯字体 101 Ālābózìtǐ	分类标记 122 fēnlèibiāojì
印刷数 186 yìnshuāshù	陈旧 111 chénjiù	分类标题 122 fēnlèibiāotí
印刷所 186 yìnshuāsuǒ	陈列 111 chénliè	分类符号 122 fēnlèifúhào
印刷体字母 186 yìnshuātǐzìmǔ	附注 123 fùzhù	分类规则 122 fēnlèiguīzé
印刷用原稿 186 yìnshuāyòngyuángǎo	限定版 178 xiàndìngbǎn	分类卡 122 fēnlèikǎ
印刷用纸 186 yìnshuāyòngzhǐ	随机存取存贮器 167 suíjīcúnqǔcúnzhùqì	分类目录 122 fēnlèimùlù
印刷油墨 186 yìnshuāyóumò	隐名的 185 yǐnmíngde	分类排架 122 fēnlèipáijià
印刷载体 186 yìnshuāzàitǐ	隔月刊 125 géyuèkān	分类器 122 fēnlèiqì
印刷者 186 yìnshuāzhě	邮费 187 yóufèi	分类帐 122 fēnlèizhàng
印刷者名称 186 yìnshuāzhěmíngchēng	邮购 187 yóugòu	分析索引 122 fēnxīsuǒyǐn
印刷中 186 yìnshuāzhōng	邮区代号 187 yóuqūdàihào	分页校印 122 fēnyèjiàoyìn
印刷资料 186 yìnshuāzīliào	邮政 187 yóuzhèng	切边过多 153 qiēbiānguòduō
印台 186 yìntái	部门 107 bùmén	切纸机 153 qiēzhǐjī
印章 187 yìnzhāng	分册 121 fēncè	切纸机的切刀 153 qiēzhǐjīdeqiēdāo
防尘护封 120 fángchénhùfēng	分馆 122 fēnguǎn	勘误表 140 kānwùbiǎo
防盗开架式 120 fángdàokāijiàshì	分馆馆长 122 fēnguǎnguǎnzhǎng	色情书 158 sèqíngshū

色纸　158 sèzhǐ	参考卡片　108 cānkǎokǎpiàn	**三画**
免收邮费　148 miǎnshōuyóufèi	参考书　108 cānkǎoshū	
象形文字　178 xiàngxíngwénzì	参考书目　108 cānkǎoshūmù	工作时间　125 gōngzuòshíjiān
剪报　131 jiǎnbào	参考书目录　109 cānkǎoshūmùlù	工作条件　125 gōngzuòtiáojiàn
剪报资料　131 jiǎnbàozīliào	参考书阅览室　109 cānkǎoshūyuèlǎnshì	地方消息　117 dìfāngxiāoxi
剪辑资料　132 jiǎnjízīliào	参考书指南　109 cānkǎoshūzhǐnán	地脚　117 dìjiǎo
剪嵌细工装订　132 jiǎnqiànxìgōngzhuāngdìng	参考文献　109 cānkǎowénxiàn	地名　117 dìmíng
剪贴簿　132 jiǎntiēbù	参考资料　109 cānkǎozīliào	地名词典　117 dìmíngcídiǎn
加号码本　131 jiāhàomǎběn	参考咨询服务　109 cānkǎozīxúnfúwù	地名目录　117 dìmíngmùlù
加红字标题的　131 jiāhóngzìbiāotíde	参考咨询工作　109 cānkǎozīxúngōngzuò	地名索引　117 dìmíngsuǒyǐn
加拿大图书馆协会　131 Jiānádàtúshūguǎnxiéhuì	参照　109 cānzhào	地图　118 dìtú
动画片　118 dònghuàpiàn	双月刊　162 shuāngyuèkān	地图集　118 dìtújí
动物志　118 dòngwùzhì	双周刊　162 shuāngzhōukān	地域区分　118 dìyùqūfēn
助理馆员　195 zhùlǐguǎnyuán	圣诞节赠书　159 shèngdànjiézèngshū	地址　118 dìzhǐ
参考　108 cānkǎo	圣经　159 shèngjīng	地址错误　118 dìzhǐcuòwù
参考工具书　108 cānkǎogōngjùshū	发行　121 fāxíng	地址代码　118 dìzhǐdàimǎ
参考工作人员　108 cānkǎogōngzuòrényuán	叙词表　182 xùcíbiǎo	地址信息　118 dìzhǐxìnxī
参考记录　108 cānkǎojìlù		基本卡　134 jīběnkǎ

基本卡片目录 134 jīběnkǎpiànmùlù	报纸篇名索引 104 bàozhǐpiānmíngsuǒyǐn	指南 193 zhǐnán
基本目录 134 jīběnmùlù	报纸阅览室 104 bàozhǐyuèlǎnshì	摘要 190 zhāiyào
基本数据 134 jīběnshùjù	报纸阅览台 104 bàozhǐyuèlǎntái	拓本 168 tàběn
基本数据记录纸 134 jīběnshùjùjìlùzhǐ	护封 130 hùfēng	拍卖 151 pāimài
基本数据库 134 jīběnshùjùkù	技术情报系统 137 jìshùqíngbàoxìtǒng	拍卖商 151 pāimàishāng
基本图书目录 134 jīběntúshūmùlù	批量处理 152 pīliàngchǔlǐ	抽印本 111 chōuyìnběn
增补版 190 zēngbǔbǎn	投稿 170 tóugǎo	按登录顺序排架 101 àndēnglùshùnxùpáijià
增订版 190 zēngdìngbǎn	折本 192 zhéběn	按登录顺序排列 101 àndēnglùshùnxùpáiliè
增加图书 190 zēngjiātúshū	折叠 192 zhédié	按字母顺序排列 101 ànzìmǔshùnxùpáiliè
增刊 190 zēngkān	折叠式插图 192 zhédiéshìchātú	换位 130 huànwèi
打字机 116 dǎzìjī	折叠式地图 192 zhédiéshìdìtú	换向时间 130 huànxiàngshíjiān
打字员 116 dǎzìyuán	折扣 192 zhékòu	损伤 167 sǔnshāng
抄录室 110 chāolùshì	折页 193 zhéyè	推荐者 170 tuījiànzhě
报告 103 bàogào	折页记号 193 zhéyèjìhào	排卡器 151 páikǎqì
报夹 103 bàojiā	抑制 187 yìzhì	排字 151 páizì
报架 103 bàojià	招贴画 191 zhāotiēhuà	排字盘 152 páizìpán
报时业务 103 bàoshíyèwù	挂图 126 guàtú	提纲 169 tígāng
报纸 104 bàozhǐ	指定阅读的图书 193 zhǐdìngyuèdúdetúshū	提问 169 tíwèn

提要 169 tíyào	花边围框 129 huābiānwéikuàng	著者 196 zhùzhě
控制 141 kòngzhì	花饰加工 130 huāshìjiāgōng	著者标目 196 zhùzhěbiāomù
接口程序 135 jiēkǒuchéngxù	花押字 130 huāyāzì	著者号码 196 zhùzhěhàomǎ
接口连接装置 135 jiēkǒuliánjiēzhuāngzhì	英国版权委员会 184 Yīngguóbǎnquánwěiyuánhuì	著者校正 196 zhùzhějiàozhèng
接口软件 135 jiēkǒuruǎnjiàn	英国国家书目机读目录 184 Yīngguóguójiāshūmùjīdúmùlù	著者目录 196 zhùzhěmùlù
接口信息 135 jiēkǒuxìnxī	英国科学技术情报咨询 委员会 184 Yīngguókēxuéjìshùqíngbào zīxúnwěiyuánhuì	著者索引 196 zhùzhěsuǒyǐn
描图模写 148 miáotúmóxiě		著者赠本 196 zhùzhězèngběn
描图纸 148 miáotúzhǐ	英国图书馆与情报学院 协会 184 Yīngguótúshūguǎnyǔqíngbào xuéyuànxiéhuì	薄小牛皮纸 103 báoxiǎoniúpízhǐ
插入 110 chārù		薄叶纸 103 báoyèzhǐ
插图 110 chātú	英国图书馆自动化情报 服务系统 184 Yīngguótúshūguǎnzìdònghuàqíng bàofúwùxìtǒng	薄纸 104 báozhǐ
插图本 110 chātúběn		薄纸版 104 báozhǐbǎn
插图作者 110 chātúzuòzhě	英国在版书目 184 Yīngguózàibǎnshūmù	藏书 108 cángshū
插页地图 110 chāyèdìtú	英美目录条例 185 Yīngměimùlùtiáolì	藏书家 108 cángshūjiā
撤消图书 111 chèxiāotúshū	英文版 185 Yīngwénbǎn	藏书结构 108 cángshūjiégòu
操作 109 cāozuò	英译本 185 Yīngyìběn	藏书目录 108 cángshūmùlù
操作系统 109 cāozuòxìtǒng	草案初稿 109 cǎo'ànchūgǎo	藏书票 108 cángshūpiào
节录 135 jiélù	草稿 109 cǎogǎo	藏书清查 108 cángshūqīngchá
花边 129 huābiān	著书集子 196 zhùshūjízi	藏书印 108 cángshūyìn

藏书印记 108
cángshūyìnjì

藏书章 108
cángshūzhāng

导片 115
dǎopiàn

封蜡 121
fēnglà

封面 121
fēngmiàn

封面和封底 121
fēngmiànhéfēngdǐ

封面纸套 121
fēngmiànzhǐtào

封套 122
fēngtào

封印 122
fēngyìn

对开版 119
duìkāibǎn

对开纸 119
duìkāizhǐ

对折 119
duìzhé

大阪大学图书馆情报机
　械化系统 114
Dàbǎndàxuétúshūguǎnqíngbàojī
　xièhuàxìtǒng

大会 114
dàhuì

大括弧 114
dàkuòhú

大理石花纹 114
dàlǐshíhuāwén

大理石花纹书边 114
dàlǐshíhuāwénshūbiān

大理石花纹纸 114
dàlǐshíhuāwénzhǐ

大全 115
dàquán

大网 115
dàwǎng

大写字母 115
dàxiězìmǔ

大型本 115
dàxíngběn

大型图书 115
dàxíngtúshū

大型印本 115
dàxíngyìnběn

大学出版物 115
dàxuéchūbǎnwù

大学书店 115
dàxuéshūdiàn

大学图书馆 115
dàxuétúshūguǎn

大英百科全书 115
dàyīngbǎikēquánshū

大张纸 115
dàzhāngzhǐ

夹书板 134
jiāshūbǎn

套色版 168
tàosèbǎn

套色木版 168
tàosèmùbǎn

套色木版画 168
tàosèmùbǎnhuà

小版书 178
xiǎobǎnshū

小册子 178
xiǎocèzi

小册子作者 178
xiǎocèzizuòzhě

小工具 178
xiǎogōngjù

小花饰 178
xiǎohuāshì

小牛皮纸 178
xiǎoniúpízhǐ

小牛皮装订 178
xiǎoniúpízhuāngdìng

小品 179
xiǎopǐn

小说 179
xiǎoshuō

光标 125
guāngbiāo

光碟系统 125
guāngdiéxìtǒng

光学字符阅读器 126
guāngxuézìfúyuèdúqì

光泽摩洛哥皮革 126
guāngzémóluògēpígé

肖像 179
xiàoxiàng

号外 129
hàowài

合编者 129
hébiānzhě

合并 129
hébìng

合著者 129
hézhùzhě

吸墨纸 179
xīmòzhǐ

呈交样书 110
chéngjiāoyàngshū

咨询服务工作者 198	国际标准图书代号 127	图书采购 171
zīxúnfúwùgōngzuòzhě	guójìbiāozhǔntúshūdàihào	túshūcǎigòu
咨询室 198	国际少年儿童读物委员会 127	图书插图 171
zīxúnshì	guójìshàoniánértóngdúwùwěiyuánhuì	túshūchātú
咨询中心 198	国际社会科学文献委员会 127	图书出版量 171
zīxúnzhōngxīn	guójìshèhuìkēxuéwénxiànwěiyuánhuì	túshūchūbǎnliàng
唱机 109	国际十进分类法 127	图书出版业 171
chàngjī	guójìshíjìnfēnlèifǎ	túshūchūbǎnyè
售后服务 161	国际图书馆协会联合会 127	图书馆 171
shòuhòufúwù	guójìtúshūguǎnxiéhuìliánhéhuì	túshūguǎn
售书目录 161	国际医学情报中心 127	图书馆报告 171
shòushūmùlù	guójìyīxuéqíngbàozhōngxīn	túshūguǎnbàogào
喷色花边 152	国际语 128	图书馆藏书 172
pēnsèhuābiān	guójìyǔ	túshūguǎncángshū
团体 170	国际专利文献中心 128	图书馆藏书目录 172
tuántǐ	guójìzhuānlìwénxiànzhōngxīn	túshūguǎncángshūmùlù
回答时间 130	固定书架 126	图书馆参考咨询工作 172
huídáshíjiān	gùdìngshūjià	túshūguǎncānkǎozīxúngōngzuò
国会报告书 127	图版 170	图书馆法 172
guóhuìbàogàoshū	túbǎn	túshūguǎnfǎ
国家图书馆 127	图表 170	图书馆管理学 172
guójiātúshūguǎn	túbiǎo	túshūguǎnguǎnlǐxué
国际编目原则会议 127	图解 170	图书馆管理员 172
guójìbiānmùyuánzéhuìyì	tújiě	túshūguǎnguǎnlǐyuán
国际标准工作研究情报系统 127	图书 171	图书馆建筑 172
guójìbiāozhǔngōngzuòyánjiūqíngbàoxìtǒng	túshū	túshūguǎnjiànzhù
国际标准化组织 127	图书爱好者 171	图书馆经费 172
guójìbiāozhǔnhuàzǔzhī	túshūàihàozhě	túshūguǎnjīngfèi
国际标准联续出版物编号 127	图书搬运车 171	图书馆经营 172
guójìbiāozhǔnliánxùchūbǎnwùbiānhào	túshūbānyùnchē	túshūguǎnjīngyíng
	图书博览会 171	图书馆计算机化 172
	túshūbólǎnhuì	túshūguǎnjìsuànjīhuà
国际标准书号 127	图书博物馆 171	图书馆计算机联机中心 172
guójìbiāozhǔnshūhào	túshūbówùguǎn	túshūguǎnjìsuànjīliánjīzhōngxīn
	图书采访 171	图书馆机械化 172
	túshūcǎifǎng	túshūguǎnjīxièhuà

图书馆科学 172　túshūguǎnkēxué	图书馆预算 173　túshūguǎnyùsuàn	图书索引 174　túshūsuǒyǐn
图书馆内务处理 172　túshūguǎnnèiwùchǔlǐ	图书馆自动化 173　túshūguǎnzìdònghuà	图书剔除 174　túshūtīchú
图书馆情报学促进中心 172　túshūguǎnqíngbàoxuécùjìnzhōngxīn	图书馆自动化网络 173　túshūguǎnzìdònghuàwǎngluò	图书统一分编 174　túshūtǒngyīfēnbiān
图书馆设备 172　túshūguǎnshèbèi	图书馆自动化系统 173　túshūguǎnzìdònghuàxìtǒng	图书展览 174　túshūzhǎnlǎn
图书馆设计 172　túshūguǎnshèjì	图书馆资料 173　túshūguǎnzīliào	图书展览会 174　túshūzhǎnlǎnhuì
图书馆术语辞典 172　túshūguǎnshùyǔcídiǎn	图书加工 173　túshūjiāgōng	图书中心 174　túshūzhōngxīn
图书馆网络 173　túshūguǎnwǎngluò	图书加工业务 173　túshūjiāgōngyèwù	图书装订厂 174　túshūzhuāngdìngchǎng
图书馆委员会 173　túshūguǎnwěiyuánhuì	图书加工用卡片 174　túshūjiāgōngyòngkǎpiàn	图书装订术 174　túshūzhuāngdìngshù
图书馆协会 173　túshūguǎnxiéhuì	图书简介 174　túshūjiǎnjiè	图书资料 175　túshūzīliào
图书馆行政 173　túshūguǎnxíngzhèng	图书交换 174　túshūjiāohuàn	图像 175　túxiàng
图书馆学 173　túshūguǎnxué	图书俱乐部 174　túshūjùlèbù	图形数据处理 175　túxíngshùjùchǔlǐ
图书馆学教育 173　túshūguǎnxuéjiàoyù	图书流通 174　túshūliútōng	图样 175　túyàng
图书馆学课程 173　túshūguǎnxuékèchéng	图书目录 174　túshūmùlù	四开本 166　sìkāiběn
图书馆业务学 173　túshūguǎnyèwùxué	图书批发商 174　túshūpīfāshāng	四色印刷 166　sìsèyìnshuā
图书馆员 173　túshūguǎnyuán	图书设计 174　túshūshèjì	圆脊 188　yuánjǐ
图书馆员教育 173　túshūguǎnyuánjiàoyù	图书设计者 174　túshūshèjìzhě	布朗方式 106　Bùlǎngfāngshì
图书馆员课程 173　túshūguǎnyuánkèchéng	图书升降机 174　túshūshēngjiàngjī	布朗氏主题分类法 107　Bùlǎngshìzhǔtífēnlèifǎ
图书馆运动 173　túshūguǎnyùndòng	图书市场 174　túshūshìchǎng	布面装订 107　bùmiànzhuāngdìng

带 114 dài	彩色书边 107 cǎisèshūbiān	外来语 175 wàiláiyǔ
山羊皮 159 shānyángpí	彩色套印 107 cǎisètàoyìn	外切口 175 wàiqiēkǒu
行 128 háng	彩色图片 107 cǎisètúpiān	外文图书 175 wàiwéntúshū
行体字 180 xíngtǐzì	彩色纸 107 cǎisèzhǐ	名称 148 míngchēng
征书单 192 zhēngshūdān	彩饰装帧 108 cǎishìzhuāngzhēn	多国语辞典 119 duōguóyǔcídiǎn
征询意见 192 zhēngxúnyìjiàn	影片图书馆 185 yǐngpiàntúshūguǎn	多国语言对照书 119 duōguóyǔyánduìzhàoshū
循环轮排法 182 xúnhuánlúnpáifǎ	影印版 185 yǐngyìnbǎn	多伦多大学图书馆机械 化系统 119 Duōlúnduōdàxuétúshūguǎnjīxiè huàxìtǒng
资料 197 zīliào	独立书架 119 dúlìshūjià	
资料交换 197 zīliàojiāohuàn	猎书者 143 lièshūzhě	饰花字头 160 shìhuāzìtóu
资料盘 197 zīliàopán	外国文献 175 wàiguówénxiàn	饰线 161 shìxiàn
资料文件归档制度 197 zīliàowénjiànguīdàngzhìdù	外借 175 wàijiè	蚀刻 160 shíkè
形式 180 xíngshì	外借册数 175 wàijiècèshù	蚀刻底版 160 shíkèdǐbǎn
形式分类 180 xíngshìfēnlèi	外借登记 175 wàijièdēngjì	蚀刻针 160 shíkèzhēn
形式区分 180 xíngshìqūfēn	外借服务 175 wàijièfúwù	馆报 125 guǎnbào
形式细目 180 xíngshìxìmù	外借规则 175 wàijièguīzé	馆际互借 126 guǎnjìhùjiè
彩色平版术 107 cǎisèpíngbǎnshù	外借记录 175 wàijièjìlù	馆际协调采购 126 guǎnjìxiétiáocǎigòu
彩色铅印刷 107 cǎisèqiānyìnshuā	外借手续 175 wàijièshǒuxù	馆员再教育 126 guǎnyuánzàijiàoyù
彩色软片 107 cǎisèruǎnpiān	外借统计 175 wàijiètǒngjì	馆长 126 guǎnzhǎng

广告　125
guǎnggào

广告公司　125
guǎnggàogōngsī

广告杂志　126
guǎnggàozázhì

底封面　117
dǐfēngmiàn

底片　118
dǐpiàn

废稿　121
fèigǎo

废印张　121
fèiyìnzhāng

废纸　121
fèizhǐ

应答　184
yìngdá

应用程序　185
yìngyòngchéngxù

序　181
xù

序文　182
xùwén

序言　183
xùyán

库存　141
kùcún

座标纸　199
zuòbiāozhǐ

廉价出售的处理品　142
liánjiàchūshòudechǔlǐpǐn

快速咨询　141
kuàisùzīxún

情报　154
qíngbào

情报传递试验　154
qíngbàochuándìshìyàn

情报处理　154
qíngbàochǔlǐ

情报处理系统　154
qíngbàochǔlǐxìtǒng

情报服务　154
qíngbàofúwù

情报管理　154
qíngbàoguǎnlǐ

情报检索　154
qíngbàojiǎnsuǒ

情报检索系统　154
qíngbàojiǎnsuǒxìtǒng

情报机构　154
qíngbàojīgòu

情报科学　154
qíngbàokēxué

情报探求　154
qíngbàotànqiú

情报网络　154
qíngbàowǎngluò

惯用语词典　126
guànyòngyǔcídiǎn

闭馆　106
bìguǎn

闭馆日　106
bìguǎnrì

闭架　106
bìjià

阅览　188
yuèlǎn

阅览规则　189
yuèlǎnguīzé

阅览室　189
yuèlǎnshì

阅览证　189
yuèlǎnzhèng

汉字　129
hànzì

汉字情报检索　129
hànzìqíngbàojiǎnsuǒ

污损的　177
wūsǔnde

汽车图书馆　153
qìchētúshūguǎn

没收　148
mòshōu

法律图书馆　120
fǎlǜtúshūguǎn

油印蜡纸　187
yóuyìnlàzhǐ

油渍的　188
yóuzìde

注册　195
zhùcè

注解　195
zhùjiě

注解字典　195
zhùjiězìdiǎn

注释　196
zhùshì

注释者　196
zhùshìzhě

测试码组　109
cèshìmǎzǔ

活版印刷　130
huóbǎnyìnshuā

活动式书架　131
huódòngshìshūjià

活动书架　131
huódòngshūjià

活字 131 huózì	激光打印机 136 jīguāngdǎyìnjī	字顺分类目录 197 zìshùnfēnlèimùlù
海盗版 128 hǎidàobǎn	激光记录器 136 jīguāngjìlùqì	字顺分类索引 197 zìshùnfēnlèisuǒyǐn
海图 128 hǎitú	激光计算机 136 jīguāngjìsuànjī	字顺目录 198 zìshùnmùlù
海外版 128 hǎiwàibǎn	流动书车 144 liúdòngshūchē	字顺排列 198 zìshùnpáiliè
清样 154 qīngyàng	流动图书馆 144 liúdòngtúshūguǎn	字顺索引 198 zìshùnsuǒyǐn
渍斑 196 zìbān	流通 144 liútōng	字顺叙词表 198 zìshùnxùcíbiǎo
深棕色印刷 159 shēnzōngsèyìnshuā	流行 144 liúxíng	字顺主题目录 198 zìshùnzhǔtímùlù
湿气 160 shīqì	漏句 144 lòujù	字顺主题索引 198 zìshùnzhǔtísuǒyǐn
溢出 183 yìchū	安全软片 101 ānquánruǎnpiàn	字顺著者号码表 198 zìshùnzhùzhěhàomǎbiǎo
漆布 153 qībù	字符 197 zìfú	字顺著者排列 198 zìshùnzhùzhěpáiliè
漆布面装订 153 qībùmiànzhuāngdìng	字母编码 197 zìmǔbiānmǎ	字体 198 zìtǐ
漫画 146 mànhuà	字母表 197 zìmǔbiǎo	字体样本 198 zìtǐyàngběn
澳大利亚全国专著联合 目录 101 Àodàlìyàquánguózhuānzhùlián hémùlù	字母的 197 zìmǔde	定价 117 dìngjià
	字母码 197 zìmǔmǎ	定价表 118 dìngjiàbiǎo
澳大利亚书目网络 101 Àodàlìyàshūmùwǎngluò	字幕片放映机 197 zìmùpiànfàngyìngjī	定题情报提供 118 dìngtíqíngbàotígōng
澳大利亚文献目录业务理 事会 101 Àodàlìyàwénxiànmùlùyèwùlǐshìhuì	字母数据码 197 zìmǔshùjùmǎ	宣纹纸 182 xuānwénzhǐ
	字母置换法 197 zìmǔzhìhuànfǎ	宣纸 182 xuānzhǐ
激光彩色显示 136 jīguāngcǎisèxiǎnshì	字顺地名索引 197 zìshùndìmíngsuǒyǐn	审查 159 shěnchá

实验室　161
shíyànshì

家用计算器　134
jiāyòngjìsuànqì

窄型书　190
zhǎixíngshū

寄托图书　139
jìtuōtúshū

寓言　189
yùyán

寓言集　189
yùyánjí

密电码　148
mìdiànmǎ

边　104
biān

边饰　105
biānshì

进口　136
jìnkǒu

还书期限条　129
huánshūqīxiàntiáo

还书日期记录　130
huánshūrìqījìlù

换向时间　130
huànxiàngshíjiān

连续出版物　143
liánxùchūbǎnwù

连续的　143
liánxùde

连续页数　143
liánxùyèshù

连载小说　143
liánzǎixiǎoshuō

连字　143
liánzì

连字符　143
liánzìfú

过期　128
guòqī

运筹学　189
yùnchóuxué

运费　189
yùnfèi

运书车　189
yùnshūchē

选定版　181
xuǎndìngbǎn

选集　181
xuǎnjí

选卡机　181
xuǎnkǎjī

选书　181
xuǎnshū

逆排文档　151
nìpáiwéndàng

速记法　167
sùjìfǎ

途径　171
tújìng

透明纸　170
tōumíngzhǐ

通草纸　170
tōngcǎozhǐ

通道　170
tōngdào

通风　170
tōngfēng

通用的　170
tōngyòngde

遗稿　184
yígǎo

遗著　187
yízhù

遗著版　187
yízhùbǎn

逾期不还者　189
yúqībùhuánzhě

录象磁带　145
lùxiàngcídài

录象磁带盘　145
lùxiàngcídàipán

录象机　145
lùxiàngjī

录象盘　145
lùxiàngpán

录象系统　145
lùxiàngxìtǒng

录音带　145
lùyīndài

录音服务　145
lùyīnfúwù

录音机　145
lùyīnjī

录音室　145
lùyīnshì

录音纸唱片　145
lùyīnzhǐchàngpiān

录音资料　145
lùyīnzīliào

尾花饰　176
wěihuāshì

屏幕　152
píngmù

展开式图书分类法　191
zhǎnkāishìtúshūfēnlèifǎ

展览　191
zhǎnlǎn

展览厅 191 zhǎnlǎntīng	存贮媒体 114 cúnzhùméitǐ	纸面 193 zhǐmiàn
展书目录 191 zhǎnshūmùlù	学报 182 xuébào	纸面书 193 zhǐmiànshū
异版 183 yìbǎn	学会 182 xuéhuì	纸面装订 193 zhǐmiànzhuāngdìng
异版本 183 yìbǎnběn	学会会报 182 xuéhuìhuìbào	纸莎草 193 zhǐshācǎo
引言 186 yǐnyán	学术报告会 182 xuéshùbàogàohuì	纸型 193 zhǐxíng
引用 186 yǐnyòng	学术杂志 182 xuéshùzázhì	纸张 193 zhǐzhāng
引用索引 186 yǐnyòngsuǒyǐn	学位论文 182 xuéwèilùnwén	纹章图案集 177 wénzhāngtúànjí
引用文 186 yǐnyòngwén	学校图书馆 182 xuéxiàotúshūguǎn	线装 178 xiànzhuāng
引用文献 187 yǐnyòngwénxiàn	学校图书馆专职教员 182 xuéxiàotúshūguǎnzhuānzhí jiàoyuán	线装本 178 xiànzhuāngběn
张 191 zhāng	红色印刷 129 hóngsèyìnshuā	线装机装订 178 xiànzhuāngjīzhuāngdìng
张挂的地图 191 zhāngguàdedìtú	红字 129 hóngzì	组织 199 zǔzhī
弱视者用图书 158 ruòshìzhěyòngtúshū	纪要 139 jìyào	组织目录 199 zǔzhīmùlù
存储容量 113 cúnchǔróngliàng	纯文学 112 chúnwénxué	细长字体 179 xìchángzìtǐ
存取 113 cúnqǔ	纸草文献 193 zhǐcǎowénxiàn	细目卡 179 xìmùkǎ
存取方式 113 cúnqǔfāngshì	纸带 193 zhǐdài	终端设备 194 zhōngduānshèbèi
存取控制 113 cúnqǔkòngzhì	纸夹 193 zhǐjiā	终端用户 194 zhōngduānyònghù
存取速度 113 cúnqǔsùdù	纸卷 193 zhǐjuǎn	结果程序 135 jiéguǒchéngxù
存贮 113 cúnzhù		结果语言 135 jiéguǒyǔyán

结论 135 jiélùn	编目条例 105 biānmùtiáolì	缮写员 159 shànxiěyuán
绘饰书口 130 huìshìshūkǒu	编目者 105 biānmùzhě	马粪纸 146 mǎfènzhǐ
绘图 130 huìtú	编者 105 biānzhě	马尼拉纸 146 Mǎnílāzhǐ
绘图封面 130 huìtúfēngmiàn	编者卡 105 biānzhěkǎ	幻灯片 129 huàndēngpiàn
绘图纸 130 huìtúzhǐ	编纂 105 biānzuǎn	
绝版 139 juébǎn	缝线棱 122 féngxiànléng	**四画**
续订 182 xùdìng	缣帛文献 131 jiānbówénxiàn	
续订期刊 182 xùdìngqīkān	缩称代码 167 suōchēngdàimǎ	现代的 178 xiàndàide
续借 182 xùjiè	缩略语词典 167 suōlüèyǔcídiǎn	珂罗版 141 kēluóbǎn
续刊 182 xùkān	缩微本 167 suōwēiběn	珍本 192 zhēnběn
综合参考文献 198 zōnghécānkǎowénxiàn	缩微胶卷 167 suōwēijiāojuǎn	珍本图书室 192 zhēnběntúshūshì
综合索引 198 zōnghésuǒyǐn	缩微胶卷阅读器 167 suōwēijiāojuǎnyuèdúqì	珍贵图书 192 zhēnguìtúshū
综合性图书馆 198 zōnghéxìngtúshūguǎn	缩微胶卷贮存柜 167 suōwēijiāojuǎnzhùcúnguì	斑纹牛皮 103 bānwénniúpí
编档案 104 biāndàng'àn	缩微胶片 167 suōwēijiāopiàn	木版 149 mùbǎn
编辑 104 biānjí	缩微胶片卷 167 suōwēijiāopiànjuǎn	木版彩印 149 mùbǎncǎiyìn
编辑者 104 biānjízhě	缩微胶片贮存柜 167 suōwēijiāopiànzhùcúnguì	木版式 149 mùbǎnshì
编目规则 104 biānmùguīzé	缩微印刷品阅读器 167 suōwēiyìnshuāpǐnyuèdúqì	木版术 149 mùbǎnshù
编目室 104 biānmùshì	缩印版 168 suōyìnbǎn	木版印刷的书 149 mùbǎnyìnshuādeshū

木简 149　mùjiǎn	杂志目录 190　zázhìmùlù	标记卡片 105　biāojìkǎpiàn
木刻 149　mùkè	机读的 134　jīdúde	标记卡片阅读器 105　biāojìkǎpiànyuèdúqì
木刻版 149　mùkèbǎn	机读目录 134　jīdúmùlù	标目 105　biāomù
木炭画 150　mùtànhuà	机读数据 134　jīdúshùjù	标题 105　biāotí
木整版本 150　mùzhěngbǎnběn	机器检索 137　jīqìjiǎnsuǒ	标题法 105　biāotífǎ
未裁本 176　wèicáiběn	机器校样 137　jīqìjiàoyàng	标题页 105　biāotíyè
未出版 176　wèichūbǎn	机器排版 137　jīqìpáibǎn	标页数的 105　biāoyèshùde
未经订线的 176　wèijīngdìngxiànde	机器人 137　jīqìrén	标引 105　biāoyǐn
未切齐的 176　wèiqiēqíde	机器锁线 137　jīqìsuǒxiàn	标准 106　biāozhǔn
未切书边 176　wèiqiēshūbiān	机器语言 137　jīqìyǔyán	查索 110　chásuǒ
未删节本 176　wèishānjiéběn	机制纸 139　jīzhìzhǐ	查索时间 110　chásuǒshíjiān
未完成的作品 176　wèiwánchéngdezuòpǐn	杜威十进分类法 119　Dùwēishíjìnfēnlèifǎ	查阅 110　cháyuè
未装订本 176　wèizhuāngdìngběn	条 169　tiáo	相互参照 178　xiānghùcānzhào
札记 191　zhájì	条件 169　tiáojiàn	栏 142　lán
杂文集 190　záwénjí	条形码 169　tiáoxíngmǎ	档案 114　dàng'àn
杂志 190　zázhì	采访登记章 107　cǎifǎngdēngjìzhāng	档案馆 114　dàng'ànguǎn
杂志陈列架 190　zázhìchénlièjià	标 105　biāo	挡书板 114　dǎngshūbǎn
杂志夹 190　zázhìjiā	标记 105　biāojì	格拉新纸 124　gélāxīnzhǐ

格式 125 géshì	检索操作 132 jiǎnsuǒcāozuò	模拟信息 148 mónǐxìnxī
格言 125 géyán	检索档 132 jiǎnsuǒdàng	模型 148 móxíng
校订 132 jiàodìng	检索服务 132 jiǎnsuǒfúwù	状况 194 zhuàngkuàng
校对 133 jiàoduì	检索时间 132 jiǎnsuǒshíjiān	献词 178 xiàncí
校对符号 133 jiàoduìfúhào	梯子 169 tīzi	残疾人服务设施 108 cánjírénfúwùshèshī
校对清单 133 jiàoduìqīngdān	植物志 193 zhíwùzhì	东南亚图书馆员会议 118 Dōngnányàtúshūguǎnyuánhuìyì
校样 133 jiàoyàng	楔形文字 179 xiēxíngwénzì	轮转印刷 145 lúnzhuǎnyìnshuā
校验位 133 jiàoyànwèi	禁书 136 jìnshū	软磁盘 157 ruǎncípán
校阅 134 jiàoyuè	禁书目录 137 jìnshūmùlù	软件 157 ruǎnjiàn
校正 134 jiàozhèng	禁止带出的图书 137 jìnzhǐdàichūdetúshū	软件库 157 ruǎnjiànkù
样品 183 yàngpǐn	禁止发行 137 jìnzhǐfāxíng	软脊装订 157 ruǎnjǐzhuāngdìng
样式 183 yàngshì	概不退换 124 gàibútuìhuàn	软拷贝 157 ruǎnkǎobèi
样书 183 yàngshū	概要 124 gàiyào	软面装订 158 ruǎnmiànzhuāngdìng
检测 131 jiǎncè	模拟 148 mónǐ	转录 195 zhuǎnlù
检查点 131 jiǎnchádiǎn	模拟存储器 148 mónǐcúnchǔqì	转置 195 zhuǎnzhì
检查过的出版物 131 jiǎncháguòdechūbǎnwù	模拟图像 148 mónǐtúxiàng	轻磅纸 154 qīngbàngzhǐ
检定 131 jiǎndìng	模拟资料 148 mónǐzīliào	输出 162 shūchū
检索 132 jiǎnsuǒ	模拟网络 148 mónǐwǎngluò	输出打印机 162 shūchūdǎyìnjī

输出范围 162
shūchūfànwéi

输出格式 162
shūchūgéshì

输出机 162
shūchūjī

输出数据 162
shūchūshùjù

输出文件 162
shūchūwénjiàn

输出信息 162
shūchūxìnxī

输入 165
shūrù

输入情报 165
shūrùqíngbào

输入输出 165
shūrùshūchū

输入数据 165
shūrùshùjù

输入装置 165
shūrùzhuāngzhì

成本 110
chéngběn

成批处理 110
chéngpīchǔlǐ

成人读物 110
chéngréndúwù

成语词典 110
chéngyǔcídiǎn

戏曲 180
xìqǔ

比较图书馆学 106
bǐjiàotúshūguǎnxué

日本编目条例 156
Rìběnbiānmùtiáolì

日本工业标准 156
Rìběngōngyèbiāozhǔn

日本古旧书商协会 156
Rìběngǔjiùshūshāngxiéhuì

日本国会图书馆 156
Rìběnguóhuìtúshūguǎn

日本国立国会图书馆机
读目录 156
Rìběnguólìguóhuìtúshūguǎn
jīdúmùlù

日本基本主题词表 156
Rìběnjīběnzhǔtícíbiǎo

日本科技情报系统 156
Rìběnkējìqíngbàoxìtǒng

日本科技情报中心 156
Rìběnkējìqíngbàozhōngxīn

日本科技情报中心联机
情报检索服务 157
Rìběnkējìqíngbàozhōngxīnliánjī
qíngbàojiǎnsuǒfúwù

日本牛皮纸 157
Rìběnniúpízhǐ

日本情报处理开发中心 157
Rìběnqíngbàochǔlǐkāifāzhōngxīn

日本十进分类法 157
Rìběnshíjìnfēnlèifǎ

日本视听情报中心 157
Rìběnshìtīngqíngbàozhōngxīn

日本图书馆协会 157
Rìběntúshūguǎnxiéhuì

日本学术情报中心 157
Rìběnxuéshùqíngbàozhōngxīn

日本纸 157
Rìběnzhǐ

日本著者号码 157
Rìběnzhùzhěhàomǎ

日刊 157
rìkān

日历 157
rìlì

日期 157
rìqī

日文书籍 157
Rìwénshūjí

时差 159
shíchā

时代 159
shídài

时代表 159
shídàibiǎo

时代区分 159
shídàiqūfēn

时间 160
shíjiān

时间表 160
shíjiānbiǎo

时装式样图 161
shízhuāngshìyàngtú

时装杂志 161
shízhuāngzázhì

易读的 184
yìdúde

星标 179
xīngbiāo

星号 179
xīnghào

智能的 193
zhìnéngde

普及版 153
pǔjíbǎn

暗室 101
ànshì

最新资料 199 zuìxīnzīliào	特征 168 tèzhēng	气体输送管 154 qìtǐshūsòngguǎn
最新资料报导 199 zuìxīnzīliàobàodǎo	特征记号 168 tèzhēngjìhào	收藏 161 shōucáng
最终校订 199 zuìzhōngjiàodìng	特征卡片 168 tèzhēngkǎpiàn	收藏者 161 shōucángzhě
水彩画 163 shuǐcǎihuà	手册 161 shǒucè	收集家 161 shōujíjiā
水墨画 163 shuǐmòhuà	手抄本 161 shǒuchāoběn	改编 124 gǎibiān
水纹纸 163 shuǐwénzhǐ	手稿 161 shǒugǎo	改订版 124 gǎidìngbǎn
水印 163 shuǐyìn	手工纸 161 shǒugōngzhǐ	改名 124 gǎimíng
水印纸 163 shuǐyìnzhǐ	手写本 162 shǒuxiěběn	故事 128 gùshi
水渍本 163 shuǐzìběn	摩洛哥皮 148 móluògēpí	政府出版物 192 zhèngfǔchūbǎnwù
财团 108 cáituán	摩洛哥皮装订 148 móluògēpízhuāngdìng	政府出版物服务中心 192 zhèngfǔchūbǎnwùfúwùzhōngxīn
购入的图书 125 gòurùdetúshū	毛边 146 máobiān	政府公报 192 zhèngfǔgōngbào
赠书样本 190 zèngshūyàngběn	毛边书刊 146 máobiānshūkān	教材 132 jiàocái
赠书者 190 zèngshūzhě	毛校样 146 máojiàoyàng	教科书 133 jiàokēshū
赠送本 190 zèngsòngběn	袖珍版 181 xiùzhēnbǎn	教名 133 jiàomíng
规则 127 guīzé	袖珍本 181 xiùzhēnběn	教师参考书 133 jiàoshīcānkǎoshū
牛皮 151 niúpí	袖珍地图集 181 xiùzhēndìtújí	教师图书馆 133 jiàoshītúshūguǎn
牛皮纸 151 niúpízhǐ	袖珍字典 181 xiùzhēnzìdiǎn	教育 133 jiàoyù
特别版 168 tèbiébǎn	气刷 154 qìshuā	教育出版物 133 jiàoyùchùbǎnwù

教育机构　134
jiàoyùjīgòu

数据处理　164
shùjùchǔlǐ

数据存取系统　164
shùjùcúnqǔxìtǒng

数据代码　164
shùjùdàimǎ

数据库　164
shùjùkù

数据区　164
shùjùqū

数据手册　164
shùjùshǒucè

数据通信系统　164
shùjùtōngxìnxìtǒng

数据文档　164
shùjùwéndàng

数据元　164
shùjùyuán

数据资料卡　164
shùjùzīliàokǎ

数字　166
shùzì

数字计算机　166
shùzìjìsuànjī

数字(式)的　166
shùzìshìde

数字(式)的网络　166
shùzìshìdewǎngluò

整批入藏登记　192
zhěngpīrùcángdēngjì

整张纸　192
zhěngzhāngzhǐ

版　102
bǎn

版本　102
bǎnběn

版本目录　102
bǎnběnmùlù

版次　102
bǎncì

版面设计　102
bǎnmiànshèjì

版权　103
bǎnquán

版权法　103
bǎnquánfǎ

版权事项　103
bǎnquánshìxiàng

版权页　103
bǎnquányè

版税　103
bǎnshuì

斯坦福大学大型图书馆
　书目自动化分时系统　166
Sītǎnfúdàxuédàxíngtúshūguǎn
　shūmùzìdònghuàfēnshíxìtǒng

新版　179
xīnbǎn

新出版　179
xīnchūbǎn

新出版物　179
xīnchūbǎnwù

新到图书　179
xīndàotúshū

新书编号　180
xīnshūbiānhào

新书采购记录　180
xīnshūcǎigòujìlù

新书信息　180
xīnshūxìnxī

新书预告　180
xīnshūyùgào

新西兰图书馆协会　180
Xīnxīlántúshūguǎnxiéhuì

新约全书　180
xīnyuēquánshū

新作品　180
xīnzuòpǐn

爱称　101
àichēng

爱书家　101
àishūjiā

月刊　188
yuèkān

有插图的书籍　187
yǒuchātúdeshūjí

有光纸　187
yǒuguāngzhǐ

服务　123
fúwù

服务点　123
fúwùdiǎn

服务区域　123
fúwùqūyù

服务网　123
fúwùwǎng

服务系统　123
fúwùxìtǒng

服务中心　123
fúwùzhōngxīn

胶版纸　132
jiāobǎnzhǐ

胶卷　133
jiāojuǎn

胶片负片　133
jiāopiànfùpiàn

胶片卷 133 jiāopiànjuǎn	欧州科技情报网络 151 Ōuzhōukējìqíngbàowǎngluò	文献工作中心 177 wénxiàngōngzuòzhōngxīn
胶片正片 133 jiāopiànzhèngpiàn	欧州科学情报传播中心协会 151 Ōuzhōukēxuéqíngbàochuánbō zhōngxīnxiéhuì	文献收集 177 wénxiànshōují
胶印 133 jiāoyìn		文献中心 177 wénxiànzhōngxīn
朗诵服务 142 lǎngsòngfúwù	欧州情报直接检索网络 151 Ōuzhōuqíngbàozhíjiējiǎnsuǒwǎngluò	文献资料中心 177 wénxiànzīliàozhōngxīn
脚本 132 jiǎoběn	欧州文献中心 151 Ōuzhōuwénxiànzhōngxīn	文选 177 wénxuǎn
脚注 134 jiǎozhù	歌剧 124 gējù	文摘 177 wénzhāi
脱机 171 tuōjī	歌剧脚本 124 gējùjiǎoběn	文章中的漏句 177 wénzhāngzhōngdelòujù
脱机操作 171 tuōjīcāozuò	歌谣集 125 gēyáojí	文字 177 wénzì
脱机处理 171 tuōjīchǔlǐ	段 118 duàn	文字自动处理机 177 wénzìzìdòngchǔlǐjī
脱机系统 171 tuōjīxìtǒng	段落 118 duànluò	方脊 120 fāngjǐ
脱机应用 171 tuōjīyìngyòng	文档 176 wéndàng	方型书 120 fāngxíngshū
脱页 171 tuōyè	文集 176 wénjí	放大 120 fàngdà
期刊联合目录 153 qīkānliánhémùlù	文件夹 176 wénjiànjiā	放大镜 120 fàngdàjìng
期刊缺号 153 qīkānquēhào	文献 176 wénxiàn	旅行指南 145 lǚxíngzhǐnán
期刊阅览室 153 qīkānyuèlǎnshì	文献编辑 177 wénxiànbiānjí	旁注 152 pángzhù
期刊杂志 153 qīkānzázhì	文献查阅室 177 wénxiàncháyuèshì	点字图书 116 diǎnzìtúshū
期数 154 qīshù	文献的 177 wénxiànde	照相凹版 191 zhàoxiàng'āobǎn
期限 154 qīxiàn	文献工作 177 wénxiàngōngzuò	照相复制服务 191 zhàoxiàngfùzhìfúwù

照相机　191
zhàoxiàngjī

照相平版　191
zhàoxiàngpíngbǎn

照相术　191
zhàoxiàngshù

照相铜版　191
zhàoxiàngtóngbǎn

照相锌版　191
zhàoxiàngxīnbǎn

照相制版　192
zhàoxiàngzhìbǎn

扉页　121
fēiyè

祈祷书　153
qídǎoshū

视觉资料　160
shìjuézīliào

视听图书馆　160
shìtīngtúshūguǎn

视听资料　160
shìtīngzīliào

视听资料联机数据库　160
shìtīngzīliàoliánjīshùjùkù

视象资料　161
shìxiàngzīliào

神话　159
shénhuà

五画

石版　159
shíbǎn

石刻文献　160
shíkèwénxiàn

研究阅览室　183
yánjiūyuèlǎnshì

破损本　152
pòsǔnběn

破损的　152
pòsǔnde

破折号　152
pòzhéhào

硫酸纸　144
liúsuānzhǐ

硬封面装订的　184
yìngfēngmiànzhuāngdìngde

硬脊　184
yìngjǐ

硬件　185
yìngjiàn

碑文　104
bēiwén

磁带　113
cídài

磁盘　113
cípán

磨损的　148
mósǔnde

目标计算机　149
mùbiāojìsuànjī

目次　149
mùcì

目次页服务　149
mùcìyèfúwù

目录　149
mùlù

目录稿纸　149
mùlùgǎozhǐ

目录柜　149
mùlùguì

目录卡片　149
mùlùkǎpiàn

目录室　149
mùlùshì

目录学家　149
mùlùxuéjiā

目录著录　149
mùlùzhùlù

盲人图书馆　146
mángréntúshūguǎn

盲文书　146
mángwénshū

眉题　147
méití

备录　104
bèilù

备忘录　104
bèiwànglù

备用存贮档　104
bèiyòngcúnzhùdàng

电报　116
diànbào

电视录象　116
diànshìlùxiàng

电视网　116
diànshìwǎng

电梯　116
diàntī

电影　116
diànyǐng

电影胶卷　116
diànyǐngjiāojuǎn

电影片目录　116
diànyǐngpiānmùlù

电子编辑机系统　116
diànzǐbiānjíjīxìtǒng

电子情报处理装置　116
diànzǐqíngbàochǔlǐzhuāngzhì

电子图书馆　117
diànzǐtúshūguǎn

电子邮政　117
diànzǐyóuzhèng

电子邮政网络　117
diànzǐyóuzhèngwǎngluò

略图　144
lüètú

罗马字母顺序　145
luómǎzìmǔshùnxù

署名　164
shǔmíng

盒式磁带　129
héshìcídài

盒式磁带录音机　129
héshìcídàilùyīnjī

针体字　192
zhēntǐzì

钢版印刷　124
gāngbǎnyìnshuā

钢丝装订　124
gāngsīzhuāngdìng

铅印　153
qiānyìn

铅字　153
qiānzì

铁笔　169
tiěbǐ

铜版　169
tóngbǎn

铜版雕刻　169
tóngbǎndiāokè

铜版画　170
tóngbǎnhuà

铜版印刷　170
tóngbǎnyìnshuā

铜版纸　170
tóngbǎnzhǐ

铝版　144
lǚbǎn

铸字厂　196
zhùzìchǎng

锁藏图书　167
suǒcángtúshū

锁线　167
suǒxiàn

锌版　179
xīnbǎn

锌版印刷术　179
xīnbǎnyìnshuāshù

锌平版　180
xīnpíngbǎn

短文集　119
duǎnwénjí

私家本　166
sījiāběn

私立图书馆　166
sīlìtúshūguǎn

私人版　166
sīrénbǎn

私营印刷所　166
sīyíngyìnshuāsuǒ

季刊　136
jìkān

科学　141
kēxué

积层书架　134
jīcéngshūjià

积累索引　136
jīlěisuǒyǐn

秘密出版物　148
mìmìchūbǎnwù

程序　110
chéngxù

程序设计　110
chéngxùshèjì

程序设计员　110
chéngxùshèjìyuán

稀有本　181
xīyǒuběn

稀有的　181
xīyǒude

稀有图书　181
xīyǒutúshū

稀有图书商　181
xīyǒutúshūshāng

帛书　106
bóshū

用户　187
yònghù

立体活动图画书　144
lìtǐhuódòngtúhuàshū

立体照相　144
lìtǐzhàoxiàng

亲笔签名　154
qīnbǐqiānmíng

章　191
zhāng

章节　191
zhāngjié

章节标题　191
zhāngjiébiāotí

章头小花饰　191
zhāngtóuxiǎohuāshì

意义相反的 187 yìyìxiāngfǎnde	皮脊 152 píjǐ	联机目录 142 liánjīmùlù
空气调节 141 kōngqìtiáojié	皮书脊 152 píshūjǐ	联机情报检索 143 liánjīqíngbàojiǎnsuǒ
空气调节器 141 kōngqìtiáojiéqì	皮书脊装订 152 píshūjǐzhuāngdìng	联机情报检索系统 143 liánjīqíngbàojiǎnsuǒxìtǒng
空运货物 141 kōngyùnhuòwù	母片 150 mǔpiàn	联机数据库 143 liánjīshùjùkù
穿孔卡片 111 chuānkǒngkǎpiàn		联机输入 143 liánjīshūrù
穿孔器 111 chuānkǒngqì	**六画**	联机图书馆中心 143 liánjītúshūguǎnzhōngxīn
补白图饰 106 bǔbáitúshì		联机系统 143 liánjīxìtǒng
补编 106 bǔbiān	取消 156 qǔxiāo	联机医学文献分析和检索 系统 143 liánjīyīxuéwénxiànfēnxīhéjiǎnsuǒ xìtǒng
补充 106 bǔchōng	联合目录 142 liánhémùlù	
补充目录 106 bǔchōngmùlù	联机 142 liánjī	西文图书编目条例 181 xīwéntúshūbiānmùtiáolì
初版 111 chūbǎn	联机操作 142 liánjīcāozuò	西文图书目录 181 xīwéntúshūmùlù
初稿 112 chūgǎo	联机程序 142 liánjīchéngxù	页 183 yè
初校 112 chūjiào	联机存储器 142 liánjīcúnchǔqì	页边 183 yèbiān
初校样 112 chūjiàoyàng	联机方式 142 liánjīfāngshì	页面检验 183 yèmiànjiǎnyàn
衬里 111 chènlǐ	联机服务 142 liánjīfúwù	页数 183 yèshù
衬页 111 chènyè	联机检索 142 liánjījiǎnsuǒ	项目 178 xiàngmù
衬纸 111 chènzhǐ	联机控制 142 liánjīkòngzhì	预定 188 yùdìng
皮革粗糙面 152 pígécūcāomiàn	联机联合目录 142 liánjīliánhémùlù	预订单 188 yùdìngdān

预订者 188 yùdìngzhě	辞典 113 cídiǎn	管理员 126 guǎnlǐyuán
预付 189 yùfù	笔记 106 bǐjì	箱 178 xiāng
预算 189 yùsuàn	笔记本 106 bǐjìběn	自动化及机助编制索引 196 zìdònghuàjíjīzhùbiānzhìsuǒyǐn
预约图书 189 yùyuētúshū	笔名 106 bǐmíng	自动数据处理 197 zìdòngshùjùchǔlǐ
预约阅览图书 189 yùyuēyuèlǎntúshū	符号图表 123 fúhàotúbiǎo	自费版 197 zìfèibǎn
题跋 169 tíbá	符号图表阅读器 123 fúhàotúbiǎoyuèdúqì	自费出版物 197 zìfèichūbǎnwù
题辞 169 tící	第一次印刷 118 dìyīcìyìnshuā	自习室 198 zìxíshì
题录 169 tílù	筑波大学联机情报服务 195 Zhùbōdàxuéliánjīqíngbàofúwù	自传 198 zìzhuàn
题录检索系统 169 tílùjiǎnsuǒxìtǒng	签名 153 qiānmíng	航海图 128 hánghǎitú
题名为 169 tímíngwéi	签名者 153 qiānmíngzhě	航空版 128 hángkōngbǎn
题目 169 tímù	简牍文献 131 jiǎndúwénxiàn	航空货物证书 128 hángkōnghuòwùzhèngshū
虫孔 111 chóngkǒng	简介 132 jiǎnjiè	航空邮件 128 hángkōngyóujiàn
虫蛀本 111 chóngzhùběn	简略 132 jiǎnlüè	装订 194 zhuāngdìng
蜡光纸 142 làguāngzhǐ	简略书名 132 jiǎnlüèshūmíng	装订封面用的软羊皮 194 zhuāngdìngfēngmiànyòngderuǎnyángpí
蜡纸 142 làzhǐ	简略书名页 132 jiǎnlüèshūmíngyè	装订书本 194 zhuāngdìngshūběn
螺旋式装订 145 luóxuánshìzhuāngdìng	简易装订 132 jiǎnyìzhuāngdìng	装订样式 194 zhuāngdìngyàngshì
蠹鱼 119 dùyú	算法 166 suànfǎ	装订用厚麻布 194 zhuāngdìngyònghòumábù
缺本卡片 155 quēběnkǎpiàn	算法语言 167 suànfǎyǔyán	装订用羊皮 194 zhuāngdìngyòngyángpí

装饰　194
zhuāngshì

装饰带　195
zhuāngshìdài

装饰首字母　195
zhuāngshìshǒuzìmǔ

装饰镶边　195
zhuāngshìxiāngbiān

羊皮革　183
yángpígé

羊皮纸　183
yángpízhǐ

美国标准协会　146
Měiguóbiāozhǔnxiéhuì

美国标准学会　146
Měiguóbiāozhǔnxuéhuì

美国出版商协会　146
Měiguóchūbǎnshāngxiéhuì

美国大学出版社协会　146
Měiguódàxuéchūbǎnshèxiéhuì

美国大学和学术研究图书馆协会　146
Měiguódàxuéhéxuéshùyánjiū túshūguǎnxiéhuì

美国公共图书馆自动化网络　146
Měiguógōnggòngtúshūguǎnzìdònghuàwǎngluò

美国古旧书商协会　147
Měiguógǔjiùshūshāngxiéhuì

美国国会图书馆　147
Měiguóguóhuìtúshūguǎn

美国国会图书馆机读目录　147
Měiguóguóhuìtúshūguǎnjīdúmùlù

美国国会图书馆印刷卡片　147
Měiguóguóhuìtúshūguǎnyìnshuākǎpiàn

美国国家图书馆自动处理资料档　147
Měiguóguójiātúshūguǎnzìdòng chǔlǐzīliàodàng

美国联邦图书馆和情报网络　147
Měiguóliánbāngtúshūguǎnhéqíngbào wǎngluò

美国情报科学学会　147
Měiguóqíngbàokēxuéxuéhuì

美国书商协会　147
Měiguóshūshāngxiéhuì

美国图书馆协会　147
Měiguótúshūguǎnxiéhuì

美国图书馆学院协会　147
Měiguótúshūguǎnxuéyuànxiéhuì

美国文献学会　147
Měiguówénxiànxuéhuì

美国信息交换标准代码　147
Měiguóxìnxījiāohuànbiāozhǔn dàimǎ

美国学校图书馆协会　147
Měiguóxuéxiàotúshūguǎnxiéhuì

美国在版图书目录　147
Měiguózàibǎntúshūmùlù

美术　147
měishù

美术图书馆　147
měishùtúshūguǎn

美术印刷品　147
měishùyìnshuāpǐn

群　155
qún

善本　158
shànběn

粘土书板　150
niántǔshūbǎn

粉笔画　121
fěnbǐhuà

粗订　113
cūdìng

粗面皮革　113
cūmiànpígé

粗体字　114
cūtǐzì

粗体字的　114
cūtǐzìde

精印插图本　136
jīngyìnchātúběn

精制犊皮纸　136
jīngzhìdúpízhǐ

精装版　136
jīngzhuāngbǎn

精装本　136
jīngzhuāngběn

翻译　120
fānyì

翻译机　121
fānyìjī

翻印　121
fānyìn

素封面　167
sùfēngmiàn

素描　167
sùmiáo

索书号　167
suǒshūhào

索引　168
suǒyǐn

索引标记　168
suǒyǐnbiāojì

索引名　168
suǒyǐnmíng

索引手册 168
suǒyǐnshǒucè

索引文件 168
suǒyǐnwénjiàn

七画

麦克托投影法 146
Màikètuōtóuyǐngfǎ

超缩微品 110
chāosuōwēipǐn

跋 102
bá

跋文 104
báwén

登广告 116
dēngguǎnggào

登记 116
dēngjì

登录 116
dēnglù

登录簿 116
dēnglùbù

登录工作 116
dēnglùgōngzuò

登录号码章 116
dēnglùhàomǎzhāng

登录顺序目录 116
dēnglùshùnxùmùlù

角脊 133
jiǎojǐ

里边 143
lǐbiān

里衬页 143
lǐchènyè

解释 135
jiěshì

解题 135
jiětí

解题目录 135
jiětímùlù

解题书目 135
jiětíshūmù

八画

集成 134
jíchéng

集体创作 139
jítǐchuàngzuò

集中处理 139
jízhōngchǔlǐ

集中控制 139
jízhōngkòngzhì

集中系统 139
jízhōngxìtǒng

雕版的初印稿 117
diāobǎndechūyìngǎo

雕版印刷古籍版本类型 117
diāobǎnyìnshuāgǔjíbǎnběnlèixíng

雕版印刷文献 117
diāobǎnyìnshuāwénxiàn

雕刻 117
diāokè

雕刻师 117
diāokèshī

雕刻铜版法 117
diāokètóngbǎnfǎ

雕刻铜版书名页 117
diāokètóngbǎnshūmíngyè

金边 136
jīnbiān

金粉 136
jīnfěn

金石文献 136
jīnshíwénxiàn

金天边 137
jīntiānbiān

金泽工业大学图书馆情报系统 137
Jīnzégōngyèdàxuétúshūguǎnqíngbàoxìtǒng

十二画

黑体字 129
hēitǐzì

墨 148
mò

墨汁 149
mòzhī

雄松堂ライブラリー・リサーチ・シリーズ3

日・中・英 対訳　図書館用語辞典

1997年7月27日　初版発行　　　ⓒZENTARO YOSHIMURA

編　者―――吉村善太郎
発行者―――新田　満夫
発行所―――株式会社雄松堂出版
　　　　　　東京都新宿区三栄町29　〒160　電話 03-3357-1411
　　　　　　営業・編集部：03-3943-5791　　FAX 03-3943-9104
　　　　　　振替　00150-6-162704

印刷：藤原印刷株式会社　　組版：国際写植印刷株式会社
製本：富士原紙工所　　用紙：クリームラフ書籍

ISBN4-8419-0232-5

雄松堂ライブラリー・リサーチ・シリーズ1
図書館と資料保存 ―酸性紙問題からの10年の歩み―
安江明夫・原田淳夫・木部 徹 編著　本体3,884円（税別）　A5判　上製　450頁
我国における酸性紙問題から発した資料保存研究に関する論文を集大成。

雄松堂ライブラリー・リサーチ・シリーズ2
図書館・文書館の防災対策
監修 小川雄二郎　本体4,800円（税別）　A5判　上製　約300頁
国内及び米・英・仏・スウェーデン・クロアチアの報告論集。阪神・淡路大震災の報告も収録。
内容：防災の基本理念と国際協力／防災計画／防災対策／戦争という災害／阪神・淡路大震災に学ぶ

アメリカ女性作家小事典
前田絢子・勝方恵子　共著　本体3,107円（税別）　B6判　260頁
アメリカ文学の草創期から現代までの115名を収録する、女性作家だけの最初の事典。

西洋の書物　エズデイルの書誌学概説
R.ストークス改訂　高野 彰 訳　本体4,000円（税別）　A5判　上製函入　457頁
大英博物館の膨大な資料を駆使し、パピルスから書物の探索に至るまで、あらゆる分野にわたり「西洋の書物」の発達史を語る。

西洋をきずいた書物
J.カーター・P.H.ムーア編　西洋書誌研究会 訳　本体9,800円（税別）　A4判　上製函入　400頁
15世紀中期の活版印刷創始以来、西洋文明の発展に寄与してきた485点の書物を、それぞれの本の生い立ちから内容・影響などまで機知豊かに記述。

碧眼日本民族図絵
吉村善太郎 編　本体9,200円（税別）　B5判　上製函入　500頁
16世紀から19世紀にかけて欧米人によって描かれた日本研究図録のうちから、生活・民族・風土に視点を定め1290枚を精選し、解説を付した。